Gessmann · Zur Zukunft der Hermeneutik

Martin Gessmann

Zur Zukunft der Hermeneutik

Wilhelm Fink

Umschlagabbildung:
Hermes mit Flügelschuhen und Stab,
attischer Lekythos, 5. Jahrhundert v. Chr.

Bibliografische Information der Deutschen Nationalbibliothek

Die Deutsche Nationalbibliothek verzeichnet diese Publikation in der Deutschen Nationalbibliografie; detaillierte bibliografische Daten sind im Internet über http://dnb.d-nb.de abrufbar.

(Wilhelm Fink GmbH & Co. Verlags-KG, Jühenplatz 1, D-33098 Paderborn)

Internet: www.fink.de

Satz: Martin Mellen, Bielefeld
Einbandgestaltung: Evelyn Ziegler, München
Printed in Germany.
Herstellung: Ferdinand Schöningh GmbH & Co. KG, Paderborn

ISBN 978-3-7705-5092-0

INHALT

VORWORT 7

EINLEITUNG 9

I. DIE MEDIENZÄSUR 35

Systematisches zur Vorgeschichte einer Konditionierung durch Medien und Technik 35
Das Symptom einer geistesgeschichtlichen Zäsur durch das Interaktivwerden des Internet 39
Das Symptom einer geistesgeschichtlichen Zäsur durch die Fortschritte der Neurowissenschaften 44

II. DIE ZÄSUREN DER GEGENWARTSPHILOSOPHIE 61

III. DIE ZÄSUREN DER KULTURKRITIK 73

IV. DIE ZÄSUREN DER MODERNETHEORIE
Oder: Gründe für eine Wiederkehr der Geschichtsphilosophie 89

I. Von der Substanz zum Subjekt 89
II. Vom Subjekt zur Substanz 93
Geschichtszeichen 1989 – 2011 98
Idealismus – Realismus 105
Der neue Mythos vom Marionettentheater 110
Die neue Wirkung der Wirkungsgeschichte 115

V. DIE ZÄSUREN DER HERMENEUTIK 123

Eine Übersicht der drei Phasen der Hermeneutik 124

A. Zur Herkunft der Hermeneutik:
oder: von der Rhetorik zur Hermeneutik 128
Platon und die Hermeneutik als sophistische Supertechnik 135
Aristoteles und die Hermeneutik als Sprachanalyse 139
Augustinus und die Vollendung der Hermeneutik
als einer Kunst 144
B. Zur Klassik der Hermeneutik:
oder: von der Selbstauslegung der Texte 154
Erste Phase: Luther und Melanchthon 154
Zweite Phase: Schleiermacher und Hegel 172
Schleiermachers Wende der Hermeneutik
zu einer Auslegungs-Wissenschaft 176
Hegels Wende der Hermeneutik zur absoluten Wissenschaft 186
C. Zur Gegenwart der Hermeneutik:
oder: von der Rückbindung der Texte an die Lebenswelt 191
Zur historischen Trennungslinie
zwischen Hermeneutik und Dekonstruktion 194
Die Rückgewinnung hermeneutischen Weltvertrauens und
Selbstvertrauens an der Schwelle zu einer neuen Zeit 199

VI. ZUR ZUKUNFT DER HERMENEUTIK 225

REGISTER 259

VORWORT

Bücher, in denen das Ende einer alten Zeit und der Beginn einer neuen Zeit behauptet wird, haben eine Eigenart: Sie erscheinen wie vom Himmel gefallen und behaupten konsequent, beinahe über Nacht habe sich die Lage der Welt oder unsere Wahrnehmung derselben verändert, und zwar grundlegend. Und nur wenn in solchen Büchern viel Mühe darauf verwandt wird, die Vorgeschichte jener Entwicklung offenzulegen, wird dem Leser deutlich, daß freilich und zuerst eine lange Phase der Hinleitung und der Vorbereitung durchlaufen werden mußte, bis die These schließlich handfest genug war, um tatsächlich Hand und Fuß zu haben. Stilistisch hat es seinen Charme, die Eierschalen einer neuen Idee am Ende wegzuräumen, redlicher ist es freilich, die Bedingungen der Ideen-Genese mitzubedenken.

Im nachfolgenden Buch werden die atmosphärischen und akademischen Hinführungen zu unserer neuen Zeitrechnung ausführlich zur Sprache kommen. Dennoch wäre die ganze Redlichkeit der Darstellung nicht gegeben, wenn im Vorwort nicht wenigstens ein Mal auf die näheren Umstände der Entstehung nachfolgender Gedankengänge eingegangen würde. Es kommt dieses Anliegen auch mit einer schönen Dankespflicht überein, die gegenüber all jenen besteht, die geholfen haben, dem Autor klarer zu machen, was er eigentlich wollte und meinte. So gilt mein Dank der Unterstützung durch die Heidelberger Kollegen und Einrichtungen, im besonderen dem Marsilius-Kolleg der Ruprecht-Karls-Universität Heidelberg, das in ausgezeichneter Weise Begegnungen mit Kollegen anderer Fakultäten ermöglicht. Gerade wenn Thesen erarbeitet werden, die im Geltungsanspruch über den Horizont der eigenen Disziplin hinausreichen müssen, braucht es den Gegenhalt durch Experten, die sich jenseits der eigenen Kompetenz wirklich und verläßlich auskennen. Die Zusammenarbeit mit Hannah Monyer hat mir in diesem Zusammenhang Zuversicht für die These gegeben, daß die Philosophie und die Neurobiologie heute das Geschäft der Hermeneutik gemeinsam betreiben können und damit zuletzt auch zusammen an der Frage arbeiten, wie sich der Mensch die Welt erklärt und wie er offenbar nicht umhinkann, sie zu verstehen.

Wenn es um Dankespflicht geht, steht an vorderster Stelle aber auch der Austausch mit Hans Ulrich Gumbrecht aus Stanford. Ohne sein beharrliches Bestehen auf einem ‚Diesseits der Hermeneutik' hätten es nachfolgende Überlegungen nicht vermocht, auf Anhieb auf Akzeptanz zu hoffen. Gumbrecht hat uns die Augen dafür geöffnet, daß wir mit dem akademisch konzentrierten Blick auf Zeichen und Texte eine Sinndimension vernachlässigen oder sogar überspringen, in der uns die Wirklichkeit noch viel unmittelbarer und unvermittelter angeht. Sein Insistieren auf ‚Präsenz' und ihre tiefere Bedeutung für unsere geistesgeschichtliche Lage hat allererst den Raum geöffnet für eine Philosophie, die es sich vornimmt, mit unserer neuen Gegenwart wieder konsequent Schritt zu halten. Auch wenn er es womöglich anders sieht, muß Gumbrecht entschieden zu den philosophischen Geistern unserer Zeit gerechnet werden.

Jeder, der sich lange mit einem Thema und seinen Umfeldern beschäftigt, weiß auch, daß ohne den täglichen Umgang mit engen Mitarbeitern und deren Herausforderungen wie deren Widerspruch die Thesen nie so klar und deutlich würden, wie es sich der Autor wünscht. In dieser Hinsicht gilt ein besonderer Dank den jungen Heidelberger Kollegen Florian Arnold und Thomas Arnold.

Dankbar ist ein Autor auch, wenn sich ein Verlag in besonderer Weise offen zeigt für philosophische Themen und Fragestellungen, die beim ersten Hören oder Sagen noch nicht so selbstverständlich erscheinen, wie das später womöglich der Fall sein kann. Hier gilt mein ausdrücklicher Dank Raimar Zons und Andreas Knop vom FINK-Verlag.

Offenbach, im März 2012

EINLEITUNG

I

Es gibt Jahre, die gehen als Wendepunkte in die Geistesgeschichte ein; war es dazuhin ein wundersames oder auch wunderbares Jahr, nennt man sie im Rückblick ‚annus mirabilis', und ein solches Jahr darf 2011 mit Fug und Recht genannt werden. Seitdem Goethe von „hier und heute" gesprochen hat im Zusammenhang einer „neue(n) Epoche der Weltgeschichte"[1], wiederholen wir jene Worte offen, wenn wir uns noch nicht sicher sind und der Geschichte noch vorsagen wollen, wie sie dermaleinst geschrieben werden soll; im Stillen jedoch, wenn die Eindrücke uns schon für sich eingenommen haben und wir im Grunde längst überzeugt sind, daß die Welt über Nacht eine andere geworden ist. Mindestens drei Mal durften wir das Eintreten einer solchen Stille und inneren Gewißheit im Jahre 2011 miterleben.

Zuerst stellte sich stilles Staunen ein angesichts eines Phänomens, das man ganz abstrakt als die *Wiederkehr des Politischen* verstehen kann, und Goethe folgend mußte diese Rückkehr konkret auf dem Forum der Weltbühne ihren Anfang nehmen. Die arabischen Revolutionen durften in dem Zusammenhang auch deshalb als erstaunlich gelten, weil sie gegen jede eingespielte philosophische Erwartung vom „Kampf der Kulturen"[2] oder von „Zorn und Zeit"[3] ihren weltgeschichtlich fortschrittlichen Lauf nahmen. Jenes Staunen vertiefte und verfestigte sich weiter, als klar wurde, daß jene Protestbewegung

---

1 J.W. v. Goethe, Kampagne in Frankreich 1792, in: Hamburger Ausgabe, hg. v. E. Trunz, Bd. 10, S. 235.

2 S. Huntington, The clash of civilizations and the remaking of world order, New York 1996; deutsch: Kampf der Kulturen. Die Neugestaltung der Weltpolitik im 21. Jahrhundert, München/Wien 1996.

3 P. Sloterdijk, Zorn und Zeit. Politisch-psychologischer Versuch, Frankfurt am Main 2006.

keine regionale Besonderheit war und mit Habermas gesprochen womöglich nichts weiter als eine „nachholende Revolution"[4]. Das Einfordern von Mitbestimmung hatte bald auch die fortschrittlichen und lange demokratisierten Länder erreicht und entzündete sich gemeinhin an Sachproblemen, von denen das Mindeste zu sagen ist, daß sie offenbar jeden irgendwie angingen: seien es Proteste gegen Jugendarbeitslosigkeit im Süden Europas, gegen die Tieferlegung eines Bahnhofes im Süden Deutschlands, die Empörung (mit der aus Nordafrika erborgten Protestgeste eines Schuhs in der Hand) gegen einen erschwindelten Doktorgrad eines bundesdeutschen Ministers, gegen Wahlfälschung in Rußland oder schließlich weltumspannend gegen die globalen Auswüchse des internationalen Finanzkapitalismus. Wie auch immer die Erfolgsaussichten jeder einzelnen Bewegung und jedes einzelnen Protestes später einst bewertet werden müssen, unübersehbar ist doch, daß sich hier zuallermindest ein Wandel im Bewußtsein vollzogen hatte. Das Revolutionäre an diesem Bewußtsein mag auch damit zusammenhängen, daß Geschichte bekanntlich eine Schwäche für Mathematik hat, zumindest wenn es sich um säkulare Wiederholungen und Ergänzungen handelt, die zum Datum 1789 in einer besonderen Beziehung stehen. 2011 ist in diesem Lichte als eine Ergänzung zu 1989 zu verstehen, wenn man beide Jahreszahlen addiert und dabei zu einer neuen Milleniumszahl kommt.

Als ein zweites Phänomen, das im Jahre 2011 ins öffentliche Bewußtsein rückte und in der Lage ist, ein philosophisches Staunen zu erwecken, darf die *Rückkehr* einer einfach funktionierenden *Praxis* in eine durch und durch technisierte Lebenswelt gelten. Verbunden mit einer solchen Rückkehr des Lebenspraktischen in einen technisierten Alltag ist der Name eines Firmengründers, dessen Tod 2011 uns deutlich machte, daß der Zeitpunkt einer ersten resümierenden Rückschau gekommen war. Steve Jobs wird in die Geistesgeschichte als ein Agent eingehen, der einst im Namen einer fortschreitenden Digitalisierung unsere Alltagsbesorgungen abhängig von Computern machen wollte, und somit kulturkritisch gesprochen

4 J. Habermas, Die nachholende Revolution, Frankfurt am Main 1990.

scheinbar auf der ganz falschen Seite stand. Und er wird in dieser Funktion zuletzt als ein Vertreter einer neuen kulturellen Software Geschichte machen, die mit ihrer umfassenden Digitalisierung aller Alltagsgeschäfte zuletzt das gerade Gegenteil von dem bewirkte, was man kulturkritisch befürchten mußte. Nicht würden nun alle unsere ‚analogen' Verrichtungen kompliziert und umständlich werden, sobald sie digitalisiert und der Programmiersprache entsprechend schematisiert würden. Sie würden, erstaunlicherweise, vielmehr einfacher werden, übersichtlicher und handhabbarer. Nicht würden sich unsere analogen Handhabungswünsche an der digitalen Prozeßlogik die Zähne ausbeißen, die ‚digital devices' würden sich vielmehr menschenfreundlich zeigen und uns entgegenkommen, wo immer es technisch überhaupt möglich erscheint. Steve Jobs wäre so gesehen ein Trojaner der Digitalisierung, der eine uns fremde Welt der Codierungen von innen heraus anging und uns eine entscheidende Pforte zu ihr öffnete – eine Pforte, durch die hindurch nun unsere Alltagsbedürfnisse wieder einen problemlosen Eingang in eine technisierte Lebenswelt finden konnten.

Ein drittes Phänomen, das uns hat staunen lassen, hat mit einem *Umdenken* in unserem *wissenschaftlich-technischen Weltverständnis* zu tun. Die Katastrophe von Fukushima hat vor Augen geführt, wie ein schon seit längerem vorbereiteter Sichtwechsel sozusagen über Nacht offenbar werden konnte. Zur These zugespitzt kann nach 2011 behauptet werden, daß die alte Faszination, positiv wie negativ, die von der Großtechnologie und ihren Versprechungen wie ihrem möglichen Versagen ausgehen konnte, nun gewichen ist, und man sich einig darin sein kann, daß die wissenschaftlichen wie technischen Lösungen für die Zukunft prinzipiell eine ganz andere Gestalt annehmen müssen – und das vielbeschworene Wort von der ‚Brückentechnologie' eine viel tiefere Bedeutung bekommen wird, als dies in der politischen Debatte bislang wahrgenommen wurde. Heidegger meinte vor rund 60 Jahren, daß die Atombombe und mit ihr die Atomkraft eine Bedrohung für die Menschheit darstelle, nicht nur, weil sie womöglich die physische Existenz des Menschen auslöschen könnte, sondern noch vielmehr, weil sie als ein Sinnbild für eine inhumane Denkweise verstanden werden muß. Was an der Atomtechnik inhuman ist, ist für Heidegger der Umstand, daß wir unsere Beziehung zur Umwelt und zu uns selbst ganz nach dem Muster einer technischen Verfügbarkeit denken, die in der Manipulation aller Dinge bis hin zu ihrer atomaren Grundstruktur besteht. Es macht dann nur noch einen geringen Unterschied, ob jene Manipulation zur unmittelbaren Zerstörung durch Radioaktivität führt oder unsere Weltverhältnisse nur mittelbar, dafür um so nachhaltiger, korrumpiert. Denn schon in einem Denken, das die menschlichen Sinnbedürfnisse und ihre freie künstlerische Entfaltung in ein anonymes technisches Verwertungsschema preßt, liegt eine Form des Ablebens unserer Humanität beschlossen.

So gesehen hat Fukushima uns nicht nur darüber belehrt, am Beispiel eines alten Streitthemas und seiner langanhaltenden kulturellen Verhandlung, wie liebgewordene Freundschaften und Feindschaften an einem schönen Tage zu den kulturellen Akten gelegt werden können. Es hat uns auch darüber belehrt, daß wir offenbar gewillt sind, unser wissenschaftlich-technisches Weltverhältnis insgesamt in einem neuen und humaneren Lichte zu sehen. Um diese These zu halten, muß man mindestens eine spektakuläre Entwicklung der wissenschaftlich-technischen Weltbetrachtung noch mit hinzu nehmen, besonders dann, wenn sie aktuell in der Lage ist, das menschliche Außenverhältnis frei nach Heidegger durch eine Neuausrichtung menschlicher Binnenverhältnisse zu ergänzen. So paßte es noch in das klassische Deutungsschema Heideggers, daß seit den 1960er Jahren ein ganzer Verbund von Lebenswissenschaften damit beschäftigt war, auch das menschliche Gehirn prinzipiell nach dem Vorbild der Maschinentechnik und genauer noch der Rechenmaschinen und später der Computer zu verstehen. Nur was sich an unseren Denkleistungen technisch reproduzieren und damit ausspiegeln ließ, durfte als eine echte Leistung unsererseits wissenschaftliche Anerkennung finden. Seit eineinhalb Dekaden ungefähr hat sich jedoch auch in den Lebenswissenschaften ein Umdenken eingestellt, das frei nach Damasio „Descartes' Irrtum"[5]

5 A. Damasio, Descartes' Irrtum. Fühlen, Denken und das menschliche Gehirn, Berlin 2007; im Original: Descartes Error, Emotion, Reason, and the Human Brain, New York 1994.

bemerkt hat und nun konsequent mit dem spezifisch Humanen bei der Analyse beginnt – nicht mehr also beim Rechnen und Regeln, sondern bei Assoziationen, Ambitionen und Atmosphären. Unser Denken erscheint jetzt selbst Vertretern der analytischen Fraktionen als eine „embedded cognition"[6], eine „embodied cognition"[7] oder ein „extended mind"[8], als ein Denken also, das sich primär nur aus seiner praktischen Veranlagung und Einbettung in die Lebenswelt ergibt, wenn es nicht noch radikaler im Zusammenhang einer genuinen Leibbindung verstanden werden muß. Um wieviel mehr sich an unseren Hirnleistungen mit dieser neuen und humaneren Herangehensweise erschließen läßt, erfahren wir beinahe täglich in neuesten Pioniermeldungen der Hirnphysiologie, die es zum Teil bis in die Feuilletons der Tagespresse hinein schaffen. Und selbst der dezidiert unbeteiligte Beobachter wird nicht umhinkönnen, spätestens beim Kinobesuch zur Kenntnis zu nehmen, daß die wissenschaftliche Erforschung der menschlichen Traum- und Gedächtniswelten längst in der Lage ist, unsere Film- und Kunstproduktion zu informieren und deren Technik nach ihrem Vorbild zu gestalten. Wer bspw. in den vergangenen zwei Jahren gefunden hat, daß die neue 3D-Technik im Kino uns ungeahnte Möglichkeiten der Einfühlung in fremde Szenerien gibt, oder die neuesten Filme, die das Gedächtnis zum Thema haben, uns in unglaublicher Weise auf den Leib rücken können, der ist auch schon Teil jener Bewegung, die das Umdenken, von dem hier die Rede sein soll, einübt oder bereits vollzogen hat. Was auch immer uns an den Berichten der ‚Traumwanderer' oder der ‚Gedächtnisagenten' einleuchtet, wie sie in Filmen von *Avatar* bis *Inception* in Bildern erzählt werden, lebt schon von der Aussicht, daß sich die neuere Technik nach unserem Vor-

6 Vgl. S. Gallagher, How the Body Shapes the Mind, Oxford 2005.

7 Vgl. F. Varela/E. Thompson/E. Rosch, The embodied mind. Cognitive science and human experience, Cambridge Mass. 1991; zuletzt L. Shapiro, Embodied Cognition. New Problems of Philosophy, Taylor und Francis 2010.

8 Vgl. A. Clark, Supersizing the Mind, Oxford 2008; A. Noë, Out of Our Heads: Why You Are Not Your Brain, and Other Lessons from the Biology of Consciousness, New York 2009.

bilde verstehen lassen muß. Wir haben, wenn man es filmtechnisch versteht, die Leinwand nun immer schon im Rücken; oder prinzipieller gewendet: die technische Digitalisierung hat uns zurück in eine Welt geführt, die der analogen Welt zum verwechseln ähnlich sieht. Was wir gerade technischerseits erleben, ist dann nach Heidegger das Ende der „Zeit des Weltbildes“[9]: machen wir uns doch heute kein ausschließlich technisches Bild von der Welt mehr. Das hieße positiv gedacht: Die Welt hat sich für uns aus ihrem technischen Rahmen gelöst und kann in ihrer neu animierten Wahrnehmung selbst wieder Vorbild für alles Technische sein.

II

„Philosophie“ bedeutet Hegel folgend die Aufgabe, „ihre Zeit in Gedanken“ zu fassen[10], und so braucht es zu den genannten Zeit-Phänomenen auch eine Theorie. Wenn es in der Tat so sein soll, daß das Jahr 2011 das Potential haben könnte, drei Tendenzen des beginnenden 21. Jh.s offenbar zu machen, muß es einen philosophischen Nenner geben, auf den die *Rückkehr der Politik*, die *Rückkehr der Praxis* und ein *Umdenken in unserem wissenschaftlich-technischen Weltumgang* gebracht werden können. Was an den Zeitumständen staunenswert ist in einem philosophischen Sinne, kann dabei zuerst in einer medialen Betrachtung angesprochen werden. In dieser Hinsicht liegt die philosophische Verwunderung bei den Umtrieben in Nordafrika und anderswo darin begründet, daß mit ihrer Taufe auf eine ‚facebook-Revolution‘ im Grunde ein Paradox formuliert wurde. Die Erwartungshaltung der Philosophie war es gewesen,

---

9 M. Heidegger, Die Zeit des Weltbildes, in: ders.: Holzwege. Frankfurt am Main, 1980, S. 73–110.

10 G.W.F. Hegel, Grundlinien der Philosophie des Rechts, in: ders., Werke in zwanzig Bänden, hg. v. E. Moldenhauer und K.H. Michel, Frankfurt am Main 1969–1971, Bd. 7, S. 26.

nach langer und anhaltender Einübung in Zeiten der Postmoderne, daß die mediale Vernetzung durch Internet und Freundschaftsplattformen eine eindeutige Tendenz hatte, die es klassischerweise zu kritisieren galt: jene Tendenz weg von der Wirklichkeit der gesellschaftlichen Verhältnisse und hin zu einer virtuellen Welt, im besten Falle zu einem ‚second life', in dem der Mensch vom Druck der Realverhältnisse entlastet sein sollte und alles möglich wäre, was auch immer nur zur freien Entfaltung der Persönlichkeit wünschbar wäre. Vernetzung und Kommunikation auf facebook-Niveau schien so gesehen eine Verfallstendenz zu perfektionieren, in der zuletzt das Medium alles und die Welt nichts mehr bedeutete, oder in der das Medium die Welt schon selbst darstellte. Schwarze Utopien haben jene Vorstellung längst schon romanesk oder filmisch ausgearbeitet, indem sie die Welt von *Surrogates* bevölkert sehen, die als verbesserte Version unserer selbst das Erleben in der Welt vollziehen, während wir in dem Elend unserer Kohlenstoffrealität immobilisiert erscheinen und nur noch durch eine Fernsteuerung unserer Avatare am Leben teilnehmen.

Jene Erwartungshaltung wurde jedoch konterkariert dadurch, daß gerade die Vernetzung auf der Grundlage von sozialen Netzwerken dazu geführt hatte, daß die beteiligten Akteure sich eben nicht in eine virtuelle Welt ohne Widerstände zurückzogen und die Welt die Welt sein ließen; umgekehrt belehrte die Nachrichtenlage darüber, daß die virtuellen Plattformen gerade dazu genutzt wurden, sich in der wirklichen Welt zu verabreden, und jene Verabredungen nicht zu einem privaten und unengagierten Stelldichein getroffen wurden, sondern mit der Absicht resoluter Veränderung der gesellschaftlichen und politischen Verhältnisse. So wurde im Namen von facebook gerade eine Sammelstelle prominent, die den öffentlichen Platz ins Zentrum der Aufmerksamkeit brachte und zum politischen Forum oder zur Plattform machte, und auf dem öffentlichen Platz wurde nicht über Netzzugänge, sondern über Veränderungen der politischen Institutionen debattiert. Die Verabredung im Netz sollte demnach nicht auch schon im Netz enden, die Kommunikation im Netz war kein Selbstzweck. Die neue Technik generierte nicht mehr ihre eigenen Ziele und manipulierte das menschliche Verhalten, lenkte es (gesellschaftstheoretisch) vom Wesentlichen ab und sedierte es in der Beschäftigung mit dem Belanglosen einwandfreier Funktionalität. Technik war vielmehr wieder zum Werkzeug geworden, das Netz zum Medium der Verabredung in der Wirklichkeit, in der die wahren Ziele als urpolitische Forderungen formuliert und möglichst auch durchgesetzt wurden.

Eine vergleichbare philosophische Verwunderung stellte sich in medialer Hinsicht ein, als im Rückblick auf die Veränderungen der technischen Welt, wie sie in den Laudationes auf Steve Jobs in den Feuilletons weltweit angesprochen wurden, festgestellt werden mußte, daß mit der neuen Produktgestaltung etwas vollkommen Unerwartetes ins Spiel kam. Anders als wir es aus dem Alltag der technischen Veränderungen bislang gewohnt waren, ist mit einer technischen Verbesserung nicht mehr zugleich eine alte und eingespielte Ambivalenz ins Spiel gekommen. Jene Ambivalenz nämlich, die darin bestand, daß der Zuwachs an Effektivität und Benutzermöglichkeiten zugleich erkauft ist mit einem Zuwachs technischer Komplexität in der Bedienung und dem ständig geforderten Neuerlernen einer mächtigeren Bediensprache. Jeder, der in den 1990er und frühen Nuller-Jahren des 20. Jh.s das Nachfolgemodell eines Mobiltelefons zum ersten Mal in der Hand hatte, wird sich erinnern, wie eine solche Ambivalenz im technischen Fortschritt uns vorhersehbar die erste Freude am neuen Produkt nehmen konnte. Ohne ein mehr oder weniger umfangsreiches und mühsames ‚Update' unserer Programmierfähigkeiten blieb das Gerät stumm. Und die Eigenlogik des technischen Fortschritts wollte es so, daß wir uns den neuen technischen Anforderungen geduldig und demütig zu fügen hatten. Mit dem Wirken von Steve Jobs verbunden wird dagegen die Vorstellung, daß die Zeit der Demut und der Geduld mit einer eigensinnigen Technik im Prinzip wenigstens vorüber ist. Als sein Verdienst wird es angesehen, die Geräte sich nicht einfach von selbst weiterentwickeln zu lassen und ihre technischen Möglichkeiten immer weiter auszureizen, unabhängig von den Bedienbedürfnissen, die wir tatsächlich in der Praxis dermaleinst damit verbinden. Umgekehrt war es seine Maxime des ‚reverse engineering' gewesen, bei unseren Handhabungswünschen zu beginnen, um das Gerät vom anderen Ende her, dem menschlichen Ende, zu konzipieren. So sollten wir nicht dasjenige einfach wollen müssen, was das Gerät an technischem Können uns offeriert, vielmehr sollte das Gerät das können, was wir als smarte Benutzer von ihm erwarten können und wollen können. Selbst die neuen und bahnbrechenden Produkte, die so neu erschienen, daß sie sogleich eine eigene Gattung oder Produktsparte eröffneten, waren in dem Zusammenhang gesehen nicht nur eine Vorstellung technischer Brillanz, von der man nicht ahnen konnte, was man damit in der Praxis tatsächlich anfangen könnte; vielmehr erschien der Erfolg der Produkte dadurch motiviert, daß mit ihnen eine Praxis möglich wurde, die wir im Grunde immer schon gerne realisiert hätten, und durch das freundlich erscheinende Entgegenkommen des Produkts nun tatsächlich auch wahrnehmen können. Produkte wie das iPad sind demnach gerade nicht unter dem Label der Gadgets und deren eigenartiger Luxusbehandlung einzuordnen, sondern als das Entgegenkommen einer Technik, die uns in Buchformat dem Buch vergleichbare und seriöse Inhalte nahebringen kann – auf eine technisch ansprechende Weise.

Auch die Verwunderung im Zusammenhang eines Umdenkens in der Sphäre wissenschaftlich-technischer Weltgestaltung kann im Anschluß daran in einer medialen Hinsicht ausbuchstabiert werden. Sowenig wie es die Produktsprache der technischen Geräte und ihre Fortschreibung im klassischen Sinne technischen Fortschritts erlaubt haben sollten, die Eigenlogik der Technik einmal auf den Kopf zu stellen und dementsprechend beim menschlichen Ende der technischen Veranstaltung zu beginnen, ebensowenig sollte es die Beschreibungssprache erlauben, mit der Technik und ihrem Eigensinn auf neue Weise und damit angemessener umzugehen. Es war Heideggers schmerzliche Einsicht gewesen, daß eben an diesem Punkte der Technikkritik das Problem der Technik vertrackt wird und aus theoretischer Sicht letzten Endes unlösbar erscheint. Anfänglich ging Heidegger bekanntlich noch davon aus, daß es möglich sein müßte, ein philosophisches Gegenprogramm zur wissenschaftlich-technischen Weltsicht und Weltbeherrschung zu formulieren, und das Programm von *Sein und Zeit* schien ihm bis zum Ende der 1920er Jahren noch einen solchen Versuch erfolgreich abzuschließen. Nachdem der Existentialismus jedoch vorüber war und mit ihm die Aussicht darauf, daß sich Technik und Moderne in einer Art entschlossenem Gewaltakt wieder unter die Botmäßigkeit des Menschen bringen ließe, wurde ihm seine frühe Technikkritik selbst fragwürdig. Er fragte sich nämlich nicht zu unrecht, ob nicht auch noch die Argumentation, die einen Wechsel der Einstellung und eine Rückkehr zu den Grundbedürfnissen des Menschseins erzwingen wollte, nicht selbst auch noch ein (letzter) technischer Akt in dem Drama modernen Selbst- und Weltverlustes sein müßte. Und so fiel das philosophische Argument schließlich sich selbst in den Arm, wenn es darum ging, ein falsches Bewußtsein vom richtigen zu unterscheiden, weil schon die Unterscheidung an sich wieder falsch im Sinne der gerade gemachten Anklage sein mußte. Die Sprache der Philosophie und der Moderne war selbst und an sich so technisch veranlagt, daß eine Kritik an der Technik mit ihrer Hilfe schließlich zum offenen Selbstwiderspruch werden mußte. Das Denken, das dennoch kritisch bleiben wollte, mußte deshalb in der Aporie der bloßen Fragestellung verbleiben und sich mit der offen bleibenden „Frage nach der Technik“[11] begnügen. Eine Antwort, wie sie sich jetzt in dem Wechsel einer grundsätzlichen Einstellung zur Technik andeutet, war demnach schon lange nicht mehr vorgesehen. Und jenes Paradox eines Ausweges, den es philosophisch gesehen eigentlich nicht mehr geben durfte, gilt es zu erklären. Wie kommt die Philosophie zur Behauptung einer neuen Humanität, da sie noch mit ihren besten kritischen Argumenten immer nur weiter von deren Ursprung hätte wegführen können? Wie kann sie zur Änderung einer grundsätzlichen Einstellung zur technischen Welt beitragen, da sie mit ihrem Wirken jene Einstellung selbst nur immer technischer gestaltet hat genau an dem Punkt, an dem sie hätte humanisiert werden sollen?

11 M. Heidegger, „Die Frage nach der Technik“, in: ders., Vorträge und Aufsätze, Pfullingen 1990, S. 9–40.

III

Intellektuelles Staunen erregt haben die drei Geschichtszeichen des Jahres 2011 demnach dadurch, daß sie ihr geschichtliches Zeichen mit Hilfe von Medien gesetzt haben, die diese Zeichensetzung (philosophisch gesehen) hätten gar nicht zulassen dürfen. Die arabischen Revolutionen nicht, weil ihre netzgenerierte revolutionäre Praxis sich eigentlich auch nur im Netz hätte entfalten dürfen, und nicht auf den Straßen und Plätzen und in den politischen Institutionen. So stand an der Stelle von *Virtualisierung* der revolutionären Bewegung deren *Realisierung*. Die technischen Alltagsgeräte vom Handy bis zum Navigationssystem hätten ihre Produktsprache von technischem Jargon auf praktische Handhabung nicht umstellen können, weil der Jargon eben keine authentische Formulierung im Sinne von echter Praktikabilität vorsieht. So stellte sich an der Stelle von fortschreitender *Digitalisierung* eine unerwartete *Re-Analogisierung* ein. Die wissenschaftlich-technische Einstellung hätte zuletzt nicht zu einem Umdenken in der Beziehung von Mensch und Umwelt führen dürfen, solange diese Einstellung zwar vehement von der Philosophie kritisiert, durch jene Kritik aber keineswegs überwunden werden konnte. An der Stelle einer argumentativen *Technisierung* unserer Weltsicht stand so eine lebenspraktische *Re-Humanisierung*.

Was aber ist der Grund für solch erstaunliche mediale Entwicklungen? Auch bei dieser Nachfrage kann man eine erste Orientierung am besten vom Phänomen selbst ableiten. Was nämlich alle eben genannten Veränderungen betrifft, so haben sie offenbar ihre Ursache darin, daß die von uns althergebrachte Aufmerksamkeit von den involvierten Medien und ihren eigentümlichen Codierungen gewichen ist und sich nahezu unbemerkt auf die zugehörigen Sachfragen verlagert hat. Die Medien und ihre Codes sind in einer Weise unauffällig geworden, die sie sozusagen über Nacht aus dem Fokus der Beschäftigung der Beteiligten wie auch der geisteswissenschaftlichen Betrachtung hat nehmen lassen. Sie sind in den Hintergrund getreten soweit, daß man sich nicht mehr bei ihnen selbst und der Frage, wie sie zu gestalten sind, aufhält, sondern durch sie hindurchgreift auf das, was man mit den Medien und ihrer technischen Veranlagung praktisch eigentlich verwirklichen wollte.

Im Falle der sozialen Plattformen des Internet 2.0 äußert sich jenes Zurücktreten des Mediums zugunsten der verhandelten Sache darin, daß die sich neuentwickelnde Kommunikation im Netz nicht mehr mit der Form ihrer Selbstgestaltung beschäftigt sein muß. Alles, was die kritischen Kommunikations- und Gesellschaftstheorien der vergangenen 50 Jahre an Einsichten in und Vorsichtsmaßnahmen gegen jede Form der Indoktrination, der Propaganda und der Verzerrung unserer Diskurse ins Spiel gebracht haben, scheint obsolet geworden an dem Punkt, an dem die soziale Kommunikation im Web 2.0 die zuvor beanstandeten Dinge offenbar von ganz alleine regelt. Zu tun mit diesem Herunterfahren des Kritikniveaus hat der Umstand, daß die klassischen Kommunikationsmedien noch Massenmedien waren derart, daß sie immer nur in eine Richtung kommunizieren ließen und dazuhin nur ausgehend von wenigen Redakteuren zu vielen Adressaten. Die Struktur der neuen sozialen Plattformen ist jedoch grundsätzlich von anderer Natur. Hier gibt es keine Unidirektionalität, denn jeder, der sich zu Wort meldet, kann auch selbst wieder zum Empfänger einer Retour-Botschaft werden, und jeder, der sich mit seinem Beitrag an viele wendet, wird als Rezipient anderer Botschaften selbst wieder Teil einer Gruppe von anderen vielen. Massenmedium bedeutet in dem Zusammenhang demnach nicht mehr, daß es nur eine ‚one-to-many'-Beziehung gibt, sondern unabsehbar viele. Die Masse tauscht sich untereinander aus. Stefan Münker[12] hat jene doppelte Veränderung in der Richtungs- und Rezeptionsanlage der neuen Medien dazu genutzt, das Web 2.0 geradezu zu einem Medium der klassischen Aufklärung zu erklären: an der Stelle, an der Habermas noch ein ausgefeiltes Set an Diskursregeln und Wahrheitsverpflichtungen für unsere öffentlichen Verhandlungen aufstellen mußte, bleibt nun die Diskurspraxis sich einfach selbst überlassen. Wo sich keine Privatmeinung mehr unbesehen und unwidersprochen zur öffentlichen Meinung aufschwingen kann,

12 St. Münker, Emergenz digitaler Öffentlichkeiten. Die sozialen Medien im Web 2.0, Frankfurt am Main 2009.

indem sie eine kommunikative Besserstellung nutzt, ist die Gefahr der Verheimlichung von Wesentlichem wie der Indoktrination durch Unwesentliches von vornherein minimiert.

Im Falle der Digitalisierung unserer Alltagsgeräte äußert sich das Zurücktreten des Mediums zugunsten einer lebensweltlichen Praxis darin, daß das Netz der technischen Möglichkeiten in der Zwischenzeit so engmaschig geworden ist, daß sich darin schon mühelos unsere traditionellen Gebrauchsmuster und Routinen verfangen können. War es lange Zeit so gewesen, daß das zunehmende technische Können der Geräte uns mehr und mehr eine Akrobatik der Steuerung abverlangte, so ist nun offenbar ein technischer Quantensprung eingetreten, dessen Resultat darin besteht, daß die Dinge wieder radikal vereinfacht werden können. Am schnellsten ist es am Beispiel erklärt. Viele von uns haben schon lange zu tun und lange zu kämpfen mit der Eingabe von Textbotschaften oder Adressen in Mobiltelefone. Die ersten Systeme wollten jeden einzelnen Buchstaben noch durch Tastenkombination identifiziert haben, dann kam T9, dann gab es auch Blackberry und schließlich kamen die Touchscreens, die für alle Benutzer die klassische Keyboard-Tastatur abbildeten. Viele, vor allem junge Nutzer hatten im Dauergebrauch das entwickelt, was im Jargon der ‚flinke Daumen' heißt, mit dem eine komplizierte oder auch nur fummelige Eingabe durch Virtuosität überspielt werden konnte. Seitdem nun die neueste Generation iPhones auf dem Markt ist, die Steve Jobs wohl auch noch mit verantwortet hat, werden jene Ausnahmetalente nicht mehr gefragt sein. Sobald sich nämlich die semantische Spracherkennung, die auf den Namen ‚Siri' hört, durchgesetzt haben wird, werden wir unsere immer prekäre Beziehung zur Tasteneingabe auf Kleinstcomputern aufgeben können und unserem mobilen Begleiter einfach diktieren, was wir dem Gerät als Eingabe oder anderen Adressaten als Botschaft zukommen lassen wollen. Wir verhalten uns dann wie in der Normalsituation, in der wir immer schon waren, wenn wir einen verständigen Assistenten oder Service-Dienstleister an unserer Seite hatten. Um uns verständlich zu machen, braucht es nur die grundsätzlich erlernten und trainierten Fähigkeiten, die wir überhaupt entwickeln, wenn wir in einer zivilisierten Welt zurechtkommen wollen.

Im Falle schließlich eines Umdenkens in der wissenschaftlich-technischen Behandlung unserer Lebenswelten hat sich eine Entwicklung schon seit längerem angebahnt, in der sich die Sprachcodierung aller unserer Einsichten und Weltverständnisse als weit weniger weitreichend, universal und alles bestimmend erwiesen hat, als dies noch zu den Hochzeiten des Strukturalismus und des Poststrukturalismus der Fall gewesen war. So haben schon zu Beginn der 1990er Jahre die Bildwissenschaften einen Einspruch formuliert, der den Alleinvertretungsanspruch der Textbotschaften in Frage stellte und auf den ‚linguistic turn' einen ‚iconic turn' folgen ließ. Andere Strömungen, die der Performanz, der Pragmatik und der Präsenz von Sinngebilden wie auch deren freier Entwurf in unserer Einbildungskraft haben die sinnbildende Kraft sprachlicher Codes weiter relativiert. Ein letzter und entscheidender Schritt ist jedoch dann erst vollzogen, wenn die theoretische Modellierung der Sprache am Muster kybernetischer Selbstprogrammierung intelligenter Maschinen ihre ursprüngliche Faszination ganz verloren hat. Und das ist wiederum zu erwarten, wenn in einer gesamtkulturellen Einstellung die Deutungshoheit beim spezifisch Menschlichen als dem Ausgangspunkt aller Sinngebung in der Welt lokalisiert wird. Wie schon angedeutet haben die rezenten Fortschritte in den Neurowissenschaften bereits paradigmatisch zu einem solchen Einstellungswechsel beigetragen. Je raffinierter die Untersuchungsmethoden und je ausgefeilter die Versuchsanordnungen, die bis zur letzten Quelle unserer Weltbetrachtung und Sinngebung experimentell vordringen wollen, indem sie das menschliche Gehirn untersuchen, um so mehr verfestigt sich der Eindruck, daß die bisherigen Maschinen- und Rechnermetaphern bei der Beschreibung unserer menschlichen Formen der Weltbewältigung vollkommen unterkomplex gewesen waren. Und je deutlicher es wird, daß die kybernetischen Codes das selbstgenügsame Funktionieren von Rechnern erklären, aber nicht das sinnvolle Zustandekommen komplexer Menschenwelten, um so selbstverständlicher können die kybernetisch formatierten Funktions- und Modulsysteme als bloße Hilfsmittel bei der Beschreibung der komplexesten aller Sinnstrukturen angesetzt werden: jenen, die sich im menschlichen Gehirn vorfinden.

IV

Einen letzten Schritt in der philosophischen Deutung der Zeitphänomene gilt es zu tun. Wenn man bedenkt, wie lange und wie sehnlichst die Kulturkritik der vergangenen 200 Jahre den eben beschriebenen Einstellungswechsel herbeischreiben oder wenigstens -wünschen wollte, muß vorab noch ein Argument dafür gegeben werden, warum nun tatsächlich die wissenschaftlich-technische Weltbehandlung mit all ihren kritisierbaren Verzerrungen unserer Kommunikation sowie den Verstellungen unserer Lebenswelt – im Prinzip wenigstens – ein Ende gefunden haben mag. Das Zurücktreten der technischen Medien zugunsten einer genuinen Praxis kann ja nicht einfach als ein produktives Wunder angesehen werden, das sich (für uns) günstigerweise zu Beginn des 21. Jh.s endlich ereignet hat. Die Re-Analogisierung der Welt und damit ihrer Lösung aus den Fängen digitaler Durchkodierung kann nicht einfach als eine Art Geschenk hingenommen werden, auch wenn Kultur-Propheten wie der späte Heidegger hinter einer solchen glücklichen Wende oder ‚Kehre' das Eingreifen und Helfen eines Gottes vermuten wollten.

Zwei Denkfiguren bieten sich zur vorläufigen Verständigung an. Zum einen ist es die Vorstellung, daß der Technik und ihrer Programmiersprache ihre Ecken und Kanten genommen wurden dadurch, daß sie im selbstauferlegten Zwang zu immer weiterem Fortschritt schließlich selbst leistungsfähig genug wurde, um sich schon wieder als variabel, flexibel und anpassungsfähig zu erweisen. Ist der Aufwand bei dem Streben nach technischem Raffinement einmal kein wirkliches Problem mehr, kann mit Hilfe solcher Perfektionierung auch wieder eine Entlastung des Menschen erdacht und erreicht werden von solchen Vorkehrungen, die zuvor nötig waren, damit der Menschen die von ihm erdachten Maschinen effizient handhaben konnte. Das Entgegenkommen der Technik und ihrer Sinngebung hängt damit vom Grad der Vervollkommnung der Technik ab. So erinnern wir uns an manche Entwicklungen, die wir lange als unschön angesehen haben: bspw. die ersten CD-Aufnahmen klassischer Musik, bei denen man den Sägezahn der Digitalisierung analoger Klangkurven noch deutlich hören konnte; und stellen heute fest, daß wir alle solche Eindrücke und dementsprechende Vorbehalte nicht mehr haben müssen, nachdem die digitalen Auflösungen längst so feinstufig gestaltet sind, daß jede analoge Kurve perfekt nachmodelliert werden kann. Andere Beispiele sind Digitalkameras, LED-Bildschirme und vieles mehr.

Was aber ist die tiefere Botschaft solcher Veränderungen? Zu dieser Nachfrage bietet die Literaturgeschichte ein passendes Erklärungsmuster an. Heinrich von Kleist ging einst stilbildend auf die Entwicklung einer Technik ein, die mit einer ungelenken Nachahmung ästhetisch anspruchsvoller Phänomene beginnt und durch eine Perfektionierung der Technik schließlich wieder zurückfindet zur Anmut der vortechnischen Anfänge. Sein Gleichnis vom *Marionettentheater* wird später im Essay noch zu einem Grundmuster für eine dem aktuellen Wandel angemessene Kulturtheorie werden.

Die zweite Denkfigur ist mit der ersten verbunden, setzt jedoch begründungstechnisch noch radikaler an. Das passende Argument übernehme ich von Stefan Münker. Er behauptet vollkommend einleuchtend, daß die technische Perfektionierung der Medien, wie sie mit der Digitalisierung einhergeht, zuletzt dazu führt, daß es nicht nur zu einer immer besseren digitalen Nachbildung analoger Medien kommt; die Perfektionierung des Digitalen würde über alle quantitativen Verbesserungen bei der Wiedergabe hinaus auch noch zu einem qualitativen Sprung führen, wenn man so will, zu einem medialen Quantensprung. Das Digitale sei nämlich am Ende seiner Entwicklung nicht einfach ein neues Medium, das mit der Hilfe einer Dekodierung aller Signale in die Grundbestandteile 0 und 1 die alten analogen Medien ablösen würde. Es sei in seiner technischen Perfektion noch viel mehr, nämlich die Bedingung der Möglichkeit aller anderen, noch analog zu verstehenden Medien, denn mit Hilfe der Digitalisierung kann jedes x-beliebige Medium gleichermaßen aus dem Pool der 0-1-Kodierungen heraus generiert werden. Die 0-1-Unterscheidung ist demnach eine, mit der alle anderen medialen Unterschiede nachgebildet werden können – selbst ist diese Unterscheidung aber eine, die das Digitale als Medium gar nicht mehr von anderen Medien unterscheidbar macht, weil sie ihnen vielmehr immer schon zugrunde liegt. So ist das Digitale also nicht mehr Medium neben anderen Medien, sondern Medium vor allen anderen Medien. Das Digitale, derart verstanden als die technische Voraussetzung für das Generieren aller anderen Medien, rückt damit in einen anderen Theoriestatus auf und darf in der Funktion eines medialen Aprioris angesprochen werden – ist es doch immer schon vorauszusetzen, sobald überhaupt Medien im Spiel sind. Folgt man dem Argumentationsgang bis hin zu dieser Behauptung, wird auch einsichtig, warum mit Hilfe einer perfektionierten Digitalisierung die alten kulturkritischen Klagen über die Härten, die mit der Technik in die Welt kommen, so nicht mehr sinnvoll weitergeführt werden können. Solange nämlich die Medien von der Art waren, daß sie durch ihre technische Anlage immer eine Art Filterfunktion ausgeübt hatten, weil sie die einen Signale passieren ließen, andere nicht, und dem Menschen damit potentiell immer etwas vorenthalten hatten, zu dem er von ‚Natur' aus wenigstens noch Zugang gehabt haben sollte, solange konnte technischer Fortschritt grundsätzlich immer nur bedeuten, die alten Übel mit jedem Entwicklungsschritt bestenfalls durch neue zu ersetzen, wenn nicht gar zu steigern. Wenn aber mit der Digitalisierung tatsächlich das Medium aller Medien oder auch nur die technische Bedingung der Möglichkeit für alle anderen Medien feststeht, dann kann jenes apriorisch zu verstehende Medium selbst wenigstens gar keine bestimmte technische Gestaltung zugeschrieben werden, die noch in der Art eines Filters für uns technische Vorhaltungen macht. Das Digitale ist, wenn man so will, an sich noch so konturlos, daß jede kulturelle Inkriminierung noch gar keinen Ansatzpunkt findet. Und wollte man auch nur benennen oder darstellen, was uns verloren geht durch den Einsatz einer perfekten Digitalisierung, dann müßte man zum Zwecke solcher Benennung oder Darstellung wiederum digitale Medien einsetzen und in Anschlag bringen. So wird im Zuge einer Perfektionierung der Digitaltechnik der Wind aus den Segeln der alten Kulturkritik genommen, weil das Digitale bestenfalls den Baustoff bietet, aus dem dann erst Gestaltungen werden, auf die sich kulturkritisch zeigen läßt. Jene Überlegungen, die über die Digitalisierung der technischen Welt angestellt werden, weisen damit zuletzt auch wiederum Parallelen zu Überlegungen auf, die zuvor schon im Zusammenhang unserer neuen wissenschaftlich-technischen Welteinstellung angesprochen wurden. So sehr wie nämlich die Medientheorie schließlich auf ein Medium vor allen technischen Medien stoßen mußte, ein Medium, in dem sich prinzipiell alles abbilden lassen muß, was überhaupt wahrnehmungs- und sinntechnisch zu rezipieren ist, so sehr mußten offenbar zur gleichen Zeit auch die Lebenswissenschaften auf ein solches o-Medium stoßen. Parallel also zur äußeren Durchcodierung und digitalen Begründung aller technischen Weltzugänge mußte von einer inneren Durchcodierung aller unserer Welteindrücke ausgegangen werden, wie sie im Rahmen der Hirnforschung zu einem neuen Apriori werden konnte. So teilen die Netzstrukturen im Hirn und die Netzstrukturen unserer digitalen Welt ein und denselben Theoriestatus: alles, was überhaupt nur denkbar oder annehmbar erscheint, muß in der Grundform unserer physiologischen und digitalen Datenverarbeitung darstellbar und annehmbar sein.

V

So viel zu einer aktuellen Deutung aktueller Phänomene am Leitfaden einer aktualisierten Medientheorie. Bleibt freilich die nicht geringe Aufgabe, zu bestimmen, was aus dieser medientheoretischen Überlegung und Zeitinterpretation philosophisch folgt. An dieser Stelle muß die Einleitung noch einleitend bleiben, weil die ganze für eine Antwort nötige Evidenz nur im Kontext einer viel breiteren Diskussion aufgeboten werden kann. Zu viele Rücksichten müssen genommen werden, zuviel Vorsicht ist geboten, um nicht in platte Mißverständnisse hineingezogen zu werden. Deshalb an dieser Stelle nur theoretische Umrisse.

Was wird behauptet? Daß eine Zeit vorüber ist, eine neue Zeit beginnt. Was ist der Inhalt der neuen Zeit? Die Antwort auf diese Frage wird schon schwieriger, weil die üblichen philosophischen Routinen an dieser Stelle versagen. Im Sinne der klassischen Moderne und auch noch der Postmoderne hätte man vermutet, daß die alte Zeit mit einem alten Prinzip belegt wird, die neue Zeit mit einem neuen

Prinzip. Das könnte man medientheoretisch wie folgt ausbuchstabieren: die Wende zu einem neuen Zeitalter ist durch einen abermaligen ‚turn' gekennzeichnet, und jener turn wäre dann der ‚*digital turn*', oder lebenswissenschaftlich informiert auch der ‚*neurological turn*'. Aber schon bei einer solchen Benennung zeigt es sich nach dem eben Festgestellten, daß es sich in Wahrheit gar nicht um eine Wende von einem medialen Prinzip zu einem anderen handelt. Vielmehr lenkt eine solche ‚Wende' die philosophische Aufmerksamkeit auf den Umstand, daß alle vorangegangenen Wendemanöver der Medientheorie vorläufig waren, solange das letzte Medium aller Medien technisch wie gedanklich noch nicht erschlossen war. Die zu vollziehende Wende ist demnach eine zu den Grundlagen medialen Wandels und zu der Einsicht in das Mißverständnis, mit der Ausrufung neuer medialer Grundprinzipien sei aufs Ganze gesehen überhaupt etwas gewonnen. Was die neuerliche ‚Wende'-Bewegung letztlich zu Tage fördert ist damit noch nicht mehr als der Wegfall des bisherigen Glaubens in die Gestaltungskraft technischer Medien hinsichtlich unserer Weltbezüge. So wird die Beschränktheit der bisher angesetzten Medien-Apriori deutlich, ohne daß damit bereits ein neues, wiederum exklusives Medien-Apriori formuliert wird, das im bisherigen Verdrängungswettbewerb noch eine Rolle spielt. Zuletzt wird also nur das ganze bisherige Überbietungsgeschehen als solches in Frage gestellt und somit ein altes mediales Mißverständnis aufgehoben, aber noch kein neues (Miß)-Verständnis wieder hervorgebracht.

Weiter könnte man techniktheoretisch gehen, indem man abermals das Schema altes Prinzip - neues Prinzip in Anschlag bringt. Dann wäre das Stichwort des ‚ancien régime' die *Entfremdung* gewesen, als der kulturelle Keil, den die Technik zwischen uns und unsere Lebenswelt treibt, während das ‚nouveau régime' der Technik auf das Stichwort *Entlastung* hört. Aber auch hierbei ist wiederum klar nach dem Gesagten, daß man dem neuen Phänomen in keiner Weise gerecht würde. Denn das Zurücktreten der Technik aus dem Vordergrund unserer theoretischen Aufmerksamkeit in den Hintergrund diskreten praktischen Funktionierens bedeutet gerade keine Umpolung von ‚schlecht' zu ‚gut' oder von Entfremdung zu Entgegenkommen. Der Umstand, daß Technik endlich wieder unauffällig wird, deutet vielmehr darauf hin, daß wir Gegnerschaft und Entgegenkommen der Technik gleichermaßen in einem entspannteren Licht betrachten können. Es bedeutet, daß wir in keiner Weise mehr eine generell ablehnende oder euphorisch zustimmende Stellung beziehen müssen, wenn wir uns intellektuell in den vor uns liegenden Kulturdebatten auszeichnen wollen. Es genügt fürderhin erst einmal, auf das Mißverständnis hinzuweisen, mit einer Technikphobie oder -euphorie sei überhaupt etwas sinnvoll anzufangen angesichts der neu hinzugewonnenen Fähigkeit von Technik, ‚smart' genug zu sein, um sich wieder ganz unspektakulär unserem urpraktischen Umgang mit unserer Umwelt unterzuordnen.

Auch der ausgeprägten Neigung der Kulturtheorie zur Prinzipienfindung muß schließlich in dem Zusammenhang resolut widerstanden werden. Es wäre zu schön zu sagen, nach den erwähnten (vorläufigen) Enttäuschungen der Prognosen vom ‚Kampf der Kulturen' oder von ‚Zorn und Zeit' sei nun umgekehrt ein Zeitalter der Freundschaft der Kulturen oder der neuen Freundlichkeit einer neuen Zeit auszurufen. Erst recht gilt dies, wenn man der in den 1990er Jahren prominenten Rede vom ‚Ende der Geschichte' die Vorstellung eines Neuanfangs der Geschichte entgegenstellte. So ansprechend aber jene Bildungen von begrifflichen Oppositionen mit dem Ausblick auf mögliche gesellschaftliche Utopien auch sein mögen, sie verhehlen doch die Tatsache, daß die staunenerregenden Ereignisse unserer gegenwärtigen Kultur- und Weltgeschichte gerade eine andere Lektion nahelegen. Jene Lektion nämlich, daß überhaupt alle solche eingespielten Oppositionen von einer neuen Kultur der Kommunikation unterspült werden und kaum, daß sie postuliert sind, auch schon durch den Gang einer in Wahrheit unvorhersehbaren Praxis eines besseren belehrt werden. Eine neue Möglichkeit der Menschen erscheint dabei als grundlegend, über alle gängigen Clichés ihrer Charakterisierung hinaus sich wieder so zu verständigen, daß aus ihrer gegenseitigen Absprache überhaupt erst gemeinschaftliche Projekte und politische Ziele und zuletzt auch noch kulturelle Identitäten entstehen können. Zuletzt ist also auch auf dem Niveau der Kulturtheorie davon auszugehen, daß mit der Rede von einer neuen Zeit nicht die Genese eines neuen Kulturprinzips ausgerufen wird, sondern zuerst einmal nur nüchtern der Wegfall der alten kulturellen Antagonismen und ihrer Automatismen festgestellt werden kann.

VI

Wo ist zuletzt Rat einzuholen bei der Frage, wie die neue Zeit in Gedanken erfaßt werden kann? Die Herausforderung besteht darin, einerseits erst einmal nur von dem Wegfall der medialen, wissenschaftlich-technischen und kulturellen Einseitigkeiten der bisherigen Modernedebatten auszugehen, zugleich aber diesem Wegfall eine positive philosophische Bedeutung zuzuschreiben. Einer, der sich auskennt bei der Einnahme solcher Standpunkte jenseits der üblichen Begeisterung der Philosophie für feste Prinzipien ist bekanntlich Hegel. War es doch sein Grundkonzept gewesen, in einem weltgeschichtlich günstigen Augenblick aus der Reihe der Vertreter auftrumpfender Gewißheiten zu treten und sich den Reflex zu versagen, „wie aus der Pistole" geschossen[13] gleich mit einem neuen Vorschlag einer Taufe der Zeit und ihrer gedanklichen Grundlagen aufzuwarten. Als seine philosophische Charaktereigenschaft darf dagegen gelten, sich zu bescheiden, von einem nahezu externen Beobachterstandpunkt die gegenwärtige Lage zu überschauen und zu verstehen, warum die üblichen Reflexe der Philosophiepioniere ins Leere zielen oder zumindest an der Sache vorbei. Es war dabei seine Grundidee zu verstehen, daß ähnlich wie heute unsere medialen Codierungen vor rund 200 Jahren das Denken und seine Kategorien eine gestalterische Dichte erreicht hatten, die es künftig schwer machen würde, mit Einseitigkeiten der Behauptung exklusiver Prinzipien durchzukommen – sei es in aufklärerisch-kritischer Absicht, sei es in romantisch-verklärender Sichtweise. Und anschließend an diese Idee, daß die Zeit nun auch keinen Rückfall mehr dulden könnte bei philosophischen Positionen, die schon durch die bloße Formulierung im Medium des Denkens bereits auf die Beschränktheit ihrer Reichweite gestoßen werden müßten, fand er es konsequent, im ordnenden Resümee und der übersichtlichen

13 G.W.F. Hegel, Phänomenologie des Geistes, in: ders., Werke in 20 Bänden, Bd. 3, a.a.O., , S. 31.

Darstellung der Ursachen, wie es zu den Verstellungen im Laufe der Philosophiegeschichte kam, schon ein Hauptgeschäft der Philosophie zu sehen. Geistesgeschichte erschien ihm dann als der Versuch, die Positionen einer langen Reihe geschichtlich zusammenhängender Formationen als den fortlaufenden Versuch anzusehen, immer neue prinzipielle Antworten auf eine Frage zu geben, die durch keine dieser Antworten je ganz befriedigt werden kann. Strukturell gesehen aus dem ganz einfachen Grund, weil die kategorialen Mittel noch nicht bereitstanden, um die zugrundeliegende Sinnfrage auch nur angemessen anzugehen. Gab es jedoch erst einmal eine Sprache, die mächtig genug war, das Problem angemessen darzustellen, folgte für Hegel daraus, daß mit diesem Sprachmedium auch schon der ganze Impetus und die ganze Dringlichkeit einer Beantwortung offener Sinnfragen genommen sein würde. Würde man erst einmal angemessen sagen und darstellen können, was man zuvor nie richtig ausdrücken und zum Verständnis bringen konnte, hatte sich die Antwort bereits erübrigt. Und Philosophie war somit das Geschäft, lange währende Selbstmißverständnisse aufzulösen. Das Mittel zur Auflösung war die Darstellung vergangener Positionen mit Hilfe einer kategorial dichteren Beschreibung, in deren Lichte die Besonderheit der jeweiligen These und damit ihre ganze Zeitgebundenheit und Regionalität offenbar würde. Und wo sich die Philosophie einmal nicht mehr ihrer Aufgabe der Sinnbefriedigung gegenüber grundsätzlich überfordert weiß, ist sie für Hegel auch an ihrem Ende.

Hegel als Vorbild für die anstehende Standortbestimmung zu nehmen bedeutet in dieser Hinsicht, wie er von dem historischen Glücksfall auszugehen, daß nun in der Tat innerhalb der Geistesgeschichte ein neues Niveau der Reflexion erreicht ist. Im Unterschied zu Hegel ist dieses Niveau jedoch nicht mehr auf der Ebene des philosophischen Mediums des Begriffs anzusetzen, sondern auf der Ebene der technischen und kybernetischen Kodierungen, die grundsätzlich seit rund 150 Jahren und ganz besonders seit rund 50 Jahren zu philosophischer Prominenz innerhalb der Kulturtheorie und Kulturkritik gekommen sind. Was nun möglich wird, ist wiederum eine dichtere Beschreibung der kulturellen Voraussetzungen, von denen Marx, Nietzsche und Heidegger bis Foucault, Luhmann und Derrida ausgehen mußten, ohne daß sie den von ihnen herangezogenen

Formatierungen ihrer jeweiligen Moderneerscheinungen je wirklich trauen konnten. In jener dichteren Beschreibung wird es jedoch heute möglich zu erkennen, was Wittgenstein einst (selbstkritisch) mit dem Satz zusammenfaßte: „Ein *Bild* hielt uns gefangen“[14] und Heidegger dazu veranlaßte, die Philosophie in der „Zeit des Weltbildes“ für nahezu ohnmächtig zu erklären, in dem, was sie uns ‚eigentlich‘ zu Bewußtsein bringen will. Zuletzt erscheint die Kulturkritik der vergangenen Epoche dann als eine, die im Grunde immer noch die Klage des Kyklopen in Homers Odyssee beständig wiederholt, wenn dieser sich darüber beschwerte, daß „niemand ihn geblendet habe“. Erst dann, wenn wir wirklich in der Lage sind, die Faszination der Philosophie für die besonderen technischen Codes und Flußschemata zu lösen, nach deren Vorbild spätestens der Strukturalismus und seine Anhänger auch noch die Sprache der Kultur- und Technikkritik zu formen wußten – Foucault und Derrida sind sich dessen immerhin schmerzlich bewußt gewesen –, sind wir auch in der Lage, zu verstehen, daß wir uns an den zuvor existentiell verhandelten Themen nicht mehr in der vorangegangenen Dringlichkeit abarbeiten müssen. Eine solche Lage ist jetzt gegeben, davon geht zumindest der nachfolgende Essay aus.

VII

Bei so viel An- und Ausleihe in dem Hegelschen Theoriefundus seien abschließend noch einmal wichtige Unterschiede unterstrichen, um nicht in die Gefahr zu geraten, vorschnell als Verkleidung und Nachhut des Idealismus zu erscheinen und sich sogleich in dessen heute als gespenstisch anmutenden Utopiegedanken zu verirren. So ist noch einmal extra zu betonen, daß mit der Hegelsche Methode gerade nicht auf dem Gebiet des reinen Gedankens argumentiert wird – also

14 L. Wittgenstein, Philosophische Untersuchungen § 115.

mit Hegel gesprochen in der Sphäre des „absoluten Geistes" – und auch nicht auf der Ebene einer Weltgeschichte als einer staatlichen Institutionengeschichte und ihrer philosophischen Rechtsgrundlagen. Wenn es denn ein Verdienst gibt, das Hegel zusammen mit Kant bis heute nahezu unwidersprochen zugeschrieben wird, dann es ist es eben dies, die Rationalitätsstandards bei Fragen wie der Universalität des Denkens und der Allgemeinheit der Menschenrechte einigermaßen gültig festgehalten zu haben.

Die hier vorliegende Betrachtung setzt vielmehr auf einer Ebene ein, auf der die freie Beweglichkeit des Geisteslebens auch für Hegel schon gehemmt schien durch die Notwendigkeiten alltäglichen Durchkommens in einer Welt von kulturellen Bedürfnissen und deren vitalen Besorgungen. In dieser ganzen Sphäre der konkreten Einlassung auf die Techniken von Produktion und Reproduktion gilt es den Freiheitsgedanken weiter zu verfolgen an der Stelle, an der ihn der deutsche Idealismus notwendig zurückließ und die Nachfolger zurecht monierten, daß noch gar nichts wirklich gewonnen ist für uns Moderne, solange die ‚modern times' sich noch so anonym und unmenschlich gebärdeten.

Dann ist weiter und wichtig noch einmal festzuhalten, damit es nicht vorab zum echten Mißverständnis kommt: anders als es bei Hegel geschieht, wird mit der gedanklichen Auflösung bisheriger Verzerrungen und Entfremdungen durch die technische Formatierung unserer Lebenswelt nicht zugleich schon die endgültige Erscheinung einer utopischen Endgestalt unser zivilisatorischen Entwicklung behauptet. Hegel zielte, wenn man so will, immer noch auf eine Vollendung der Geschichte und eine historische Bestform, in der zuletzt alle zivilisatorischen Entfremdungen und Verzerrungen unserer aufgeklärten Weltanschauung aufgehoben sein würden. Mit der methodischen Wiederholung jener historischen Übersicht im Medium von Technik und Gesellschaft kommt jedoch nicht zugleich schon eine Höchstentwicklung einer technischen Hochkultur zur Verwirklichung. Es wird damit vielmehr nur der Freiraum dafür geschaffen, daß unsere alten praktisch motivierten Grundanliegen zu neuer Entfaltung kommen können. Jene praktischen Grundanliegen können auf altbekannte und altbewährte Grundmuster zurückgreifen und brauchen (vorläufig jedenfalls) noch keine alles überragenden Moderneprinzipien, auf die sie sich exklusiv in der Geschichte stützen könnten. Immer noch und wie schon bei Aristoteles vorgesehen kann das *Politische* auch *in seiner Rückkehr* als eine Art gegenseitige Befreundung auf gesellschaftlicher Ebene konzipiert werden, ebenso wie auch das neuerliche *Entgegenkommen der Technik* nicht als eine neueste philosophische Errungenschaft gefeiert werden muß, hat sie doch längstens schon genügend philosophische Stilisierungen erfahren, wie Heideggers frühe Einlassungen auf das Wesen genuiner Umwelt-Praxis als das prominenteste Beispiel immer noch deutlich machen. Anstatt einer Utopie neuer Bestzustände wird so im besten Falle vorgestellt, wie wir im Grunde nur wieder einen Anfang machen können mit Anliegen, die wir im Grunde immer schon hatten und die deshalb auch immer neue Gestaltungen und Ausformungen haben müssen. Was hinzukommt, ist also nur die Aufmerksamkeit, die eine Geschichte in dem Sinne einer Menschheitsgeschichte unserer Zivilisation und ihrer gesellschaftspolitischen Kontingenzen neuerdings wieder einfordert, sobald ihr Selbstverständnis nicht mehr alternativlos an die Medien ihrer technischen Formatierung gebunden scheint. Jene neue philosophische Aufmerksamkeit wäre dann der tiefere Sinn einer *Rückkehr der Politik* und einer *Rückkehr der Praxis*, wie sie symbolisch und paradigmatisch durch die historischen Umstände der Gegenwart offenbar werden. Was Philosophie an Aufklärung leisten kann, ist somit nicht mehr als der Versuch, über tiefer liegende Ursachen des Umdenkens im Rahmen unserer neuen *wissenschaftlich-technischen Einstellung* zu unterrichten.

VIII

Ob die methodische Anleihe bei Hegel bei gleichzeitigem Utopieverzicht hält, was sich der Autor hier von ihr verspricht, kann zuletzt jedoch nur auf eine Weise bestätigt oder widerlegt werden. ‚The proof of the pudding is in the eating', und die gewählte historische Herangehensweise hat nur dann eine Chance, wenn sie in der Durchführung überzeugt. Der erste Hauptteil des Essays wird dementsprechend mit einer Analyse der Gegenwartphilosophie beginnen, diese einbetten in eine Verlaufsform der Kulturkritik der vergangenen 200 Jahre und schließlich, mit Blick auf die gegenwärtig sich abzeichnende Zäsur, noch einmal eine Klammer um die zweihundertjährige Phase der Kulturkritik setzen. Fluchtpunkt der inhaltlichen Einlösung der hier vorgestellten Grundthese wird deshalb eine Modernetheorie sein, und zuletzt braucht es nichts weniger als einen Ausgriff auf eine umfassende Geschichtsphilosophie. Auf jene postmodern noch geächtete Form der philosophischen Selbstverständigung muß man sich demnach wieder einlassen.

Der zweite Hauptteil wird an diese historische Linienführung anschließend den Versuch unternehmen, die neuen sachlichen und historischen Evidenzen zu neuen methodischen Maximen umzuformen. Dies geschieht im Rahmen derjenigen Disziplin, die sich im engsten Anschluß an Hegel um die Struktur unseres Verstehens kümmert und dem Autor auch am nächsten liegt, der Hermeneutik. Und wiederum muß auch hier die Evidenz einer methodischen Neubestimmung an dem Endpunkt einer langen historischen Entwicklungslinie offenbar werden. Die *Zukunft der Hermeneutik* hängt in diesem Gedankengang schließlich davon ab, wie gut es der Philosophie gelingt, sich von den kulturkritischen Formen und Idealismen des vergangenen Jahrhunderts zu lösen und sich den substantiellen Formen einer neuen Verständigung zu öffnen. Und nur wenn diese Neubestimmung der Philosophie am Ende im Sinne einer Selbstverständigung der Hermeneutik gelingt, kann das Jahr 2011 als ein philosophisch wunderbares Jahr, als ein ‚annus mirabilis' in die Geschichte des 21. Jh.s eingehen.

I. DIE MEDIENZÄSUR

Vieles von dem, was der Essay an anstehenden Veränderungen anspricht, hängt an der These, die *Faszination der Philosophie* des 20. Jh.s für *technische und sprachliche Codierungen* sei heute nicht mehr gegeben. Zwei Beispiele, die helfen können, unsere neue hermeneutische Situation zu verstehen, haben wegen ihrer Prominenz in Alltagsdingen wie in Wissenschaftskreisen gleichermaßen zu einem gewissen Wandel unseres Selbstverständnisses und unserer gegenwärtigen Lage geführt. Es sind, wie schon einleitend angesprochen, zum einen die Fortschritte der Neurowissenschaften, wie sie bis in die Alltagsberichterstattung vordringen und uns beinahe täglich neue Aufschlüsse über verborgene und eigentliche *Funktionen* und *Kapazitäten* unseres *Gehirns* versprechen; zum anderen die Veränderungen, die mit den Entwicklungen der Internet-*Kommunikation* zur alltäglichen *Interaktion* einhergehen und seit der Rede von einer historischen Zäsur im Zeichen eines Web 2.0 (und inzwischen bekanntlich auch schon des Web 3.0 als einem semantischen Netz) vor allem im Politischen ihre neue Relevanz bis in die tägliche Nachrichtenlage hinein beweisen.

Systematisches zur Vorgeschichte einer Konditionierung durch Medien und Technik

Was beide Bereiche über ihre bloße Prominenz hinaus für unsere Belange vergleichbar und aussagefähig macht, ist eine Überlegung, die man zuerst einmal in einem ganz neutralen Sinne und damit noch ganz technisch bzw. medientheoretisch angehen kann. Ausgangspunkt ist dabei die generelle und zugleich kritische Überlegung, wie sie im 20. Jh. im Rahmen einer *Kultur- und Technikkritik* prominent wurde. Sie geht davon aus, daß immer dann, wenn zwischen dem neuzeitlichen Subjekt und dem neuzeitlich verstandenen Objekt eine technische Vorrichtung bzw. ein Medium tritt, der tiefere Sinn aller unserer Weltbezüge, also aller Bezüge von Subjekt zu Objekt, darin bereits enthalten sein müßte. Oder wie es seit den 1960er Jahren und dem Diktum Marshall McLuhans verkürzt heißt, „the medium is the message"[1]. Diese Behauptung kann man zum einen im Hinblick auf das Subjekt auslegen, das sich selbst im Spiegel der von ihm in Anschlag gebrachten Medien und Techniken verstehen will. Dann hat man es mit einer zuletzt erkenntnistheoretischen Fragestellung zu tun, die auf den Grundgedanken hinausläuft: das Subjekt kann nur das an sich selbst erkennen, nur jene erkenntisermöglichenden Eigenschaften an sich feststellen, die es objektiv in den medialen und technischen Vorrichtungen seiner Zeit ausgespiegelt sieht und damit zugleich objektiv vor sich hat. Das ist die These, mit der Friedrich Kittler zuletzt einen Bezug von unserer computertechnischen Software auf unsere hirnphysiologische Software hergestellt hat[2]. Freilich gab es auch schon zuvor vielfache Anlässe zur Möglichkeit solcher Belege, man denke bspw. an die Kameratechnik, mit der unsere Wahrnehmungsoperationen selbst anschaulich werden, Mikrophone, die unsere Hörleistung erklären, Rechenmaschinen, die unser Rechenvermögen nachvollziehen und so weiter. Die Tendenz dieser Überlegung geht dahin, daß unsere Möglichkeiten zum Selbstverständnis zwar immer raffinierter werden, je fortschrittlicher die Technologie und ihre Medien werden, die wir dabei zum Einsatz bringen; die Vorstellung von einem selbständigen und an sich seiendem Subjekt aber immer prekär erscheint angesichts einer vollkommen erscheinenden Abhängigkeit unserer Erklärung von dem zeitbedingten Modell, das solcherlei technisch-medialer Selbstanschauung zuletzt zugrunde liegt.

---

1 M. McLuhan, The medium is the message. An inventory of effects, New York 1967.

2 Vgl. Fr. Kittler, Draculas Vermächtnis. Technische Schriften, Leipzig 1993.

Die zweite Variante nimmt demgegenüber den objektiven Pol medialer Konditionierung zum Ausgangspunkt. Dann erscheinen die Techniken und Medien unserer Weltbewältigung nicht mehr nur als objektive Erklärungsmuster für menschliche Welt-Daten-Verarbeitung; sie sind vielmehr umgekehrt auch objektive Erklärungsmuster für die möglichen Wirkungen des Subjektes zurück auf die Welt. Technik und Medien konditionieren somit nicht nur unsere Erkenntnis, sondern geben zugleich auch einen festen Rahmen dafür vor, was überhaupt als eine menschliche Praxis möglich bzw. zulässig erscheint. Die ersten radikalen Restriktionen hat das neuzeitliche Subjekt demnach mit Marx in der Maschinenwelt der Großindustrie erfahren, wie sie noch in Charlie Chaplins *Modern Times* sinnbildlich gemacht wurden und den Menschen als einen mehr als sprichwörtliches ‚cog in the machine' zeigen. Im frühen 20. Jh. ist dann bereits nicht nur die Arbeits-, sondern die gesamt Lebenswelt des Menschen betroffen, so daß Heidegger zu der Generalthese kommt, der neuzeitliche Mensch befinde sich im ‚Gestell' der Technik und damit in einer nahezu unentrinnbaren Gefangenschaft einer Maschinenkultur wieder. Die kritischen Kulturtheorien von Marx bis Heidegger gehen freilich noch davon aus, daß eine menschliche Praxis an sich noch fortbestehen und spürbar vorhanden sein muß, so daß man die Zumutungen der modernen Welt im Dauereinsatz der Maschinentechnik als eine Form der schmerzlichen Zurichtung verstehen kann und damit zuletzt der Beschneidung ureigentlicher menschlicher Handlungs- und Ausdrucksmöglichkeiten. Irgendeine Form von Romantik ist in solchen Zusammenhängen immer noch vorauszusetzen, die es erlauben soll, von einem ursprünglichen Zustand vor der modernen technischen Neueinstellung des Menschen auszugehen oder einen alternativen Zustand wenigstens denkbar zu machen. Prekärer wird jedoch die Lage, vergleichbar mit der oben genannten Erklärungssituation bei den theoretischen Fragen der Selbsterkenntnis des modernen Subjektes, wenn auch im Praktischen nicht mehr schlüssig von einem Bild menschlicher Praxis ausgegangen werden kann, wie es wäre, wenn man es sich ganz ohne technische Inanspruchnahme oder mediale Brechungen dächte. Die Zäsur in der Fragestellung wird nachvollziehbar, sobald Anfang der 1960er Jahre die kybernetischen Maschinen zum neuen und alles andere bestimmenden Paradigma der kulturkritischen Überlegungen im Zusammenhang mit Technik und Medien werden. Es ist dann nämlich der Fall, daß bei solchen Maschinen zwischen dem steuerungstechnischen Input, der damals bspw. durch die frühe Codierung der Lochstreifen noch anschaulich wurde, und dem Output als dem darauf folgenden Eingriff der so gesteuerten Einheit in die Welt, überhaupt kein Spielraum mehr der Entscheidung, Veränderung oder auch nur noch des Stils besteht. Was in einer bestimmten Befehlsstruktur eingegeben wird, wird ganz zwangsläufig auch so ausgeführt. Im übertragenen Sinne hängen wir Menschen, die jetzt eben auch als intelligente Maschinen angesehen oder zumindest so behandelt werden, nicht mehr nur an den sprichwörtlichen Fäden bestimmter, an unsere Person geknüpften Leistungs- und Funktionserwartungen. Die vorausgesetzten Verbindungen von Eingabe und Ausführungen sind weit weniger elastisch geworden, seitdem die Vorgaben in der Grammatik einer Programmiersprache formuliert sind, die überhaupt keine Abweichungen mehr erlaubt. Und sobald Maschinen dann auch noch in der Lage sind, nicht nur die Befehle zu empfangen, also programmiert zu werden, sondern auch zur Steuerung anderer Maschinen taugen, wird der Freiheitsspielraum verbleibender ursprünglicher Praxis natürlich noch einmal geringer, und er verschwindet wenigstens theoretisch voll und ganz mit der Annahme, daß die Maschinen am Ende intelligent genug werden, sich selbst zu steuern und damit zuletzt eine eigene und in sich vollkommen geschlossene Handlungssphäre zu bilden. In ihr kann dann die vormalige Romantik technisch unbelasteter Lebensverhältnisse zweifellos nur noch als hoch naiv erscheinen. Viele schwarze Utopien haben seit den 1980 Jahren solche Visionen zu absoluten Bedrohungsszenarien ausgemalt, so daß entweder eine selbstbewußt werdende Maschinentechnik zum *Terminator* der menschlichen Freiheit wird, oder aber eine selbstreflexiv arbeitende *Matrix* in Wahrheit alle unsere Denk- und Vorstellungsaktivitäten ohne unser weiteres Zutun generiert. Und so war es schließlich zum Ende des 20. Jh.s zu einer allen Konditionierungsthesen zugrunde liegenden Einsicht gekommen, daß die Technik und ihre Medien uns überhaupt keine Spielräume mehr lassen, um jenes Menschliche, das die Kritik einmal noch bewahren wollte, auch nur noch einsehbar zu artikulieren.

Das Symptom einer geistesgeschichtlichen Zäsur durch das Interaktivwerden des Internet

Die Zäsur, von der im folgenden ausgegangen werden soll, setzt ein, sobald sich sowohl auf der subjektiven wie auch der objektiven Seite der Konditionierung durch Technik und Medien eine entscheidende Umstellung anbahnt. Beginnt man auf der *objektiven Seite*, dann hat Stefan Münker meines Wissens als erster vor zwei Jahren den Zusammenhang hinsichtlich einer uns auf neue Weise umgebenden Netzwelt herausgestellt. Münker terminiert das Datum dieser Umstellung auf das Jahr 2005, d.h. das Jahr, in dem offiziell und zum ersten Male von der Entstehung eines Web 2.0 die Rede war. Was sich mit der so numerierten Fortschreibung der Netztechnik verändert hat, kann man in zwei verschiedenen Hinsichten beschreiben, die freilich konsequent aneinander anschließen. Zum einen bahnt sich in medientechnischer Hinsicht nun eine Erweiterung unserer Möglichkeiten an, wie sie sich durch die digitale Revolution schon seit längerem angekündigt hat, sich in der neuen Netzkultur jedoch erst zu perfektionieren scheint. Jene mediale Erweiterung unserer Möglichkeiten hat grundsätzlich damit zu tun, daß wir viele zuvor getrennt voneinander verlaufende Kommunikationswege nun medial zusammenführen können und damit einen neuen Gesamteindruck zwischenmenschlicher Beziehung vermitteln. Schon der Einsatz von Computern im großen Stil und in nahezu allen Lebensbereichen hat dafür gesorgt, daß jede Form der vormals natürlichen Kommunikation nun technisch reproduzierbar wird. So sind es nach den Textbotschaften und den Audiosignalen auch die Videosignale, die vollständig decodierbar und damit zugleich auch übertragbar werden, und sobald kein Rest mehr bei der Decodierung bleibt, und wir bspw. auch 3D-Effekte nun mit nie dagewesener Brillanz generieren können, ist die Schwelle erreicht, an der mit der technischen Perfektionierung der Wiedergabe natürlicher Kommunikationssituationen auch ein neues Nachdenken über die Funktion und die Bedeutung solcher medialer Möglichkeiten beginnt. Zugleich mit der medialen oder technischen Perfektionierung setzt dann eine Universalisierung im Einsatz solcher Techniken und Medien ein: „Längst hat der *digital turn* in Umfang und Geschwindigkeit vorangegangene Umbrüche wie die Erfindung des Buchdrucks oder die industrielle Revolution in den Schatten gestellt. Wissenschaftliches Arbeiten; politisches und ökonomisches Handeln; militärische Operationen und technische Produktionen; Kunst, Medien, Entertainment und Sport – kein gesellschaftliches Subsystem, das nicht längst von den zumeist unsichtbaren Rechenoperationen und Programmabläufen der digitalen Apparaturen abhängig wäre“[3]. Die technische Perfektionierung des neuen Mediums wie auch die (zumindest absehbare) Universalität der damit einhergehenden Digitalisierung führt nun zu der erstaunlichen, aber konsequenterweise unumgänglichen Feststellung, daß sich die Funktion der neuen Medien genau in jener philosophisch bedeutsamen Hinsicht gewandelt hat: daß sie nämlich nicht mehr wie ein Sieb agieren und notwendig Signale oder Botschaften ausfiltern und andere passieren lassen, weil ihre Kanäle, um noch einmal im Jargon der Kommunikationstheorien der 1960er Jahre zu bleiben, uns technische Beschränkungen und damit zugleich auch einen inhaltlichen Zuschnitt unserer Botschaften auferlegen müßten. Im Gegenteil ist es vielmehr so, daß die neuen Medien selbst zur Bedingung der Möglichkeit überhaupt einer jeden denkbaren Kommunikation und damit analog zur ‚natürlichen‘ Kommunikation werden: „Das Apriori der Technik der Medien, die in ihrer je spezifischen Materialität jede mögliche Verwendungsweise vorgegeben haben, das unsere Kulturen seit Jahrtausenden geprägt hat, wird durch die Digitalisierung alles Technischen und Medialen zwar strukturell überhaupt nicht in Frage gestellt; es hat nur keine Bedeutung mehr. Denn eine Technik, die a priori alle Möglichkeiten bietet, gibt per definitionem keine Vorgaben für spezifische Möglichkeiten mehr“[4]. Eine „Universal*technik*, die alle *Medien generieren* kann“[5], ist demnach gar kein Medium im klassischen Sinne mehr und die

3 St. Münker, Emergenz digitaler Öffentlichkeiten. Die sozialen Medien im Web 2.0, a.a.O., S. 63.

4 Ebd., S. 64f.

5 Ebd., S. 64.

Technik keine Technik, die sich noch kritisieren ließe. Im Zuge der Digitalisierung und gegenseitigen und universellen Vernetzung sind wir somit an dem Punkt angelangt, an dem man erneut den Gedanken eines Mediums aller Medien haben kann, oder wenn man einen Sinn für Numerierungen hat, wir in der Zwischenzeit durch den technischen Fortschritt an der Schwelle zu einem 0-Medium stehen. 0-Medium bedeutet dann, daß noch vor der objektiven Bestimmbarkeit von Medien anhand bestimmter sie auszeichnender Merkmale und Kennzeichen und der sich durch diese ergebenden Abhängigkeiten und Hierarchien, eine technisch-mediale Sphäre vorausgesetzt werden muß, in der alle besonderen Medien ihrerseits abbildbar sind, so daß ihre Leistungen wie auch ihre Beschränktheit im jeweiligen Funktionieren darin erst offenbar werden. Das 0-Medium ist demnach die Sphäre, von der wir als einer natürlichen im Grunde immer schon ausgegangen waren, wenn wir von bestimmten medialen Beschränkungen durchaus kritisch geredet haben. Sie ist die Folie, vor der wir eben erst kritisch absehen können, was uns eine konkrete Form der medialen Kommunikation ermöglicht und was sie uns zugleich verweigert. Nur wenn wir bspw. einen Normalzustand wie im persönlichen Vieraugengespräch annehmen, können wir absehen, was uns durch eine telefontechnische oder auch bildtechnische Verbindung verloren geht trotz dem, was in der Verbindung zugleich möglich gemacht wird. Medium bleibt das 0-Medium einer vernetzten und digitalisierten Welt dennoch, weil wir durch die Verbindung einer Digitalisierung unserer Botschaften mit der Telekommunikation eben nicht mehr in *dem* Normalzustand sind, den wir haben, wenn wir uns einfach nur gegenüberstehen oder sonst irgendwie günstig miteinander Verbindung aufnehmen. Irgendwann – und vielleicht sind wir gar nicht weit von diesem Zustand entfernt – wird man womöglich unsere medial erweiterte Kommunikation wegen ihrer neuempfundenen Natürlichkeit nicht mehr wirklich als ein technisch generiertes Produkt wahrnehmen. Bis dahin jedoch soll erst einmal die 0-Medialität als ein neues Medien-Phänomen angenommen werden.

Die zweite Hinsicht, die sich an die Feststellung vom absehbaren Ende einer kulturkritischen Bewertung technischer Medien anschließt, vertieft konsequenterweise den Gedanken an die Möglichkeit eines neuen ‚Normalzustandes' unserer Kommunikation. Nehmen wir einmal an, alle bislang kulturkritisch hinzunehmenden Beschränkungen unserer medialen Interaktionen könnten auch wegfallen und die Verzerrungen und Verstellungen unserer zwischenmenschlichen Verhältnisse damit keinen technischen Adressaten und Sündenbock mehr finden: Was würde sich daraus für unser Kommunikationsverhalten ergeben? „Wenn die Technik aber dem Gebrauch von Medien keine Grenzen mehr setzt, sondern nur noch Möglichkeiten bietet", so schließt Münker daraus, „dann ist der paradigmatische Wandel deutlich: Es geht überall dort, wo wir es mit digitalen Medien zu tun haben, *im Prinzip* nur noch um Erkundungen, nicht mehr um Beschränkungen. Die Frage der Entwicklung der digitalen Medienwelt ist nur noch nachgeordnet eine technische – es ist vor allem aber eine pragmatische: Wenn technisch alles möglich ist, dann bleibt es die Aufgabe der Mediennutzer, durch ihr Nutzungsverhalten die weitere Entwicklung voranzutreiben. Natürlich ändern sich durch Software-Updates oder auch neue Hardwarekomponenten auch im digitalen Zeitalter noch Möglichkeitsspielräume. Und doch geht es ‚nur' noch darum, den vorhandenen Aktionsradius des Digitalen auszumessen – und eben nicht: jenseits des Digitalen neue mediale Horizonte technisch zu eröffnen"[6]. Nach dem Ende einer Kulturkritik, die sich negativ oder negierend auf die technisch-medialen Verzerrungen unserer Informations- und Kooperationsmöglichkeiten beziehen mußte, kehrt damit die Frage nach dem positiven Wesen unserer Kultur zurück, und jene Frage ist ihrem Wesen nach dann grundsätzlich keine theoretische Frage mehr, sondern im letzten Ende eine praktische Frage. Münker geht es in seiner Analyse noch um das ganz spezielle Phänomen der *digitalen Öffentlichkeiten*, die er in einer durchgehenden Aufklärungslinie von Kant über Habermas bis zu seiner Analyse als die philosophisch ausgezeichnete Verfassung moderner Vergesellschaftung nennt. Und schon spielt in der Tat auch das Veröffentlichungsdatum seines Buches eine Rolle, insofern 2009 eben noch nicht absehbar war, was den *digitalen Öffentlichkeiten* nur wenig später schon alles zugetraut werden konnte. Ging Münker

---

6 Ebd., S. 65.

noch davon aus, daß es sich bei den Netzgemeinschaften, wie sie sich durch Facebook, Twitter und andere *Soziale Medien im Web 2.0* herausbilden, nur um kritische Korrektive handelt, die alleine auf kommunikativem Wege Einspruch erheben können gegen politische und soziale Schieflagen, so sind wir in der Zwischenzeit eines Besseren belehrt – hat doch das mediale Stichwort ‚facebook-Revolution' im Zusammenhang mit den Vorgängen während des arabischen Frühlings 2011 noch ganz andere, positive politische Konnotationen angenommen. Die Menschen verabreden und besprechen sich im Netz schließlich nicht nur, um entweder eine bloße Netzgemeinschaft zu bilden oder aber der Wahrheit über bestehende politische Mißverhältnisse untereinander und fern von Zensur und kontrollierten Medien Wort und Gehör zu verschaffen. Sie verabreden sich vielmehr, um sich nicht im Netz, sondern auf der Straße zu treffen, und sie diskutieren und demonstrieren nicht nur für ein Recht auf Kritik und Einspruch, sondern für eine aktive Beteiligung an einer neuen Gestaltung politischer Institutionen. Weniger dramatisch, in der Stoßrichtung aber vergleichbar, dürfte bspw. auch das Anliegen (und der doch erstaunliche Erfolg) der neuen Piratenpartei in Deutschland zu benennen sein. Für eine philosophische Würdigung solcher Bewegungen darf demnach über die Vorsicht einer Aufklärung, die es von Kant bis Habermas bei der Aufklärung und im schlimmsten Falle bei der moralischen Entrüstung belassen wollte (und dafür hatten die Genannten freilich Gründe, denen hier nicht weiter nachgegangen werden kann), ein Stück weit hinausgegangen und zugleich auf die grundlegenden Konzepte abendländischer politischer Philosophie zurückgegriffen werden.

Abgesehen von einer solchen aktuellen und zugleich zeitgeschichtlichen Konkretisierung der These darf man jedoch allgemeiner gedacht und formuliert festhalten, daß natürlich nicht nur die sozialen und politischen Belange gemeint sein können, wenn von einer Rückkehr der Praxis in der Folge der beschriebenen technisch-medialen Veränderungen die Rede ist. Es ist mit der Rückkehr der Praxis in Aussicht gestellt, daß überhaupt in der zeitgenössischen philosophischen Einstellung die Faszination gegenüber den intelligenten Maschinen und was sie und ihre Codes und Programme mit uns alles machen, wie sie unsere Lebensweise vorherbestimmen und auf welche schiefen Bahnen sie uns bringen, daß die Neigung zu einer solchen immer beschwerdeführenden Einstellung entscheidend abnimmt, und dafür die Frage wichtig wird, wie wir mit einer historisch gesehen beinahe über Nacht hinzugewonnenen Freiheit und Natürlichkeit, deren unvorhersehbares Eintreffen wir dem rasanten Tempo der technischen Entwicklung verdanken, wie wir also mit dieser Freiheit und medial generierten Natürlichkeit tatsächlich umgehen können. Die Interaktivität, die mit der fortschreitenden Numerierung *Web 2.0* zugleich als ein Quantensprung der Entwicklung angedeutet ist und sich bereits in vielfältigen Formen gemeinschaftlich betriebener Netzaktivitäten niederschlägt, ist dabei im besten Falle ein Nukleus, um den sich wesentlich weitergehende Entwicklungen anlagern müssen. So wird es natürlich interessant sein, die gesamte politische Philosophie unter den neuen Voraussetzungen eines beginnenden 21. Jh.s neu zu bedenken, es wird auch nicht ausbleiben, unsere geschichtliche Situation erneut in epochalen Zusammenhängen zu bedenken, es wird schließlich eine Kulturgeschichte herausgefordert sein, die sich der Attitude einer postmodernen Beliebigkeit und damit der generellen These einer Posthistoire angesichts neuer Evidenzen nachhaltig verschließt. Und das ist freilich nur der Anfang, der in den weiteren praktischen Neuorientierungen von Kunst und Design, Religion und Philosophie zu verfolgen sein wird.

Das Symptom einer geistesgeschichtlichen Zäsur durch die Fortschritte der Neurowissenschaften

Parallel zu einer solchen Veränderung auf der objektiven Seite unserer Leitmedien und Leittechnologien – denn wie immer man auch in den besonderen Zusammenhängen bspw. einer Technikphilosophie die Neuerungen werten wollte, im Bewußtsein der Zeit zumindest gilt das Netz wohl unbestritten als das neue mediale Paradigma unserer Zeit – läßt sich auch auf der subjektiven Seite eine vergleichbare Entwicklung absehen. Auch hat man es allein schon durch die Berichterstattung der öffentlichen Medien wie auch und zur selben Zeit durch ein neues Selbstverständnis unserer Wissenschaftskultur mit nichts weniger als einem Paradigmenwechsel zu tun. Abgelöst wurde der Physikalismus, wie er im 19. Jh. dominant war und im 20. Jh. lange Zeit wenigstens noch präsent, auch wenn bereits während der Zeit von ca. 1900 bis 1940 die Komplexität des physikalistischen Weltbildes so zunahm, daß seine grundsätzliche Orientierungsfunktion nicht mehr im klassischen Sinne gewährleistet sein konnte. Man denke zum einen nur an die Veränderungen, die in der ersten Jahrhunderthälfte durch die Relativitätstheorien und damit den Zeitfaktor ins Spiel kamen, zum anderen an die darauf Ende des 20. Jh.s noch aufbauenden postmodernen Erweiterungen zu den Vorstellungen einer unüberschaubaren Vielzahl zeitabhängiger Raumwelten und Welträumen im Rahmen der Stringtheorie. Abgelöst wurde der Physikalismus in seiner kulturellen Leitfunktion ungefähr Anfang der 1980er Jahre durch eine Humanbiologie, die mit der Gentechnik und der Hirnforschung zwei Bereiche ausbildete, die spätestens zum Ende des Jh.s Durchbrüche erwarten ließen und dann tatsächlich ja auch lieferten.

An die technischen und medialen Überlegungen, die zuvor in Hinblick auf unsere neuen Netzwelten angestellt wurden, knüpft dieser Paradigmenwechsel ebenfalls mit der Vorstellung an, es könnte in der Tat zu der Vorstellung eines 0-Mediums unserer Weltbetrachtung kommen. Der klassischen Redeweise verpflichtet wäre dies zuerst einmal der Versuch gewesen, einen neuen Anschluß an den alten Gedanken von einer a priori Betrachtung unserer Weltbezüge zu bekommen, wenn diese a priori Betrachtung eben seit Kant nichts anderes bedeuten will, als die Bedingung der Möglichkeit oder formallogisch die notwendige Bedingung unseres Weltverstehens als solche philosophisch herauszustellen. Kant hatte ja mit dem bewundernden Rückgriff auf das Welterkenntnisideal der Newtonschen Physik noch die Apriori-Bedingungen unserer Verstandesleistungen formuliert, und jene Inspiration aus der Physik konnte dann der Neukantianismus im 19. Jh. zum Programm einer philosophischen Begründung des Physikalismus umfunktionieren. So gesehen war dann die späte Weitergabe des Staffelstabes der Apriori-Bewegung an die Humanbiologie zuerst einmal noch nicht mehr als ein fälliges Update. Wie ja auch die Physik im Verlauf des 20. Jh.s die Welt als eine immer komplexere Maschine begreifen mußte, so wurde nun mit der Analyse des menschlichen Gehirns auch das Aufnahmeorgan solcher komplexen Weltverhältnisse selbst als eine analog komplexe Einrichtung in unserem Kosmos angesetzt. Und wer heute noch nach den Spuren jener im Ursprung physikalistischen Inspiration sucht, der wird leicht fündig in der nicht enden wollenden analytischen Debatte um Freiheit oder Determinismus im Zusammenhang mit den elektrochemischen Vorgängen (vor allem) im menschlichen Gehirn. Denn hier wird zweifellos immer noch davon ausgegangen, daß die alte, im Grunde schon von Kant überwundene Vorstellung einer unvermeidlichen Alternative in der Streitfrage gilt und wir entweder von einer durchgängigen (und am besten immer monokausal und damit kettenförmig nachzuvollziehenden) Kausalordnung aller unserer synaptischen Vorgänge ausgehen müßten oder aber die Möglichkeit einer Freiheit einräumen, die bei einer als universal vorausgesetzten Kausalordnung dann als eine Art Wunder anzusehen ist.

Eine Philosophie wie auch eine Wissenschaft, die jedoch nichts von Wundern wissen und dennoch keine Abstriche von unseren menschlichen Leistungen und Intuitionen machen will, ging einen anderen Weg. Was geschah, war zwar in der Tat zuerst der Versuch, das menschliche Gehirn nach dem Vorbild und Muster kybernetischer Denkmaschinen zu analysieren. Das Computermodell ist bis heute unbestritten die Matrix, die bei dem Grundverständnis wie den konkreten Versuchsanordnungen erkenntnisleitend ist. Jedoch hat diese Grundannahme, gepaart mit der Aufrichtigkeit naturwissenschaftlicher Forschung, zugleich zu einer Fortentwicklung und damit zuletzt zu einer Wende der Betrachtung geführt, die an die oben kurz referierte Entwicklung in der Medien- und Technologiesphäre nahtlos anknüpft. War es doch so, daß im Verlauf der eben vergangenen 30 Jahre die Computer selbst eine solch rasante Entwicklung in der Ausbildung ihrer Möglichkeiten genommen haben, daß mit ihrer Hilfe und der mit ihnen einhergehenden Digitalisierung unserer Weltinformationen vieles neu erschlossen werden konnte, was unsere menschlichen Formen der Weltwahrnehmung als möglich voraussetzen müssen. Waren es bekanntlich anfangs nur die abstrakten

Rechenleistungen, so sind wir heute auf dem Wege, uns bis zu einer kontextabhängigen Sprachanalyse vorzutasten. Zugleich aber, und das ist natürlich in dem hier vorgestellten Zusammenhang zweifellos wichtiger, gab es im Verlauf der Hirnforschung ab einem bestimmten Punkt auch eine Umkehrbewegung. Nicht mehr wurde einfach nur das menschliche Gehirn auf wissenschaftlichem Wege zu einer Erweiterung unserer neuen kybernetischen Weltverwaltung, das menschliche Gehirn also, wie es die bereits erwähnten schwarzen Utopien in science fiction Manier vorausahnten, einfach nur einer immer autonomer werdenden Techno- und Mediensphäre ‚matrixmäßig' angeschlossen. Vielmehr wurde umgekehrt und durchaus womöglich auch schon mit einem Seitenblick auf die Verluste, die angesichts einer solchen Annexion drohen, davon ausgegangen, daß sich die Computersphäre ihrerseits den spezifisch menschlichen Gehirnleistungen müßte öffnen und anpassen können. Das abitionierteste Projekt in dieser Hinsicht ist zur Zeit das Schweizerische ‚Human Brain Project', bei dem sich Wissenschaftler in Lausanne vorgenommen haben, das menschliche Gehirn in einem Supercomputer nachzubauen[7]. Dabei reicht das Unternehmen von dem Versuch, eine pyramidal aufgebaute Nervenzelle in allen ihren einzelnen synaptischen Verschaltungen eins zu eins in Computeranimationen umzusetzen, bis zu dem Einsatz parallel verschalteter Rechner[8], die einzelne Probleme nicht mehr seriell abarbeiten, sondern eben parallel und somit der menschlichen und oftmals als intuitiv dargestellten Fähigkeit der Problemlösung besser entsprechen. Es ist, wenn man so will, eine besondere Form der Bionik, insofern wiederum dem ‚Tierreich' abgeschaut wird, was an technischen Lösungen in der bloßen Verlängerung bisheriger technischer Ansätze kaum zu erreichen wäre und man sich im Rückblick auf

7 http://www.humanbrainproject.eu/

8 Vgl. zu den neuesten technischen Entwicklungen, die in diese Richtung parallel geschalteter Prozessoren geht, zuletzt J. Müller-Jung, „Wie schafft man ein Menschenhirn?'" in der FAZ vom 13. September 2011, S. 37: bei der IBM-Entwicklung ging es demnach „um zwei Prototypen eines frisch entwickelten Siliziumchips, der flexibel leitende, also gewissermaßen lernfähige Leitungsbahnen besitzt und damit auf primitivstem Niveau die neuronalen Netzwerke des Gehirns simulieren soll".

einen Jahrmillionen alten Evolutionsvorsprung zu nutzen macht; nur daß eben die Evolution hierbei bereits vielfältige kulturelle Komponenten enthält und somit nicht das Tier im Menschen, sondern der Mensch im Menschen zum Vorbild dient.

Der Vergleich zwischen den menschlichen Denkleistungen und den computergestützten Rechenleistungen hatte damit in der geistesgeschichtlichen Rekonstruktion zu einem Umschwung geführt, der von der Annexion des Menschlichen an das Maschinelle ausging und in der Erweiterung des Maschinellen an das Menschliche enden sollte. Wo man technisch noch zugegebenermaßen weit von einer solchen technischen Nachbildung menschlicher Hirnleistung entfernt ist, hat man jedoch zumindest auf dem Niveau der philosophischen Betrachtung etwas gewonnen. Das physikalistische Weltbild, das im Vertrauen auf die Wirklichkeitserschließung mittels kybernetischer Maschinen verfeinert werden sollte, verliert an Evidenz an der Stelle, an der eine umfassendere Weltsicht zugänglich wird in der Vergegenwärtigung all dessen, was das menschliche Gehirn mehr oder besser oder auch nur auf andere Weise kann als die datenverarbeitende Rechenmaschine. Eine Annäherung beider Bereiche, der kybernetischen Datenverarbeitung und der menschlichen Kognition, bringt dann zwangsläufig die Vorstellung eines Denkens ins Spiel, das wiederum den Gedanken an die technische und mediale Herstellung eines 0-Mediums nahelegt. Denn gelänge es in der Tat, technisch und medial, all das zu simulieren, was im ‚Human Brain Project' im Zuge eines Computer-Nachbaus des menschlichen Gehirnes anvisiert ist, dann wäre jene Form der Welterfassung erarbeitet, hinter die es aus menschlich-biologischer Sicht zumindest kein weiteres Zurück mehr gäbe. Denn wie auch sollten wir uns etwas *denken* können, das *wir* uns nicht denken könnten? Wir müßten im buchstäblichen Sinne aus unserer menschlichen Haut schlüpfen können, um abzusehen, was uns entgeht, wenn wir so denken, wie wir eben denken. Wo die Digitalisierung im Sinne des ‚Human Brain Project' an ihr letztes Ende kommt, in dem sie alles genau so analysieren und synthetisieren kann, wie es unser menschliches Gehirn auch analysiert und synthetisiert, hat sie zur Generierung eines Apriori aufgeschlossen, das am Vorbild des menschlichen Gehirnes orientiert als die letzte, nicht mehr hintergehbare Bedingung der Möglichkeit aller Wirklichkeitserfassung erscheint. Und alles, was zuvor im Sinne des Physikalismus und der daraus abgeleiteten Maschinentechnik einstmals als unhintergehbare Denk-Kanal-Architektur angesetzt wurde, wird nun in seiner jeweils besonderen Beschränktheit und Einseitigkeit offenbar und kritisierbar. Nicht mehr kritisiert werden jedoch kann aus logischen, nicht mehr ideologischen Gründen das hirnphysiologische Apriori. Als ein o-Medium ist es doch nichts anderes als eine allem Verstehen vorauszusetzende Rahmenbedingung, die damit zugleich maßgeblich und unhintergehbar für eine jede Form bestimmter Erkenntnis sein muß.

Die Vorstellung von einem technischen o-Medium erhält damit zugleich Anschluß an die Darstellung eines hirnphysiologisch gedachten o-Mediums in der Art und Weise, wie wir Menschen die Dinge betrachten müssen, weil wir gar nicht anders können. Und mit dieser Parallelisierung eines objektiven, weil technisch ausspiegelbaren, und eines subjektiven, weil auf natürlichem Wege eingespiegelt zu denkenden Mediums oder ‚Mittels' unseres Denkens und Erkennens, wird die alte Annahme eines Apriori auf ein neues, d.h. zeitgemäßes Niveau gehoben. Und wenn man dem Gedanken so weit folgen kann und die Parallele zwischen der objektiven Vernetzung im Technisch-Medialen und der subjektiven Vernetzung unserer Denkakte im Hirn-Physiologischen akzeptiert, dann wird auch die Weiterführung des Gedankens zu einer Öffnung hin zu praktischen Grundfragen nicht mehr überraschen. Denn strategisch absehbar ist es, daß sich auch in der Hirnforschung nach der Aussicht wenigstens auf ein kognitiv zu rekonstruierendes o-Medium die Aufmerksamkeit von einer Kritik unserer Erkenntnisleistungen im Vergleich zu den Möglichkeiten der Rechenmaschinen oder der Rechenmaschinen im Vergleich zu einem humanen Denken, löst und damit von den so nicht mehr vorhandenen Beschränkungen ebenfalls zur Erkundung neuer Möglichkeiten übergeht. In diesem Zusammenhang wird es dann ein neues Hauptaugenmerk der Forschung sein, von der Subjekt-Objekt-Zentrierung unserer Fragen abzusehen – eben weil nicht mehr gefragt werden muß, was uns alles in der Welt entgeht, in der Art, wie wir technisch-medial und hirnbiologisch auf sie zugehen; und anstatt von der Subjekt-Objekt-Beziehungen der Erkenntnis auszugehen gilt es, zu den Subjekt-Subjekt-Beziehung der Erfahrung und der menschlichen Praxis überzugehen. Es werden auch hier nach der ‚Medienanalyse' die ‚Mediennutzung' und ihre Spielräume wichtig, und damit verlagert sich der Akzent vom Erkenntnistheoretischen zugleich in den Bereich des Lebenspraktischen.

Die ersten Vorboten einer solchen Aufmerksamkeits- und Praxiswende waren bereits gegen Anfang und Mitte der 1990er Jahre wahrzunehmen, als Antonio Damasio die Hirnforschung mit einer damals bahnbrechenden Konsequenz nicht mehr wie bislang auf die Analyse der rationalen Höchstleistungen des menschlichen Gehirnes, sondern umgekehrt auf dessen mögliches pathologisches Versagen hin befragen wollte. Im Ausgang der Betrachtung stand damals die Wiederaufnahme der Erforschung hirnphysiologischer Läsionen, wie sie schon seit der Mitte des 19. Jh.s mehr oder weniger systematisch betrieben wurde. Im Rückblick auf diese Forschungen war offenbar geworden, daß manche der Läsionen erstaunlicherweise nicht oder nicht in erheblichem Umfange zu einer Einschränkung der kognitiven Fähigkeiten des davon betroffenen Menschen geführt hatten, sondern zu einer anderen wesentlichen Einschränkung, das heißt zu einer krankhaften Charakterveränderung. So wurde es mit einer neuen Betrachtung der Anatomie des Gehirns möglich, neben der Frage nach den Rechenleistungen eine Frage zu stellen, die man gegenüber einem Computer als eher sinnlos ansehen dürfte: jene nach der Persönlichkeit dessen, der da denkt. Und jene Persönlichkeit hat nach Damasio eben nicht im Lösen objektiver Sachprobleme ihren Kern, und wie er es in *Descartes' Irrtum*[9] wendete, damit nicht im ‚cogitare' einer ‚res cogitans' in Konfrontation mit einer ‚res extensa', sondern zuletzt in Fragen der Selbstbefindlichkeit, die nur in der Rückwendung auf das Subjekt beantwortet werden können und nach Damasio dabei zuletzt in einem atmosphärischen Fühlen ihr Zentrum finden[10]. So müßte man also *Descartes' Irrtum* darin

---

9 A. Damasio, Descartes' Irrtum. Fühlen, Denken und das menschliche Gehirn, a.a.O.

10 In seiner neuesten Studie unternimmt Damasio den weiterführenden Versuch, den gedanklichen Rückweg vom Fühlen zum Denken nachvollziehbar zu machen: A. Damasio, Selbst ist der Mensch. Körper, Geist und die Entstehung des menschlichen Bewußtseins, München 2010, im Original: Self Comes to Mind. Constructing the Conscious Brain, New York 2010.

grundgelegt sehen, daß der Vater des Rationalismus seine Philosophie mit eine Fehlschluß begann: nicht „ich denke, also bin ich" hätte es heißen müssen, sondern richtig „ich fühle, also bin ich"[11].

Seit diesem Auftakt sind die menschlichen Emotionen zu einem neuen Generalthema philosophischer Debatte geworden, die sich im wesentlichen in zwei Richtungen verzweigt. Auf der einen Seite ist die Analytische Forschung bemüht, zu zeigen, wenn man so will, daß sich Descartes eben doch nicht geirrt hat und auch noch das Thema der Emotionen in das alte neuzeitliche Subjekt-Objekt-Schema einzulesen ist. Was an den Emotionen dann interessant ist, ist einzig und allein die Frage, wie uns Emotionen analog zum Denken mit den Objekten der Welt in eine Verbindung setzen. Wie kommt die *res emotionalis* zu den *res extensae*, die innerlich und subjektiv gefühlsbewegte Seele zu den äußeren und objektiv vorliegenden Dingen in der Welt? Und bei den möglichen Antworten gibt es dann im Grunde wiederum nur die zwei bekannten Alternativen: Entweder wird irgendeine Form von Kausalverhältnis postuliert, so daß Gefühle durch eine naturwissenschaftlich nachzuvollziehende Impression äußerer Eindrücke auf innere Zustände entstehen, und dies geschieht dann meistens durch Formen einfachster Konditionierung nach empiristischem Muster, egal, wie komplex und reflektiert die kulturellen Phänomene und die individuellen Reaktionen darauf sind (zum Beispiel im Zusammenhang mit ästhetischen Phänomenen)[12].

---

11 Ders., Ich fühle, also bin ich. Die Entschlüsselung des Bewußtseins, (8. Auflage) München 2009; Original: The Feeling of what Happens. Body and Emotion in the Making of Consciousness, San Diego u.a., 1999.

12 So zuletzt und immer wieder bei S. Döring, „Ästhetischer Wert und emotionale Erfahrung", in: J. Nida-Rümelin/J. Steinbrenner (Hg.), Kunst und Philosophie. Ästhetische Werte und Design, Ostfildern 2010, S. 53–73; vgl. weiter dies., „Allgemeine Einleitung: Philosophie der Gefühle heute", in: dies. (Hg.), Philosophie der Gefühle, Frankfurt am Main 2009, S. 12–65; sowie „Einleitung", a.a.O., S. 69–75; in der Musikphilosophie bei P. Rinderle, Musik, Emotionen und Ethik, Freiburg 2011. Döring geht bspw. davon aus, daß wir ästhetische Prädikate wie ‚schön' nicht in der Kantischen und nachkantisch modernen Tradition als eine reflektierte Kategorie ansetzen, in der wir unserer Art und Weise, uns in der Welt wiederzufinden, auf intuitive Weise bewußt werden; vielmehr erscheint ihr immer

Wird dagegen nicht von einer emotionalen Kausalverbindung zwischen cartesischem Subjekt und Objekt ausgegangen, bleibt nur die andere klassische Alternative, die Außenweltbeziehung überhaupt für prekär zu erklären. Dann sind wir bei dem Generalthema einer ‚mind-body'-Problematik, in der weiter das Staunen oder die Skepsis darüber gepflegt wird, daß es überhaupt eine Außenwelt wirklich geben sollte, und die Debatte um die Gefühle reiht sich nahtlos in den Mainstream der Realismus- und Idealismus-Debatte ein. Geht man also vom Objekt aus und nimmt die Physik als Rahmen der Erklärung, dann sind Gefühle kausaltheoretisch und physiologisch zu erklären wie Schmerzen, geht man vom Subjekt der Betrachtung aus, wird die übliche Skepsis womöglich noch verstärkt, die Welt sei nur eine Einbildung unsererseits, wenn man so will, ein eingebildeter Schmerz. Das Thema der Emotionen, so prominent es in der Analytischen Philosophie im Moment vertreten wird und dabei besonders viele weibliche Anhänger findet[13], ist demnach ein ontologisches oder

---

noch Hume der gültige Ideengeber, insofern wir einfach im wiederholten Kontakt mit schönen Gegenständen konditioniert werden, genauso wie wir andere objektive Prädikate an Gegenständen erlernen. Gehen wir nur oft genug in Museen und sind genug Menschen zugegen, die uns beteuern, ein Gegenstand sei schön, werden wir ihn demnach auch für schön halten. Man darf sich jedoch schon bei derart simplistisch gedachter Konditionierung fragen, was mit all den Gegenständen moderner Kunst geschieht, die nach Schlegel interessant, nach Rosenkranz häßlich genannt werden dürfen und dennoch ihren ausgezeichneten Platz im Museum finden. In der Musikphilosophie geht Rinderle bspw. davon aus, daß uns religiöse Gefühle in der Musik durch die objektiven religiösen Eigenschaften des musikalischen Gegenstandes vermittelt werden, wohlgemerkt unabhängig von dem kulturellen Rahmen der Entstehung eines Kunstwerkes sowie seiner Rezeption. Als generelle These verstanden steht man freilich vor der Schwierigkeit, auch nur einfache Umwidmungen bspw. einer Festmusik zu einer religiösen Musik, wie bei Bachs Weihnachtsoratorium geschehen, angemessen zu erklären.

13 Vgl. neben S. Döring, C. Misselhorn, „Die symbolische Dimension der ästhetischen Erfahrung von Kunst und Design", in: Nida-Rümelin/Steinbrenner, Kunst und Philosophie, Ästhetische Werte und Design, a.a.O., S. 75–96; kritisch S. Neuber, Scheinbeziehungen. Von Scheingefühlen und anderen Scheinproblemen der Analytischen Ästhetik, Dissertation Tübingen 2010.

kosmologisches, bei dem es in keiner Weise um die spezifisch menschlichen Leistungen der menschlichen Gefühle geht, sondern zuletzt nur um die Frage nach dem Wesen der Welt. Entweder gibt es nur Objekte in einer physikalisch durchdeterminierten Welt, und dann sind auch das menschliche Gehirn und (vielleicht besonders) dessen Emotionen ein Teil dieses physikalistischen Gesamtdeterminismus; oder aber die ganze Welt ist nur wie ein Phantom-Schmerzempfinden eine Illusion, der objektiv gar nichts wirklich entsprechen muß und die somit alleine durch die Simulation unserer Gefühle entsteht. So fänden wir uns zuletzt alle nur in Gefühlswelten wieder, denen gegenüber man am besten antirealistisch eingestellt ist, wenn man sie für bare Münze nimmt, realistisch dagegen, wenn man sie als gestandener Naturwissenschaftler in ihrem Wirklichkeitsstatus konsequent für nichtig erklärt. Mind-body, Realismus-Antirealismus, Freiheit oder Determinismus drehen sich so allesamt und immer noch und alleine um dieselbe ontologische Achse der Frage, wie das cartesische Subjekt zum cartesischen Objekt kommt, und die Einbeziehung von Emotionen ist dabei nur ein der Aktualität der Zeit geschuldeter Exkurs.

Einen ganz anderen, und wie mir scheint, auch zeitsensibleren und damit aussichtsreicheren Weg, hat zum anderen seit der Mitte der 1990er Jahre die Phänomenologie eingeschlagen. Ihr geht es gefühlspezifisch nicht mehr um die offenbar nie gültig zu entscheidende cartesische Alternative ‚Ich oder Welt', ihr geht es vielmehr um die Frage, wie durch Gefühle eine Beziehung zwischen ‚Ich und Ich' auf besondere und ausgezeichnete Weise entstehen kann. Nicht also die Frage nach dem ontologischen Status der Welt, sondern die Frage nach der theoretischen wie praktischen Möglichkeit von menschlichem Einverständnis mit der Welt und auch mit der sozialen Gemeinschaft steht hier im Vordergrund.

Die Wende hin zu einer phänomenologischen Ausrichtung der Hirnforschung kam bezeichnenderweise nicht von der Philosophie, sondern von der Hirnphysiologie selbst. Mitte der 1990er Jahre war ein Forscherteam in Parma um Giacomo Rizzolatti damit beschäftigt, die Motorik von Makaken-Affen zu untersuchen. Es ging darum, wie Signale von Außenreizen, vor allem optischen, im Gehirn als solche bewertet werden und dann Anlaß für eine motorische Reaktion werden können. Die Untersuchungen kann man daher durchaus in dem gerade besprochenen cartesischen Zusammenhang verstehen, da man wissen wollte, wie die Subjekt-Objekt-Beziehung in der Konfrontation beider Sphären mit Bezug auf das Fürwahrhalten äußerer Umstände und dem kausalen Einwirken des Subjekts in jene äußeren Umstände zu veranschlagen ist. Auch jene zuvor angesprochene Automaten-Perspektive findet sich in den Experimenten wieder, in der ein Anschluß des Hirnphysiologischen an die Kybernetik und Robotik versucht wird. Man wollte also die prozessuale Datenverarbeitung nachvollziehen und die Umsetzung dieser Datenverarbeitung in motorische Steuerbefehle.

Während einer Experimentpause – so will es zumindest die Legende, von der es in der Zwischenzeit eine ganze Reihe von variierenden Nacherzählungen gibt – geschah es dann offenbar, daß sich ein Ergebnis einstellte, das man experimentell gar nicht generieren wollte. In einer besonderen Versuchsanordnung, in der es um die Steuerung des Zugriffsverhaltens der Äffchen auf Futter ging und zu diesem Zweck ein Monitoring des motorischen wie des prämotorischen Kortex stattfand, bekam man plötzlich Signale in Form des Feuerns einzelner handlungssteuernder Neuronen, die eigentlich, d.h. angesichts der bloßen Faktenlage, überhaupt nicht hätten feuern dürften. Es wurde nämlich in jener Pause nicht dem Äffchen Futter vorgelegt, so daß der Anblick des Futters ein dementsprechendes Motorprogramm des Zugriffs hätte auslösen sollen, es wurde vielmehr seitens des Äffchens dem Experimentator zugeschaut, wie dieser nach ‚Futter' griff (es ist in der Variation der Erzählung umstritten, ob es sich dabei um eine Nuß oder ein Pausenbrot handelte[14]). Die neuronale Reaktion des Äffchens auf den bloßen Anblick eines fremden Zugriffs auf Futter war demnach dem Muster vergleichbar, mit dem das Äffchen selbst auf solcherlei Futter zugreift. Ohne selbst zu handeln, hatte der bloße Anblick demnach ein analoges Motorprogramm aktiviert. Der Zufallsfund wurde wiederholt, das Phänomen systematisch erforscht, und beides führte schließlich zur Entdeckung einer neuen Spezies von Neuronen, den nun sogenannten Spiegelneu-

14 Vgl. Vgl. zu dieser Detailfrage Iacoboni, Mirroring People. The New Science of how we connect with others. New York 2008.

ronen (mirror-neurons). Seitdem wurde viel über jene Entdeckung geschrieben, manches spekuliert, und das Phänomen wurde zum Ausgangspunkt einer neuen Debatte innerhalb einer eingespielten analytischen Diskussion[15]. Entscheidend für die hier behauptete Akzentverschiebung ist jedoch einmal, daß die Aufmerksamkeit der Forschung nicht mehr auf der Subjekt-Objekt-Beziehung liegt, sondern im Intersubjektiven. Es handelt sich bei der ‚Spiegelung' der fremden Absicht und Motorik im eigenen Planungsverhalten nicht einfach nur um zwei getrennte, von einander analytisch unabhängige Vorgänge in zwei dabei getrennt zu betrachtenden Individuen (und deren Gehirne). Vielmehr ist das oben beschriebene Wirken der Spiegelneurone grundsätzlich als ein Mitvollzug zu werten, der den Beobachtenden mit dem Ausführenden in einer ganz bestimmten Handlungsabsicht in Beziehung setzt, schon indem sie den einen über die Absicht des anderen in Kenntnis setzt. Der eine ist nun nämlich in der Lage, sein praktisches Verhalten auf dasjenige seines Gegenübers abzustimmen, sei es in Konkurrenz, in Kooperation oder auch in der Entscheidung, dem fremden Treiben gleichgültig gegenüberstehen. Die Ergebnisse der weiteren Erforschung der Spiegelneurone verstärken in der Zwischenzeit noch die Anfangsvermutung, jener Zelltyp trage zu einer genuin praktischen Vergemeinschaftung des Menschen bei. So wurden neben den eigentlichen Spiegelneuronen noch mindestens zwei analoge Erweiterungen dieses Funktionstypes gefunden, die sogenannten ‚kanonischen Spiegelneurone' und die ‚Spiegelneurone der Insula'[16]. Die kanonischen Spiegelneurone werden bereits aktiv, wenn ein besonderes Objekt im Sichtfeld auftaucht, auch ohne daß ein fremdes Subjekt mit ihm eine Handlung vollführt. Dennoch reicht der Anblick des Objektes aus, um bei Aktivierung eines kanonischen Spiegelneurons ein Motorprogramm auf stand-by zu stellen,

---

15 Vgl. dazu vom Verfasser: „Phänomenologie und Neurowissenschaften", in: Philosophische Rundschau, Band 56, Heft 3 (2009), S. 211–240; für die Wirkung auf die Debattenlage in der analytischen Philosophie vgl. C. Stüber, Rediscovering Empathy. Agency, Folk Psychology, and the Human Sciences, Cambridge Massachusetts/London 2006.

16 Vgl. G. Rizzolatti, Empathie und Spiegelneurone. Die biologische Basis des Mitgefühls, Frankfurt am Main 2009.

das einen angemessenen Zugriff und Umgang mit dem Gegenstand vorprogrammiert. Die klassische psychologische und dabei phänomenologische Forschung hat für eine solche Herangehensweise den Begriff der „affordance“[17] geprägt, der objektiv anzeigt, was subjektiv nötig ist, um einen gelungenen Zugriff möglich zu machen. Ergänzt man diesen Gedanken mit einer praxisorientierten Phänomenologie wie jener Heideggers, versteht man leicht und schnell, daß in einer Korrelation der kanonischen Spiegelneurone mit der „Zuhandenheit“ der Dinge tatsächlich nicht allein objektive Eigenschaften des Gegenstandes theoretisch erfaßt werden, sondern vielmehr jene Feststellung von Eigenschaften schon im Hinblick auf einen möglichen Gebrauch erfolgt; und was noch mehr ist, zugleich damit auch in einer Perspektive, die die Handlungen und das Mitwirken fremder Akteure grundsätzlich mit bedenkt und mit einschließt. So kommt der Gegenstand im Lichte der Funktion kanonischer Spiegelneurone zu seiner, nochmals mit Heidegger gesprochen, besonderen „Bewandtnis“[18]. Noch deutlicher wird der vergemeinschaftende Aspekt der Funktionslogik von Spiegelneuronen bei dem Wirken der ‚Spiegelneurone der Insula‘. Sie sind benannt nach ihrem Ort in einer Hirnregion des lymbischen Systems, die, wenn für einmal die lokalisierende Rede nicht mißverstanden[19] wird, es mit emotionalen Reaktionen von Abscheu und Ekel bis zur unmittelbaren Geste der Abstoßung zu tun hat. Werden nun die Spiegelneurone der Insula aktiv, dann vollziehen wir wiederum den an fremden Personen zu beobachtenden Ekel bzw. die dem dort empfundenen Ekel folgenden Reaktionen nach, und zwar nahezu so, als wären wir selbst betroffen.

---

17 Vgl. J.J. Gibson, The Ecological Approach to Visual Perception, Boston 1979, Kap. 8: „The Theory of Affordances“. Im Hintergrund der Konzeptbildung steht die Gestaltpsychologie, die zuvor bereits mit Termini wie „Aufforderungscharakter“ (Kurt Lewin) und „Gefordertheit“ (Wolfgang Köhler) oder „requiredness“ (Max Wertheimer) operiert hat.

18 M. Heidegger, Sein und Zeit, Tübingen 1984, S. 83ff.

19 Selbstverständlich wird also zur Kenntnis genommen, daß seit geraumer Zeit die Lokalisierungen von Funktionen im Gehirn (bis auf wenige Ausnahmen) nur Bedingungen der Möglichkeit bedeuten, für eine Vollfunktion jedoch immer noch weitergehende Vernetzungen mit anderen Hirnregionen (oder auch Körperregionen) in Anschlag gebracht werden müssen.

Solcherlei Ansteckungsphänomene sind zur Genüge bekannt, jeder, der bspw. zusieht, wie ein anderer in eine verdorbene Frucht beißt, kann an sich selbst das unwillkürliche Nachempfinden beobachten.

So hat die Forschung um die Spiegelneurone insgesamt dazu beigetragen, das Thema ‚Empathie' auf einer neuen, neurobiologischen Grundlage wieder auf die Tagesordnung zu setzen. Und wie weit die wissenschaftliche Bewegung um dieses ursprünglich spätromantische Konzept der vorvergangenen Jahrhundertwende noch gehen wird, kann man schwer abschätzen. Vor kurzem wurde jedenfalls schon getitelt, es handele sich jetzt schon um ein Grundkonzept des 21. Jh.s.[20] Die Phänomenologie hat sich jedenfalls solchen neurologischen Herangehensweisen umfangreich angenommen und agiert dabei im anglo-amerikanischen Veröffentlichungsraum viel mit Konzepten wie ‚extended mind'[21] und ‚embodied mind'[22]. Dies soll soviel bedeuten wie die Einsicht, daß unsere subjektiven und bewußten Erkenntnisleistungen im Lichte der neueren Forschungen einer Verlängerung durch unsere Körper oder phänomenologisch genauer gesprochen durch den Leib bedürfen, und darüber hinaus sogar einer Verlängerung bis zum Mit- oder Gegenwirken der Gegenstände selbst. Es wird damit angenommen, daß man die cartesische Subjektsphäre über die klassischen Grenzen der Bewußtseinsphilosophie hinaus ausdehnen muß, um unserem tatsächlichen Weltverhalten näher zu kommen. Aus meiner Sicht – ich habe an anderer Stelle dafür plädiert[23] – wäre es darüberhinaus nötig, über jene bloße Erweiterung

20 Vgl. Cl. Berger/Fr. Breithaupt, „Einleitung. Empathie und Erzählung", in: Deutsche Vierteljahrsschrift für Literaturwissenschaft und Geistesgeschichte, 82. Jahrgang, Heft 3, 2008, S. 351–354.

21 A. Clark, Supersizing the Mind: Embodiment, Action, and Cognitive Extension, Oxford 2008; zuletzt R.D. Rupert, Cognitive Systems and the Extended Mind, Oxford 2010; M. Rowlands, New Science of the Mind: From Extended Mind to Embodied Phenomenology, Cambridge Mass. 2010.

22 F. Varela/E. Thompson/E. Rosch, The embodied mind. Cognitive science and human experience, a.a.O.; sowie L. Shapiro, Embodied Cognition. New Problems of Philosophy, a.a.O.

23 Vgl. noch einmal vom Verfasser: „Phänomenologie und Neurowissenschaften", in: Philosophische Rundschau, Band 56, Heft 3 (2009), S. 211–240.

des klassischen Cartesianismus hinaus in der Phänomenologie selbst noch eine dezidiert praktische Herangehensweise zu wählen, um dem beobachteten Phänomen einfacher und eleganter gerecht zu werden. Bisher beriefen sich jedenfalls Shaun Gallagher, Dan Zahavi, Andy Clark, Robert D. Rupert und viele andere mehr bei ihrer Rede von einem phänomenologischen Neuansatz immer noch auf Husserl und gingen dann davon aus, die Fernwirkung des Bewußtseins bis in die Sphäre des Leibes oder darüber hinaus in die Sphäre der Dinge müsse als etwas sehr Erstaunliches verstanden werden. Der Umstand bspw., daß wir in Notizzetteln Speicher-Funktionen unseres Gehirns auslagern und dabei womöglich in der Lage sind, sogenannte informative ‚clouds' zu bilden, habe an sich etwas Wundersames. ‚Extended mind' bedeutet dann, daß sich auf mirakulöse Weise das Bewußtsein in die Lage versetzt sieht, seine subjektive Sphäre soweit in die Welt hinein auszudehnen und dort zu verkörpern, bis der Geist Leib geworden ist und zuletzt doch wieder alles Bewußtsein.

Freilich dürfte es in der Tradition der praktischen Linie der Phänomenologie sehr viel leichter sein, jenen bis in die *Cartesianischen Meditationen* Husserls zurückzuverfolgenden Schwierigkeiten im Umgang mit den Außendingen und den anderen Subjekten zu begegnen. Geht man nämlich nicht mit Husserl vom Bewußtsein des Einzelnen aus, sondern mit Heidegger von einer praktisch ausgelegten Lebenswelt, in der wir uns ‚zunächst und zumeist' wiederfinden – Heidegger nennt diesen Umstand bekanntlich das In-der-Welt-sein –, dann handelt es sich bei unseren empathischen Leistungen gegenüber anderen und unserem intuitiven Verständnis der uns umgebenden Dinge genau genommen nicht um ein Hinauswachsen unserer Subjektivität über sich selbst, was dann zuletzt zu einer idealistischen Eingemeindung der Dingwelt in unsere Vorstellungswelt führt, sondern umgekehrt um ein Hineinwachsen unserer Subjektivität in eine Welt, die an sich bereits sinnvoll ausgelegt ist, weil sie uns lebenspraktisch und damit allen unseren von uns für sinnvoll gehaltenen Lebensvollzügen grundsätzlich entgegenkommt. Anstatt von ‚extended mind' und ‚embodied mind' zu sprechen, würde ich deshalb gerne nahelegen, von einer ‚extended world' und einer ‚embodied world' auszugehen. Das Phänomen wäre dann zu fassen in einer Ausdehnung der Welt, die bis hin zu der Innerlichkeit der Subjekte reicht, und einer Verkörperung der Welt, die jene Formen der Lebendigkeit einschließt, die wir als mit Bewußtsein begabt ansehen wollen. So wäre mit Heidegger gesprochen unser In-der-Welt-Sein als der Umstand zu fassen, daß eine Welt, die in der Lage ist, sich soweit auszudehnen, daß sie uns berührt, uns zugleich mit Sinnangeboten entgegenkommt wie jenem, das sich im intuitiven Verständnis und der Annahme der jeweiligen ‚affordance' offenbaren; und sich jenes Sinnangebot der Welt an uns Subjekte immer dann als verkörpert zeigt, sobald wir unsererseits durch irgendeine Form von Körpereinsatz in der Lage sind, jenes Sinnangebot auch wahrzunehmen. Wenn sich also mit Heidegger gesprochen die bloße ‚Vorhandenheit' der Dinge im gelungenen Zugriff auf sie als eine ‚Zuhandenheit' zu verstehen gibt, und durch die Partizipation an praktischen Vollzügen, die grundsätzlich als Teil einer gemeinschaftlich konzipierten Praxis verstanden werden, unser ‚Dasein' uns zugleich und prinzipiell als ein „Mitsein"[24] erscheint.

So sind also verschiedene Tendenzen nachzuvollziehen: zum einen hat die Verfeinerung der Hirnforschung dazu geführt, daß die Aufmerksamkeit hinsichtlich der Möglichkeiten, Objekte wahrzunehmen und anschließend motorisch zu manipulieren, nachließ und zugleich damit der Fokus auf die lebenspraktischen Möglichkeiten gelenkt werden mußte, mit den Dingen in der Welt umzugehen, und zwar in einem immer hinzuzudenkenden Umfeld mit anderen Akteuren. Und in eins mit dieser Akzentverlagerung vom Theoretischen zum Praktischen hat die Vorstellung von einer auf menschliche Weise unhintergehbaren medialen Erkenntnisverfassung eine neue Kontur gewonnen. Die Korrektur, die gegenüber der kybernetischen Version anzubringen war, konzentrierte sich dabei auf eine Überwindung der seriellen Datenverarbeitung in Fragen des sensorischen Inputs und einer ebenso seriell gedachten Umkehrbewegung hin zu einem motorischen Output. Im Rückgriff auf das Funktionieren der Spiegelneurone wurde einsehbar, wie einerseits ein intuitives Verständnis der Dinge in ihrer Handhabung, andererseits eine mitfühlende Einsicht in die Absichten unserer Mithandelnden erfolgen kann und schließlich in den Phänomenen emotionaler Ansteckung

---

24 Heidegger, a.a.O., S. 117ff.

auch noch die Basis für eine atmosphärische Gesamtbeurteilung unserer existentiellen Lage gesehen werden muß. Die parallele Anlage der spiegelneuronalen Form der Datenverarbeitung spielt dabei eine entscheidende Rolle. Da nämlich korrelierend zu einem besonderen Außenreiz jeweils eine bestimmte Nervenzelle schon die ganze Aufgabe der Wiedererkennung übernimmt, braucht es erstens kein weiteres Bewußtsein, das jene Wiedererkennung begleitet, da hier nicht ein partikularer Reiz erst unter eine allgemeine Richtlinie gebracht werden muß; es braucht zweitens nicht nur kein Bewußtsein, es ist dazuhin auch keine sprachliche Erfassungen jener Einsicht nötig, da keine allgemeine Kategorie in Anschlag gebracht werden muß, unter die eine besondere äußere Impression subsumiert werden müßte. Und es bedarf schließlich auch keiner weiteren rationalen Motivation mehr, um ausgehend von einer bewußt erstellten und sprachlich wiederzugebenden Erkenntnis zuletzt einen expliziten Entschluß zu fassen, der dann wiederum Anlaß zu einem motorischen Eingriff in die Welt werden sollte. Denn so wie die Aufnahme eines äußeren Ereignisses vorbewußt, vorsprachlich und unwillkürlich erfolgt, so ist auch umgekehrt dann die Vorausplanung oder konkrete Reaktion ebenso unwillkürlich und sprachlich wie bewußtseinstechnisch unreflektiert. Sie ist ebensosehr bloße ‚Routine' wie die ihr vorangegangene Wahrnehmung schon längst ‚Standard' war. In einer derart intuitiven wie empathischen und zuletzt atmosphärisch gestimmten Grundveranlagung unseres Weltverstehens kann dann – immer noch frei nach Heidegger – wiederum die Vorstellung eines ‚vorkonstruktiven' oder auch 0-Mediums veranschlagt werden, eines Mediums also, das alle konstruktiven Bewußtseinsleistungen und Entscheidungsvorgänge erst ermöglicht und damit als ein letzter Orientierungsrahmen unseres Weltverständnisses verstanden und vorausgesetzt werden muß. Heidegger hätte wohl gesagt, es müßte dieses Medium als das „In-der-Welt-sein"[25] angesehen werden – für unsere Belange reicht die phänomenologisch allgemeinere Formel einer menschlichen Grundorientierung in einer praktisch veranschlagten Lebenswelt vermutlich aus.

25 Heidegger, a.a.O., S. 52ff.

II. DIE ZÄSUREN DER GEGENWARTSPHILOSOPHIE

Was ändert sich für die Philosophie angesichts der neuen Lage? Was ändert sich durch den Umstand, daß die philosophische Auseinandersetzung mit der *Herrschaft der Codes* absehbar nachläßt, subjektiv gesehen nicht zuletzt aus einem natürlichen Nachlassen des Erregungspotentials, oder wenn man es landläufiger verstehen will, wohl aus einer Verbindung von *Überdruß*, *Ermüdung* und auch *Ernüchterung*, und all dies vor dem objektiven Hintergrund eines *Zurücksinkens der Herrschaft der Codes* in die Sphäre einer praktisch grundierten *Lebenswelt*?

Karl-Heinz Bohrer und Volker Gerhardt haben soeben mit einer knappen Bestandsaufnahme angesetzt und in einem freundschaftlichen akademischen Zwiegespräch eines öffentlichen Vortrags und seiner ‚Response' nachgefragt, wie zeitgemäß die philosophische Zunft heute noch ist oder überhaupt noch sein kann. Die Rollen waren dabei so verteilt, daß Bohrer den Part des Herausforderers übernahm, demgegenüber Gerhardt jenen der Verteidigung des Bestehenden darstellte. Die Herausforderung von Seiten Bohrers bestand darin, der Philosophie zumindest in ihrer zünftigen Verfassung vorzuhalten, sie erfülle die an sie gestellten Ansprüche nicht mehr: die Verteidigung Gerhardts beschränkte aus seiner Sicht sich nachvollziehbar darauf, wohlwollend zu differenzieren. Zum Ausgangspunkt der weiteren Betrachtung taugt diese Kontroverse, da ihr der Tendenz nach vollkommen zuzustimmen ist, insofern sie von der Feststellung eines wesentlichen Versäumnisses in der Zeitdiagnose ausgeht; jedoch auch klar ist, daß die von beiden in einer Übersicht präsentierte Gegenwartslage selbst bereits in ihrer Grundanlage einer vergangenen Epoche angehört und im besten Falle also nur noch die Diskussion fortlaufender Tendenzen aus der Vergangenheit anbietet.

Die Achse nämlich, um die sich die Bohrersche Analyse dreht, ist jene einer Unterscheidung zwischen einer *Philosophie des Systems* und einer *Philosophie des Stils*. Die systematische Philosophie ging dabei von der Epoche der großen Systeme der Klassiker aus, die in den Entwürfen des deutschen Idealismus ihre letzte Hochzeit fanden. Sie hätten um das Jahr 1968 ihre letzte große Erneuerung erfahren und seien seitdem jedoch zu einer „systematischen Praxisphilosophie“ [1] verkommen. Das will nach Bohrer soviel besagen, daß systematisch leider nichts mehr weiterentwickelt wurde, die Philosophen jedoch, die dennoch weiter an den systematischen Entwürfen festhielten, den eigenen oder schon jenen der unmittelbaren Vorgänger, aus Mangel an neuen Ideen schließlich den Gang durch die Institutionen angetreten hätten und sich nun neben ihren Professuren in Ethikkommissionen oder durch das Verfassen von Lebensratgebern verdingten. Neben dem Vorwurf, daß den Systematikern nichts mehr Neues einfällt, spielt hier natürlich die gleich zu Anfang mit einer Erinnerung an Platons 7. Brief versehene Erinnerung an den sokratischen Sophisten-Vorwurf, sie würden ihre Kunst verkaufen, eine polemische Rolle. Philosophie im klassischen Sinne betrieben hat demnach den Rang einer „intellektuellen Generalinstanz“[2] ohne erkennbare Not abgegeben und ist zu einer „fachwissenschaftlichen Disziplin“ geworden, die nicht mehr Grundkonzepte erarbeitet, sondern nur längst erarbeitete Angebote fleißig anwendet. Wer sich hier konkret angesprochen fühlen darf, bleibt bei Bohrer weitgehend unbestimmt, nimmt man die Gerhardtsche Replik mit hinzu, dann dürfte es sich in allererster Linie um die amerikanischen Pragmatisten handeln, denen Bohrer eine gewisse Schadenfreude an dem „Verschwinden“ der kontinentalen „metaphysischen Tradition“ unterstellt. Weiter dürfte Bohrer damit alle noch bestehenden Schulen eines Klassikerauslegenprogramms innerhalb eines eingespielten Philosophiebetriebes meinen, die unter Berufung auf eine respektable Position der Vergangenheit aktuelle ethische und gesellschaftliche Kontroversen im Rahmen irgendeiner Schultradition behandeln und bewerten. Die Beru-

1 K.H. Bohrer, „Welche Macht hat die Philosophie heute noch?“, in: M. v. Ackeren/Th. Kobusch/J. Müller (Hg.), Warum noch Philosophie? Historische, systematische und gesellschaftliche Positionen, Berlin/Boston 2011, S. 315–328, hier S. 323.

2 Ebd., S. 318.

fung auf Ernst Cassirer bspw. und die daraus abgeleitete Kulturtheorie, wie sie seit ca. 15 Jahren einen neuen Schulstatus für sich beansprucht, ein Kantianismus, der sich ganz auf die analytische Behandlung reiner Formfragen der Argumentation zurückzieht, ein Idealismus, der seine Wurzeln im römischen Katholizismus nicht verleugnet und viele andere mehr sollen sich hier offenbar angesprochen fühlen. Besonders soll Bohrers Vorwurf jedoch wohl jene treffen, die im Grunde den Impetus einer als revolutionär ausgegebenen Erneuerung nach 1968 übernehmen wollten und nach Habermas und Tugendhat, Henrich und Theunissen dennoch in der Sache nicht weitergekommen sind – und so schließlich auf die Idee kamen, das Konzeptkapital nur noch gewinnbringend auf die schon lange bestehenden Verhältnisse anzuwenden: „Anläßlich der Auszeichnung eines der bedeutendsten Vertreter des Faches bemerkte ein junger Professor, jener berühmte Name wirke nur noch wie das verschwindende rote Rücklicht eines Zuges im Tunnel".

Den Verfallserscheinungen – sowohl was ihre konzeptionelle Substanz als auch ihre gesellschaftliche Relevanz angeht – einer Philosophie des Systems steht das Standhalten einer Philosophie des Stils gegenüber, so zumindest darf die Generaltendenz der Bohrerschen Analyse verstanden werden. Stilphilosophen finden sich demnach prinzipiell in der Nachfolge Nietzsches wieder, auch wenn sie wie Montaigne und andere moralistischen Schriftsteller früher gelebt haben sollten. Sie haben es sich zur Aufgabe gemacht, im systematischen Kielwasser des deutschen Idealismus eine anarchische wie experimentelle Ausrichtung einzunehmen, und ihre Entwicklungslinie muß man sich dann prinzipiell zweigeteilt vorstellen: Zum einen handelt es sich um „philosophische Literaten"[3], deren Hauptgeschäft demnach die Literatur ist und mit Kafka, Musil, Sartre, Camus dem Phänomen und seiner literarischen Beschreibung mehr zutrauen als dem philosophischen Konzept, selbst wenn es ganz offensichtlich dem zu beschreibenden Phänomen zugrunde liegt; zum anderen um „literarische Philosophen", die je nach Temperament und Charakter wiederum versuchen, eine Formulierung ihres

3 Ebd., S. 323.

experimentell-anarchischen Grundkonzeptes in systematischen Termini wiederzugeben – und hierzu gehören dann die genuin philosophischen Früchte eines Dekonstruktivismus, wie sie bei Jacques Derrida, Jean-François Lyotard, Emmanuel Lévinas, Philippe Lacoue-Labarthe, Paul de Man, Gilles Deleuze, Félix Guattari und vielen anderen mehr greifbar werden. Die Linie der eben genannten ist ganz offenbar mit deren Ableben zu einem Ende ihres Einflusses gekommen, eine nachhaltige Zäsur bildete hierbei ganz sicher der Tod Derridas im Jahr 2004. Eine weiter fortlaufende Linie bilden dagegen die schriftstellernden Philosophen, die seit den 1980er Jahren ebenfalls mehrheitlich im Französischen und im Feuilletonistischen beheimatet sind und sich seit damals als „nouveaux philosophes" ansprechen lassen. Und hierzu zählen dann laut Bohrer dem Typus nach rechtsrheinische Vertreter wie Peter Sloterdijk oder rechtsadriatische Phänomene wie Slovoj Žižek und wohl nicht zuletzt auch der Autor der Studie, also Bohrer selbst.

Ich habe diese Skizze relativ ausführlich wiedergegeben, um im Anschluß daran im Grunde nur einen wesentlichen Punkt zu machen, der darin besteht, zu zeigen, inwiefern alle diese feinsinnigen und grundsympathischen Unterscheidungen und Einordnungen (erst recht, nimmt man Volker Gerhardts anschließende Differenzierungen und Ergänzungen in Bohrers Gegenwartsanalyse hinzu) dennoch selbst bereits nichts mehr als womöglich abschließende Binnenbetrachtungen einer eben vergangenen Epoche sein können. Dazu erhält man einen ersten Hinweis, wenn man sich die Titel der beiden Interventionen vergegenwärtigt. Bohrer überschreibt seine Überlegungen mit der Fragestellung: „Welche Macht hat die Philosophie heute noch?", Gerhardt antwortet mit seinem Titel: „Die Macht liegt in der Vielfalt"[4]. Hier ist immer noch die Generalthese von einer *Herrschaft der Codes* intakt, geht die Frage, „Welche Macht hat die Philosophie heute noch?", zuletzt doch wie-

4 V. Gerhardt, „Die Macht liegt in der Vielfalt. Eine Antwort auf Karl Heinz Bohrers Kritik an der deutschen Philosophie der Gegenwart", in: M. v. Ackeren/Th. Kobusch/J. Müller (Hg.), Warum noch Philosophie? Historische, systematische und gesellschaftliche Positionen, S. 329–347.

der auf die geistesgeschichtliche Zäsur zurück, die mit dem Aufkommen des Strukturalismus begann und von der Generalvorstellung einer Ermächtigung der Zeichen ausging. Man müßte eine längere Geschichte erzählen, um die damals aufgestellte Grundgleichung wirklich nachvollziehen zu können, nach der die ganze Welt nur Zeichen ist, das ganze Leben nur Text, die ganze Gesellschaft nur (soziale Steuerungs-) Technik, die ganze Politik nur Herrschafts-Diskurs, das Geschlecht nur Signifikant und so weiter und so fort. Jedenfalls, und hier ohne weitere Begründung wiedergegeben, war die These mächtig genug, um auch die ihr auf den Fuß folgende Gegenthese zu motivieren und in ihrem theoretischen Zuschnitt vorherzubestimmen. Denn alles, was in Bohrers Darstellung und nicht nur in seiner, sondern ebenso in jenem des ganzen Mainstreams bis zur Gegenwart, als ein wesentlicher Einspruch zur Allmacht der Codes und Diskurse erfolgen konnte, konnte selbst nur als Einspruch unter strukturalistischen Voraussetzungen dargestellt werden, und das mußte grundsätzlich bedeuten, daß man diesen Einspruch selbst nur wieder einer Struktur zutrauen konnte, die sich der Struktur der Sprache und allgemeiner der Codes überhaupt noch einmal und nachhaltig entzieht, wie paradox diese Denkfigur auch immer erscheinen mußte. Was der Poststrukturalismus methodisch aufzubieten hatte, um jene Herrschaftsstrategien des Strukturalismus zu unterwandern, mußte demnach *noch* auf struktureller Ebene die Unterwanderung aller Strukturen vorsehen, also Unruhe innerhalb der Zeichensphäre stiften und methodisch gewendet damit zu einem Selbstentzug der Struktur noch in der Struktur oder zu einer *Dekonstruktion* werden. Und weil die Dekonstruktion damit selbst nicht mehr zum argumentativ einfach nachvollziehbaren System werden darf, oder jede Systematisierung sich sogleich selbst in den Arm fallen muß, bleibt zum Schluß als das philosophische Erkennungszeichen nur der besondere *philosophische Stil*, der wenigstens noch im Bruch mit dem systematischen Denken den Anschluß an die klassische Philosophiegeschichte hält.

Interessant in dem philosophiegeschichtlichen Rück- und Überblick, den Bohrer gibt, erscheint, wie selbstverständlich und über einen Zeitraum von fast 40 Jahren hinweg jene neue Frontstellung im Zeichen der Codes und der Diskurse in die klassischen Alternativen der Philosophie hineingelesen und darin durchdekliniert wurden. So ist einmal klar, daß die neue Frontstellung von System und Stil mit Nietzsche und Heidegger als Stichwortgebern von der strukturalistischen Gegenwart in die nähere Vergangenheit hinein erweitert wurde. Deren Kulturkritik, die von Nietzsche noch als eine Kritik an den viktorianischen Moralvorstellungen, von Heidegger an einer scheinbar grenzenlosen Technikbegeisterung geübt wurde, wird damit von einer einstmaligen Sachkritik zur postmodernen Stilkritik umgetauft. Es kam demnach nur noch darauf an, die Verstellungen der Lebenspraxis nicht als eine modernistische Zurichtung des *Lebens* zu erklären, sondern als eine Zurichtung der *Diskurse* über das Leben, insofern diese Diskurse als deren wesentliche Steuereinheit zugleich auch ihr Wesen bestimmten und die Möglichkeit ihrer Entfaltung auf vollkommene Weise vorzeichneten. Nietzsches Diagnose einer Knechtschaft des Lebens im Zeitalter viktorianischer und wilhelminischer Moral wie auch Heideggers Haft im ‚Gestell' der neuzeitlichen Technik waren nur noch durch eine fehlgeleiteten ‚Moral- und Technikdiskurs' zu erklären.

Zum anderen ist klar, daß ergänzend zu dieser stilkritischen Linie eine ausgesprochen zeichen-konstruktive Linie in die Vergangenheit der Philosophie hinein verlängert wurde. Die Unausweichlichkeit einer Zeichenabhängigkeit im Umgang mit der Welt, gegen die jedenfalls die philosophisch-literarische Stilkritik so dezidiert anschrieb, wurde ebenso dezidiert als das Grundproblem der Moderne, wenn nicht gleich der ganzen abendländischen Philosophie seit Platon und Aristoteles ausgegeben. Dreh- sowie Angelpunkt der Betrachtung war dabei der deutsche Idealismus. So wurden aus den transzendentalphilosophischen Überlegungen seit Kant nun steuerungstheoretische Vorgaben, und die 1970er und auch noch 1980er Jahre waren Hochzeiten von Versuchen, die deutschen Idealisten zu den frühen Heroen einer philosophischen Letztbegründung zu machen. Aus der transzendentalen Bedingung der Möglichkeit wurde dann eine Verpflichtung auf Wahrhaftigkeit, die bei Nichteinhalten auch unter (zumindest moralische) Sanktion gestellt werden konnte. Es war Karl Otto Apels Projekt, im Anschluß an und ein Stück weit über die Habermassche Diskursstrategie hinaus, Kant so neu zu fassen, daß sich ein jeder eines performativen Selbstwiderspruchs schuldig machte, der die Habermas-Apelschen Diskursregeln als wahrheitsbegründend und damit als allgemeinverbindlich leugnete. Und wo einstmals Kant noch meinte, man werde einfach nur der Vorstellung der Menschheit und ihres Vernunftwesens nicht gerecht, wenn man lügenhaft vorgeht und somit die Wahrheitsbedingungen kohärenten Denkens lügen straft, stand bei Habermas schon ein Zwang – ein zwangloser Zwang des besseren Arguments zwar, bei Apels Verve des diskursethischen Engagements wenigstens konnte man sich auch robustere rhetorische Formen der Sanktion vorstellen (zumindest in dessen Anwesenheit). Noch andere, die bspw. wie Vittorio Hösle seinerzeit das Apelsche Letztbegründungsansinnen an Hegel herantrugen – und dessen Logik dementsprechend um einen kybernetischen 4. Teil im Sinne einer realhistorischen Selbstkorrektur des Systems erweitern wollten –, wagten schließlich auch den Schritt vom moralischen Bedenken zu realpolitischen Forderungen. Indiens Kastensystem geriet so bspw. in das Visier des Neuhegelianers, der den sozialen Widerspruch aus rein logischen Gründen als nicht mehr hinnehmbar empfand – ohne jedoch, soweit es mir jedenfalls bekannt ist, in der indischen Fast-Milliardengesellschaft bis heute auf die nötige begriffslogische Gegenliebe gestoßen zu sein.

Von der Neuredaktion der beiden Traditionslinien unter literarisch-subversiver und systematisch-konstruktiver Hinsicht erhoffte man sich zugleich auch eine Brücke nicht nur in die Vergangenheit der Zunft, sondern auch in deren räumliche Gegenwart, das heißt, man glaubte, oder hoffte zumindest mit neuen Gründen, die transatlantische Spaltung zwischen einer kontinentalen und einer angloamerikanischen Wissenschaftskultur überwinden zu können. So schien sich die Exillinie, die sich dem Exodus des Wiener Kreises nach Amerika folgend herausgebildet hatte, im Rahmen des neuen Gesamtprogramms einer Begriffskybernetik wieder einfangen zu lassen. Langanhaltende und umfassende Mühen hatte Habermas auf sich genommen, um den anglo-amerikanischen Liberalismus und seine Moralvorstellungen den hiesigen kompatibel zu machen, und parallel dazu versuchte die Hermeneutik mit Rüdiger Bubner, neue Anschlußmöglichkeiten an den Kommunitarismus und dessen Politikverständnis aufzuzeigen, in der Hoffnung, sie dem kontinentalen

Gemeinschaftsgedanken anzunähern. So gesehen waren die 1980er Jahre die Dekade der Konvergenzbemühungen, wie einseitig sie im Rückblick heute auch erscheinen mögen. Die Grundidee dabei war, eine Sprachanalyse, die sich ausschließlich auf rein sprachlogische Zusammenhänge eingestellt hatte und so gesehen, einmal kolloquial gesprochen, mit der Welt und ihren kontingenten und historischen Umtrieben überhaupt nichts zu tun haben durfte und wollte, eine solche also nur mit sich selbst beschäftigte Sprachanalyse grundsätzlich wenigstens für unsere welthaltigen Themen und ihre Jahrtausende währende Tradition zu öffnen. Die Faszination der Kontinentalen am Strukturalismus und dessen Zeichentheorie war es ja gerade gewesen, daß es sich bei der Diskursanalyse nicht um ein neues Glasperlenspiel handelte, sondern alle weltrelevanten Fragen nun zeichentheoretisch als Machtfragen verstanden werden und damit an der philosophischen Wurzel gepackt werden konnten. Das Mittel für eine solche Öffnung der Sprachanalyse für Weltliches und Zeitliches schien damals der Pragmatismus zu sein. Schließlich fanden alle Versuche der Einbettung noch innerhalb der vor allem transatlantischen Tradition in seinem Zeichen statt. Auf der Seite der Systemphilosophie begannen so Willard Van Orman Quine und Donald Davidson ihre Abkehr vom Wissenschaftsideal des Wiener Kreises. Noch radikaler einem Pragmatismus verpflichtet sah sich Richard Rorty in seiner Abkehr auch noch von diesen bereits pragmatisch erweiterten Wissenschaftsentwürfen. Immer war es dabei der Grundtenor, daß es sich um die Überwindung von ‚Dogmen' handelte, bei Quine und Davidson damit um die ‚Dogmas of Empiricism', d.h. eines logischen Empirismus, wie er durch Rudolf Carnap und seine Schüler kanonisch wurde, bei Rorty um die Dogmen einer darauf aufbauenden Systemphilosophie überhaupt. Wie heute bemerkt werden muß, war der Pragmatismus im Rückblick jedoch nicht das gesuchte und gewünschte Bindeglied zum Kontinentalen, sondern umgekehrt womöglich nur jenes Moment in der Debatte, durch das die Entzweiung eine noch deutlichere Kontur gewinnen konnte. Joseph Margolis, den Bohrer in dem Zusammenhang zu Recht heranzitiert, verkehrt in diesem Sinne die Habermasschen Mühen ins schiere Gegenteil, wenn er ihm vorhält, er habe den „Kantschen Transzendentalismus trotz ‚pragmatischer Argumentation' nie verlassen"[5]. Der „Vorteil" oder auch „Vorsprung", den Margolis für den Pragmatismus in *Pragmatism's Advantage* für die amerikanische Philosophie beansprucht, ist zuletzt demnach darin zu sehen, daß er sich offenbar jede Form der Einmischung der Philosophie in die Gestaltung unserer Lebensformen verbietet. Was stört, ist gerade das moralisch Verbindliche, das hier mit Habermas vom menschlichen Diskurs ausgehen soll, und damit aus transatlantischer Sicht womöglich einer Verbindlichkeit entgegensteht, die dort zumindest im Umfeld eines noch intakten christlichen Glaubens ausschließlich für den göttlichen Diskurs reserviert ist.

So gesehen zumindest hatten alle hiesigen Konvergenztheoretiker den falschen Traum geträumt, als sie fanden, man könnte im historischen Rückgang auf die Pragmatisten des 19. Jh.s, und besonders auf Peirce und James über Morris und Mead zu Dewey, diese wiederum herausstellen als die sprachtheoretischen Inspiratoren von Rorty, Putnam und zuletzt sogar Brandom, und dabei über jene Verbindungslinie einer sprachpragmatischen grundierten Philosophie eine kontinentüberspannende Traditionslinie in eine gemeinsam geteilte Vergangenheit ausziehen. Vielmehr scheint es heute deutlicher denn je, daß der amerikanische Pragmatismus womöglich bereits im 19. Jh. nicht so sehr als der Versuch einer konsequenten Erdung einer Philosophie gedacht und konzipiert war, wie sie damals vor allem durch den deutschen Idealismus vorgestellt wurde, der damit als metaphysisch, weltfremd und unrealistisch abgetan werden sollte; vielmehr wird aus heutiger Sicht eher das gerade Gegenteil plausibel, insofern es die Einmischung in Weltangelegenheiten selbst war, gegen die ganz prinzipiell mit der individualistischen Ausrichtung des Pragmatismus zuletzt zu Felde gezogen wurde. So ließe sich zumindest auch ein Umstand erklären, der Habermas bis heute besonders unerklärlich erscheinen muß, daß sich nämlich die herrschende politische Philosophie in Nordamerika nie wirklich bis zu einem nachkantischen Standpunkt hat durchringen können. Die gesamte Diskussion

---

5 Bohrer, a.a.O., S. 319. Margolis wird zitiert aus: Pragmatism's Advantage. American and European Philosophy at the End of the Twentieth Century, Stanford 2010.

hat demnach, ähnlich wie schon in der analytischen mind-body Kontroverse, auch im Politischen nur die Extreme einer wunderbaren und verschwiegenen gesellschaftlichen Einheit im metaphysischen Glauben an eine höhere Inspiration und ein ebensolches Sendungsbewußtsein vor Augen. Rortys Vision eines besseren Amerika[6] ist dafür ein Beispiel von dem Ende einer ansonsten hochkritischen Selbstbetrachtung amerikanischer Intellektuellenkultur, Dennetts nüchterner Feldzug gegen jede Art von ‚sweet dreams'[7] in Form von gesellschaftlichen Gemeinschaftsgedanken ein Beispiel vom anderen Ende; zuletzt fehlt es jedoch immer an einer gedankliche Mitte, die im Kantischen und Nachkantischen Sinne als die Bedingung der Möglichkeit von Gemeinschaft und damit zugleich die Verfassung sozialer und politischer Gemeinschaft in einem spezifisch modernen Sinne verstanden werden könnte. Der amerikanische Pragmatismus wäre so gesehen von Anfang an nicht ein philosophischer Selbstzweck gewesen, der beim philosophischen Wort hätte genommen werden dürfen, um so zusammen mit der kontinentalen Abkehr vom Idealismus via Marx, Nietzsche und Feuerbach zu einer globalen Neuausrichtung der Philosophie hin zu einer menschengemachten Angelegenheit hätte führen müssen – d.h. zu menschengemachten Angelegenheiten, deren konstitutive Ausgangsbedingungen als deren von uns zuletzt zu verantwortende Bedingungen der Möglichkeit man hätte befragen und kritisieren können. Nein, der amerikanische Pragmatismus, dessen Reinhaltung von allen transzendentalen Zusätzen Margolis vorbildlich beschreibt, hatte vielmehr und offenbar umgekehrt den Zweck, selbst nur als Mittel zu dem höheren Zweck der Reinhaltung der menschlichen Sphäre von einer philosophischen Vereinnahmung zu dienen. Und wofür dann und zuletzt der Platz frei gehalten werden muß oder was genau als die wundersame Begeisterung in die Welt kommen soll, wenn alle spezifisch modernen Formen der sozialen Vergemeinschaftung und der

---

6 R. Rorty, Achieving our country. Leftist thought in twentieth century America, Cambridge Massachusetts u.a. 1998.

7 Vgl. D. Dennett, Süße Träume. Die Erforschung des Bewußtseins und der Schlaf der Philosophie, Frankfurt am Main 2007.

sinnstiftenden Weltbezüge im Vorfeld jeder Überlegung abgelehnt und als metaphysisch gebrandmarkt werden müssen, wie es Margolis uns vorstellt, das müssen natürlich zuletzt die Pragmatisten selbst erklären. Jacques Derrida sagte einmal à part und beim Glas Wein, er jedenfalls sei sich über die wahren Hintergründe des Erfolgs seiner Dekonstruktion in Nordamerika nicht mehr sicher. Daß die *literature departments* – und wohlgemerkt schon nicht die philosophy departments – seine sprachskeptische Theorie so mit Haut und Haaren übernommen hätten, habe auch etwas Befremdliches, das sich vielleicht und zuletzt nur durch ein großes und, wenn dem so sein sollte, auch klassisches Mißverständnis erklären lasse: daß nämlich die Dekonstruktion als ein antimetaphysisches Unternehmen zum einen nur als eine Verlängerung des Pragmatismus erscheint, insofern dieser auch die Abwehr einer jeglichen Sinnvermutung vorsehe, wenn diese auch nur irgendwie über das noch unreflektierte und unmittelbare Zweckgeschehen hinausreichten; zum anderen, und das hatte Derrida natürlich eher beunruhigt, war ihm nicht mehr klar, ob in einer solchen Allianz der Dekonstruktion mit dem Pragmatismus nicht auch sein genuin philosophisches Ansinnen zuletzt in einem dezidiert religiösen Kontext verstanden wurde. So wäre nämlich die Dekonstruktion wie auch der Pragmatismus immer nur eine philosophisch propädeutische Veranstaltung gewesen, die es zur Aufgabe hatte, alle weltliche Ideologie zu destruieren, um damit Platz für die Möglichkeit eines über alles Weltliche hinaus letztverbindlichen Glaubens zu schaffen.

III. DIE ZÄSUREN DER KULTURKRITIK

Was ändert sich für die Philosophie angesichts der neuen Lage? Karl Heinz Bohrers Gegenwartsanalyse hat eine Möglichkeit aufgezeigt, wie sich das vergangene halbe Jahrhundert seit dem Beginn des Strukturalismus als eine durchgehende Auseinandersetzung mit einer alternativlos erscheinenden *Herrschaft der Codes* verstehen läßt – zuletzt so alternativlos gedacht, daß selbst die Opposition zum zeichentheoretischen Systemdenken selbst nur zeichentheoretisch, nämlich als Stilbetrachtung, auszuformulieren ist. Nicht umsonst folgte ja dem Strukturalismus ein Poststrukturalismus, der schon dem Namen nach diese Grundvoraussetzung eines sprachkodierten Sinn-Aprioris nicht wirklich hinter sich lassen konnte oder wollte. Bohrers Analyse hat auch eine Möglichkeit an die Hand gegeben, wie sich eine solche Gegenwartsbestimmung der Philosophie im Zeichen einer Herrschaft der Zeichen mit wesentlichen Entwicklungslinien der vergangenen 200 Jahre in eine systematische Verbindung bringen läßt. Und jene Verbindung findet sich zuletzt mit besonderem Blick auf die Einlassungen einer *Philosophie des Stils* in einem durchgängigen Tenor einer Kulturkritik wieder, die sich somit auch grundsätzlich in einer Form von moderner Zeichenabhängigkeit verstehen läßt.

Für die Frage, was sich für die Philosophie angesichts der neuen Lage ändert, muß demnach zuletzt die ganze Kulturkritik der vergangenen 200 Jahre in einem neuen Licht erscheinen, sobald einmal, wie in Kapitel I skizziert, grundsätzlich an den medialen Kernpunkt einer unsere Lebenswelt verzerrenden Herrschaft der Codes gerührt wird. Warum eine solche mediale Zäsur wirklich wichtig werden kann, kann man erst absehen, wenn man noch einmal nachvollzieht, wie lange schon die Kulturkritik als ein philosophisch schmerzlich empfundenes Unternehmen währt, wie intensiv sie sich bemüht hat, ihre verschiedenen äußeren Anlässe in ein übergreifendes und systematisches Gesamtbild zu integrieren, und wie sehr im Zuge jener immer intensiveren Beschäftigung mit einem immer radikaler empfundenen Fehllauf der Moderne schließlich auf eine erste Hoffnung wirkmächtigen Einspruchs zuletzt eine Ernüchterung und Verzweiflung folgte, die schließlich nur noch eine ohnmächtige Resignation als letztes schneidendes Argument in der Sache vorsah. Und wenn das Anschlußkapitel geschrieben ist, muß darin klar werden, wie aus jener ausweglosen Geschichte der Kulturkritik als einer bis ins letzte Ende ausbuchstabierten Verzweiflungsgeschichte nun womöglich dennoch ein Ausweg einsehbar wird – und eine Lösung wird selbstverständlich wie auch in allen anderen Lebensdingen so auch in dieser Geschichte nur so denkbar sein, daß man sie wohl zurecht nicht mehr vermuten und erhoffen konnte. Und zugleich wird sie nur denkbar sein, wenn man angesichts der Lösung, sobald sie dann einmal vor Augen liegt, einsehen muß, daß sie im Grunde immer ganz nahe lag und im Grunde nur die Geduld verlangte, die es braucht, bis sich eine Lösung als solche auch präsentieren kann. Wer nach dem verlegten Schlüssel sucht, und lange genug sucht, um sich schließlich sicher zu sein, daß alle rational nachvollziehbaren Optionen und Verlegemöglichkeiten erschöpft sind, der kennt dieses Gefühl, das sich einstellt, wenn man diese unmöglich noch einmal zutage tretenden Schlüssel dann eines schönen Augenblicks an einem für ihre Plazierung sehr natürlichen Ort wiederfindet. Vielleicht brauchte es also einmal sogar auf geistesgeschichtlicher Seite jene schmerzlich empfundene und immer enttäuschte Suche und eine in ihrem Zuge zu erringende Gelassenheit, um schließlich eine sich unverhofft bietende natürliche Lösung des Problems, wie sie sich schließlich von sich aus und sich von selbst ergebend präsentiert, als solche überhaupt wahrnehmen und auch annehmen zu können.

Für einen nötigen Nachvollzug der Kulturkritik als einer Verstellungs- und Verzweiflungsgeschichte bietet sich mit Luhmanns Systemtheorie eine besonders gute Übersichtsmethodik an, weil in sie natürlich schon die genannten Motive einer nicht zum Ende kommen könnenden Kulturkritik in ausgezeichneter Weise eingegangen sind. Und sie eignet sich aus diesem Grunde auch besonders gut, an sie anschließend aufzuzeigen, wo der Schlüssel zur Beendigung der Kulturkritik in Wahrheit gelegen hat – zwar nicht die ganze Zeit schon, aber heute immerhin absehbar – nachdem man mit so viel Hoffnung und noch mehr Verzweiflung und so lange schon Ausschau gehalten hatte. Luhmann soll auch hier als Ausgangspunkt der Linienführung innerhalb der Rekonstruktion der Kulturkritik dienen, weil die Rede von einem absehbaren Ende der Kulturkritik nicht wiederum als ein neuerlicher Hoffnungsschub noch innerhalb der Tradition mißverstanden werden soll, sondern zumindest in der Präsentation derselben nüchternen Herangehensweise geschuldet ist, die letztlich schon dem Gelassenwerden der Kulturkritik bei Luhmann geschuldet war.

Luhmanns Strategie einer Bewältigung unübersichtlicher Lagen ist bekanntlich die *Reduktion von Komplexität,* und in Sachen Kulturkritik läßt sich eine solche Reduktion durch eine radiale Vereinfachung bewerkstelligen, die zuletzt die gesamte und in der Tat hochkomplexe Entwicklung hinsichtlich folgender beider Komponenten nachvollziehbar macht: einerseits in ihrem historischen Beitrag zur Ausbildung eines vollfunktionsfähigen kybernetischen Systems und andererseits, als deren Ergänzung, in der Ausdifferenzierung dieser generell anzusetzenden Systemtheorie im Rahmen verschiedener ‚exklusiver' Medien. Im Grunde ist dabei systematisch immer von ein und derselben funktionellen Grundform der Selbstinformation von Systemen auszugehen, die in der Lage sind, nach der Art der Feedback- und Feedforward-Verfahren vergangene Prozeßausgänge wieder erneut in das System einzuspeisen (wir würden klassischerweise sagen, daß hier das System lernt), und erwartete Systemausgänge dem einzuleitenden Prozeß vorzuschreiben, um aus dem Ausgang dieses Verfahrens wieder ein neuerliches Feedback zu gewinnen (klassischerweise würden wir wiederum von der Struktur von Planung und Erfahrung sprechen). Jene Lern- und Erfahrungsprozesse, die man sich nach dem Willen der Systemtheorie also in den Termini einer Steuerungstechnik vorstellen muß, deren Steuerungslogik grundsätzlich selbstbezogen ist, finden sich dann in verschiedene Medien eingebettet. Luhmann entwickelt hier für die sozialen Systeme eine Fünfteilung, die Funktionssystem, Code, Programm, Medium und Funktion unterscheidet[1].

1 Die folgende Zusammenstellung und Aufschlüsselung übernehme ich wortgleich, wegen der Übertragung aus der Tabellenform jedoch ohne Anführungszeichen, der Übersicht bei Walter Reese-Schäfer, Niklas Luhmann zur Einführung, Hamburg 2005 (5. Auflage), S. 176–177.

Für das Funktionssystem Wirtschaft bspw. ist der Code: Haben/Nichthaben; das Programm: Knappheit/Preis; das Medium: Geld, Eigentum, Macht; die Funktion: materielle Reproduktion – für das Funktionssystem Recht ist der Code: rechtmäßig/unrechtmäßig; das Programm: Recht, Ordnung; das Medium: Recht, die Funktion: Sicherheit und Entscheidung von Konflikten – für das Funktionssystem Wissenschaft ist der Code: wahr/unwahr; das Programm die zugehörige Logik der Forschung; das Medium: wissenschaftliche Erkenntnisse; die Funktion: Produktion neuer Erkenntnisse. Einer solchen kybernetischen Struktur folgend muß das *Funktionssystem* immer und grundsätzlich als eine Art Apparat verstanden werden, dessen *Steuerungscode* digitalisiert gedacht werden muß und deshalb ausschließlich binäre Form hat, dessen *Programm* an den Stellhebeln des jeweiligen Systems ansetzt, dessen *Medium* in der materialen Verbindungsform der Steuerungskanäle besteht und dessen *Funktion* schließlich die Generierung einer sich stabilisierenden und reproduzierenden Form sozialer Einheit ist. Einer solchen kybernetischen Grundannahme folgend lassen sich dann auch alle weiteren sozialen Systeme apparatetechnisch aufschlüsseln: Politik, Religion, Erziehungssystem, psychisches System, Massenmedien, Moral, Ethik, Kunst, Medizinsystem, Liebe, soziale Bewegungen – und das sind nur jene Systeme, die Luhmann selbst besprochen hat, bei weiteren Differenzierungen gilt dann einfach analog zu verfahren.

Die systemtheoretische Vereinheitlichung schafft dann strategisch gedacht und im Rückblick auf die klassische Kulturkritik gesehen tatsächlich zweierlei: Sie macht die vergangenen Formen der Kulturkritik mit ihren verschiedenen funktionellen Ansätzen in unterschiedlichen Medien in Analogie zueinander verständlich, indem sie alle zusammen auf eine einziges binäres Code-Design zurückführt. Bis man sich einmal zu einer solchen apparatetechnischen Gesamt- und Grundlogik des kybernetisch-systemischen Operierens durcharbeiten konnte, mußte mindestes ein Jahrhundert vergehen, in dem man bestenfalls von provisorischen Arbeitsteilungen und Kombinationen verschiedener Leit- und Subsysteme ausgehen konnte, je nachdem, welche noch provisorischen Formen der sozialen Kybernetik gerade eben vorherrschend waren.

Marx hatte so gesehen noch mit dem Leitsystem Kapital das Subsystem Technik und wissenschaftlicher Fortschritt fremd-assoziieren müssen (es sei denn, man ließe eine unterschwellige Berufung auf die Hegelsche Geistsystematik gelten), Nietzsche hatte noch zum Funktionsmodus der Moral das Subsystem Religion und dessen modern interpretierte Betriebsverfassung als externes Movens hinzugenommen, Max Weber mußte in der Soziologie die Verwaltung als staatliche Sphäre des innenpolitischen Handelns in Analogie zu jener des Kapitals, und diese schließlich im Rahmen einer nun alles umfassenden Gesamtbetriebswirtschaftslehre veranschlagen. Heidegger tat im 20. Jh. dann den ersten großen Schritt zu einer Flurbereinigung der kulturkritischen Medienlandschaft, indem er das Wesen der Wissenschaft nicht mehr getrennt und als Voraussetzung der neuzeitlichen Technik ansetzte, sondern umgekehrt die Wissenschaft nur als den theoretischen Teil eines epochalen Welteroberungsunternehmens, das von der neuzeitlichen Technik ausgeht und so in einer urpraktischen Aneignungsstrategie ihren Ort hat. Im Rückblick auf diesen Ort war es Heidegger wiederum einsichtig, daß Nietzsche jene Aneignungsstrategie auch bereits im Auge hatte, als er vom „Willen zur Macht"[2] sprach, und fand nur, daß noch zuviel Romantik und Rhetorik des 19. Jh.s in der Formel steckte, insofern sie immerhin noch die Macht als ein echtes praktisches Endziel veranschlagte, so gesehen also Nietzsche immer noch ein Metaphysiker sei, wenn auch dem Wunsch nach ein Vollender der Metaphysik. Jene Vollendung ist jedoch für Heidegger erst im Rahmen einer Neuen Sachlichkeit auch in der Philosophie denkbar, indem er die Formel vom ‚Willen zur Macht' noch einmal weiter im praktischen Sinne sinnentleert und damit nur noch zum „Willen zum Willen" erklärt[3]. Und im „Willen zum Willen" wiederum erkannte Heidegger dann auch wiederum das Movens, das in der Marxschen und Weberschen Betriebsverfassung moderner Rechts- und Praxisverhältnisse schon gesehen wurde und das ihm, Heidegger, wiederum aufgenfälligst

2 Vgl. H.-M. Schönherr-Mann (Hg.), Der Wille zur Macht und die „große Politik". Friedrich Nietzsches Staatsverständnis, Baden-Baden 2010.

3 Vgl. M. Heidegger, Holzwege, Frankfurt am Main 1950, S. 216ff.

im modernen Wissenschaftsbetrieb und seinen Verwertungsstrukturen auf kritikwürdigste Weise faßlich wurde[4]. Jene von Heidegger auf das Wesen und Walten der Technik (im Englischen würde man jetzt sagen der ‚Technology' mit einem großen T, um die metaphysische Selbständigkeit des Phänomens zu betonen) grundgelegte Gesamtgesellschafts- und Modernekritik wurde dann in ihrer internen Vernetzung mit den Vorgänger-Leitsystemen Mitte der 1950er Jahre noch einmal faßlicher und nüchterner beschrieben, als Arnold Gehlen zu seiner ebenfalls kritisch gemeinten These von der Herrschaft einer „Superstruktur"[5] kam. In einer solchen Superstruktur zusammengefaßt sind dann die Funktionssysteme und Medien von Kapital, Technik und Wissenschaft, die allesamt einer Strategie der Gesamtbereicherung folgen, die jedoch nicht mehr an einer konkreten Form des Zugewinns zu bemessen sind, sondern nur noch an der strukturanalogen Bewirtschaftung aller drei Bereiche. Gehlen resümiert damit ein letztes Mal in den Termini der klassischen Kulturkritik eine ambivalent gewordene Fortschrittsbewegung, deren kulturkritisch herauszustellende Komponente vor allem in einer besonderen Dynamik der modernen Zeiten besteht. Sie läßt sich zurückführen einerseits auf die Tendenz, beinahe über Nacht immer neue und unvorhersehbare Felder möglichen Wissens oder möglicher Geschäfte oder eines möglichen technischen Fortschritts zu eröffnen, die alle kulturelle Aufmerksamkeit auf sich ziehen müssen; anderseits und zugleich auf eine systemische Aushärtung einmal etablierter Institutionen, deren bloßes Fortbestehen die Aufmerksamkeit an eine Vergangenheit bindet, die im Lichte der neuen und aktuellen Ereignisbereiche schon nicht mehr als einschlägig gelten können. Dieses Mißverhältnis von Fortschritt und Beharrung führt nach Gehlen zu Spannungen, die den modernen Menschen, um den es dem Anthropologen Gehlen zuletzt geht, und sein aus früheren Zeiten ererbtes Wesen, das noch gebunden an eine kulturelle Kon-

4 Vgl. dazu die Studie von H.D. Kittsteiner, Mit Marx für Heidegger – Mit Heidegger für Marx, München 2004.

5 A. Gehlen, Die Seele im technischen Zeitalter. Sozialpsychologische Probleme in der industriellen Gesellschaft, Hamburg 1957, S. 11.

zentration auf das Wesentliche erscheint, planmäßig überfordern müssen. In der These von der „Kristallisation“[6] moderner Institutionen zusammengefaßt ist damit das Erbe aller modernespezifischen Härten, wie sie zuvor in verschiedenen Hinsichten ausdifferenziert wurden: soziologisch zuerst mit Marx bezogen auf die industrielle Produktion und Arbeitsorganisation, später bei Max Weber erweitert auf eine modernisierte, d.h. für Weber vor allem durchrationalisierte Verwaltung des Staates. Enthalten ist weiter die kulturkritische Komponente, die mit Nietzsche auf das ressentimentgeladene Geschäft mit der Moral festgestellt wurde, ein Geschäft, das dann bei Heidegger schließlich zu einem ethischen Verfall führen mußte, der früher oder später auch noch die Philosophie und die Wissenschaft selbst erreichen mußte und sein Sinnbild in einem als geistlos wahrgenommenen Wissenschaftsbetrieb fand. Und mit Gehlens Röntgenblick der Mittfünzigerjahre, der sich jedoch auch schon einem gleich zu Beginn eingestandenen Seitenblick auf die neuen Computer-Analogien verdankt, erscheint noch einmal die abendländische Kulturentwicklung als ein quasi-physischer Prozeß, in dem das intellektuelle Fluidum, man nenne es Geist oder Begabung, bei Gehlen ist es am Ende im künstlerischen Genius möglicher Kulturerneuerer angesprochen[7], in der historischen Hitze moderner Ereignisse und technischer Entwicklungen beinahe schon ganz entwichen ist. Zurück bleibt für uns Spätmoderne nur noch die Leere einer modernen Verfassung an sich, verstanden als ein perfekt organisiertes und abstraktes Verfaßtsein in allen gesellschaftlichen Belangen, jedoch ohne ein tieferes Wissen mehr wozu: und das ist dann der Kern der „sozialpsychologische(n) Probleme in der industriellen Gesellschaft“ – und die in Gehlens dazu einschlägigem Obertitel genannte „Seele im technischen Zeitalter“ ist somit eine, die tendenziell immer überfordert ist, weil sie von den sinnentleerten modernen Institutionen keine Entlastung mehr erfährt angesichts ständig steigender Herausforderungen und vielfältigster Impressionen des modernen Lebens.

---

6 Ebd., S. 43.
7 Vgl. ebd., S. 114ff.

Ist eine solche Vergleichbarkeit und Analogiebildung erst einmal einsehbar, folgt nun der zweite Schritt, der für die Aufgabe einer *Reduktion von Komplexität* der Kulturkritik strategisch freilich der wichtigere ist. Die Kulturkritik kann nun nämlich insgesamt auf das Wirken von *Strukturen* zurückgeführt werden und muß nicht mehr mit der Blamage von *Akteuren* operieren. Wie wichtig dies im Kontext einer Neuformulierung ist, wie sie Luhmann in den 1960er Jahren vorschlägt, kann man schon zeitgeschichtlich absehen, wenn man auch nur von Ferne an die enormen und kulturgeschichtlich katastrophalen historischen Verwerfungen denkt, wie sie damals wahrgenommen wurden im Zusammenhang mit einem Ressentiment gegen benennbare und bezeichenbare Akteure. Hier wirkt das frische Erbe einer nationalsozialistischen Propaganda noch ebenso unmittelbar nach wie die blamablen Bestrafungsreflexe eines real existierenden Sozialismus bzw. Stalinismus. Und jener Rückblick in die Abgründe der jüngsten europäischen Geschichte dürfte aus heutiger Perspektive zumindest wohl auch ein tieferer moralischer Hintergrund hinter dem Methodenstreit der Soziologie zwischen Luhmann und der Frankfurter Schule in den 1960er Jahren gewesen sein.

Die Umstellung einer kulturkritischen Soziologie auf eine systemtheoretische Philosophie bringt es nach Luhmann aber auch aufs Ganze gesehen mit sich, daß man nun endlich die klassischen Kritikzuweisungen ganz aufgeben kann. Die nahezu stoische Attitüde, die man Luhmann in dem Zusammenhang gerne vorgehalten hat, bewundernd oder vorwurfsvoll, ergibt sich jedenfalls aus dem Umstand, daß die Kulturentwicklung nun insgesamt aus der Hand der menschlichen und geschichtlichen Akteure genommen wird und zugleich damit einer anonymen Systementwicklungslogik überantwortet werden darf. Um diese kulturgeschichtliche Erweiterung der Luhmannschen Systemtheorie nachzuvollziehen braucht es im Grunde nur eine Evidenz, die uns heute noch wesentlich leichter fällt als es zu Beginn der technisch-medialen Systementwicklung der 1960er Jahre einst gewesen sein mag. Die Grundüberlegung geht wiederum im Rahmen einer beispielhaft verstandenen Apparatetechnik dahin, daß wir klassischerweise mit der Technik immer eine bestimmte Vorstellung verbunden haben – nämlich jene, daß hinter jeder besonderen Form technischer Innovation immer ein Ingenieur steckt, der sie wie ein Schöpfer in die Welt gebracht hat. Aus einer Inspiration, die wir Nicht-Schöpferischen nicht nachvollziehen können, folgt eine technische Umsetzung, die es schließlich zum ausgereiften Produkt schafft.

Nähert man sich jedoch aus der Sichtweise der Systemtheorie demselben Befund einer technischen oder marktgängigen Innovation, dann steht hinter dem Fortschritt nicht mehr ein Individuum, das sie mit einem einzigen und genialen *Schöpfungsakt* hervorgebracht hat, sondern eine Entwicklung, die über die Köpfe aller beteiligten Ingenieure und Unternehmer hinweg sich einer bloßen systemischen Selbsterweiterung verdankt. Ein Stück weit war das auch schon aus klassischer Sicht einsichtig, insofern wenigstens die Umsetzung einer Idee, das Handwerkliche und rein Technische, immer auch schon dem Einsatz anderer Maschinen geschuldet war sowie dem Wirken von Technikern und Handwerkern, die sich eher als ausführende Elemente denn als schöpferische Instanz begriffen hatten. Radikalisiert man jedoch den Gedanken noch weiter, so kann man zuletzt auch noch in Frage stellen, daß es eine besondere menschliche Inspiration gewesen war, die zu einer fraglichen Innovation geführt hat. Denn es könnte auch nüchterner gesehen so gewesen sein, daß man sprichwörtlich davon ausgeht, eine Idee lag in der Luft, und das Sprichwörtliche dann rein technisch auch so verstanden werden kann, als habe die Entwicklung der Technik selbst bereits jene Möglichkeit vorgegeben und auch vorbereitet, die dann nur mehr oder weniger zufälligerweise von einem Ingenieur ergriffen wurde. Und streicht man schließlich auch noch die Voraussetzung, es müsse eine menschliche Intelligenz sein, die jenen Zufallsfund hervorbringt, und läßt es demnach zu, daß auch maschinelle Intelligenz zur Ergreifung einer solchen in der Luft liegenden Idee in der Lage ist, dann ist der Schöpfungsakt schließlich ganz in die Hände einer sich selbst organisierenden Technosphäre übergegangen. Wir haben heute solche Evidenzen mehr oder weniger immer dann, wenn wir uns eingestehen müssen, daß schon handwerklich gesehen nur noch Computerprogramme in der Lage sind, Computerprogramme zu generieren, schon weil die Software heute so mächtig ist, daß kein IT-Ingenieur auch nur zeitlich in der Lage wäre, ein Programm ohne die Mithilfe von bereits bestehenden Programmen – sozusagen noch von Hand – zu schreiben. Und erst recht dann, wenn eine neue Generation Software zuletzt ganz aus den Händen von Algorithmen stammt, die den Zuschnitt ihrer Folgegeneration auch noch selbst bestimmen. Luhmann jedenfalls sieht solchen Evidenzen folgend überhaupt nur eine Ontologie von Systemen vor, die wiederum Systeme generieren, und was einstmals eine menschliche Inspiration war, ausgehend von welchen kulturellen Höhen oder Tiefen auch immer, wird nun auf das bloße Wechselwirken von psychischen Systemen mit anderen Systemen reduziert.

Mit dem kulturkritischen Finger auf Systeme und deren Software zu zeigen erscheint klassisch gesehen nicht sehr vielversprechend, man kann sich schwer erregen und engagieren angesichts eines rein technischen Prozedierens, und es fällt auch schwer, sinnvollerweise Apparate und Strukturen belehren, bestrafen oder außer Gefecht setzen zu wollen. Die passende kritische Anschlußfigur, wenn überhaupt, hat damals Ende der 1960er Jahre der Französische Poststrukturalismus entwickelt, der hinter den anonym gewordenen Strukturen doch noch einmal einen Quasi-Akteur veranschlagte und diesen in einem singulare tantum das ‚Subjekt' nannte – so daß die dementsprechende kritische Losung französisch lauten mußte: ‚la lutte contre le sujet', zu deutsch: ‚Kampf dem Subjekt'. Aber das ist ein Nebenaspekt (auf den auch gleich noch einmal zurückzukommen sein wird). Der Hauptaspekt liegt in der emotionalen Entlastung von einer kulturkritischen Empörung, wie sie durch den Hinweis auf die *Herrschaft der Strukturen* und damit in Abkehr von einer Verantwortung moderner Kulturverwerfungen durch *menschliche Gründungsakte* ins Spiel kam.

Geht man die Reihe durch, wird man leicht folgende Bewegung und Dialektik einer historischen Schuld- und Lösungszuweisung erkennen. Sie ist grundsätzlich wie folgt zu skizzieren: Was zuerst als eine *rettende Instanz* erscheint, wird im Fortgang der historischen und besonders geistesgeschichtlichen Erfahrung zu einem *verderbnisbringenden Agenten*. Hinzugenommen werden muß zu dieser Umformatierung von Gewinnern zu Verlierern eine zentrifugale Bewegung, in der die einstigen Gewinner von der *Mitte von Staat und Gesellschaft* im Zuge ihres historischen Wesenswandels in die *Randbereiche der Gesellschaft* und ihrer philosophischen *Geschichtsverhältnisse* abgedrängt werden. Ihr historischer *Ansehensverlust* ist also zugleich mit einer gesellschaftlichen *Marginalisierung* verknüpft.

Zuerst zur fortschreitenden Marginalisierung der philosophischen Begründungsleistungen: deren letzte Instanz waren bei Hegel noch die Vernunftleistungen von Staat und Gesellschaft und dessen legitime Vertreter, mit den Krisen der Restauration im Rücken wird für Marx bereits die Welt-Geschichte das rettende Ufer, zu dem die Modernetheorie übersetzen muß. Mit dem frühen Nietzsche ist wiederum klar geworden, daß auch der Weltgeschichte im Kulturellen nicht mehr zu trauen ist und im Namen einer übergeschichtlichen Künstlermetaphysik noch einmal eine Vorgeschichte zur Weltgeschichte entworfen werden muß, eine Moderne vor der Moderne, ein Reich des Dionysischen vor dem Apollinischen; und jene Geschichte braucht auch schon keine Dialektiker mehr für ihr tieferes philosophisches Verständnis, sondern unumwunden sich so ausgebende Propheten. Zarathustra weist hier den Weg zurück wie zugleich auch voraus.

Max Weber wird Dekaden später die schon von Nietzsche eskomptierte Enttäuschung über das Ausbleiben einer rettenden Wirkung der Weltgeschichte und ihrer von Marx noch beschworenen Weltrevolution auch im Soziologischen wiederholen – und auch er wird Nietzsche noch folgen in der Annahme, daß der Wissenschaftler und Soziologe eine Sphäre der Entfaltung nur noch in einem kreativen Aufbegehren gegen die Trostlosigkeit der Weltläufe finden kann: Wer *Wissenschaft als Beruf* versteht, wird immerhin noch im Nachvollzug moderner Ernüchterungen den Rückweg zu deren sakralen Ursprüngen finden und als Soziologe bspw. Verbindungen herstellen wollen wie jene zwischen der *protestantischen Ethik* und dem *Geist des Kapitalismus*[8].

Von diesem Künstlertum führt ein weiterer Weg der Ernüchterung nur noch in eine möglichst vollkommene Weltferne, wie sie von den Existentialisten der Zwischenkriegszeit als letzter gedanklicher Sammlungsort gewählt wurde. Die Linie einer Dekadenz als

8 M. Weber, Die protestantische Ethik und der Geist des Kapitalismus, München (3. Auflage) 2010.

selbst kunstvoller Anti-Kultur setzt sich hier unter nüchternen und demokratisierten Auspizien fort. Die Kunst besteht hier einfach nur noch im Weglassen – und so seltsam einfach das erscheint, haben doch Heidegger wie Wittgenstein und viele andere mehr zuweilen auch viel Mühe darauf verwenden müssen, die passende Stilisierung in einem Leben in der Schwarzwaldhütte oder einer Norwegerhütte unter Ablehnung möglichst vieler zivilisatorischer Annehmlichkeiten darstellbar zu machen. Nach dem Kriege mußte freilich eine andere Form der Rettung gefunden werden in einer Geisteshaltung, die angesichts der vorangegangenen Greuel einen verbliebenen Sinn in der Geschichte nicht einmal mehr in den Nischen der abendländischen Kultur finden wollte. Es blieb nur noch die Option, in gar keine benennbare Opposition mehr zu den weltgeschichtlichen und den mit ihr verbundenen geistesgeschichtlichen Fehlläufen zu treten, sondern in deren möglichst unauffälliger und unanstößiger Begleitung noch eine letzte Form von gedanklicher Ruhe und Beruhigung ausmachen zu können. So wird die Rede von einer spirituellen ‚Gelassenheit' in der Spätphilosophie Heideggers dominant und damit ein Typ des Denkens vorgestellt, das anders als noch in der Haltung eines Existentialismus, der sich gegen die modernen Zeitläufe einsam und heroisch stemmt, gar nichts mehr hervorbringen und stilisieren will, weil er damit ganz offenbar nur den Mythos der Moderne ein weiteres Mal in die falsche, verderbliche Richtung weiter verlängert. Historisch wird solches Denken in der Philosophie fündig dort, wo die Philosophie als Philosophie noch gar nicht entscheidend als solche eingesetzt hat, also in der Vorsokratik, konkret bei Anaximander, Parmenides und Heraklit. Der letzte Ort einer philosophischen Begründungsleistung wird systematisch zugleich dort aufgesucht, nach einem Durchlauf durch alle möglichen Formen der Entfernung von den klassischen und historisch nach und nach verbrauchten Optionen, wo das Begründen selbst ein Ende findet und die Philosophie mit einer Allianz von ‚Dichten und Denken' einen ganz anderen Ort der Begründung einnimmt – d.h. einen solchen, in dem die Begründung von nun an gut begründet unbegründet sein darf.

Anschaulicher werden die Verhältnisse einer nachzuvollziehenden Zentrifugalbewegung möglicher Rettung von der Mitte zu den Rändern des Menschenmöglichen bei der Personalisierung der Bewegung. Demnach hat diese Bewegung immer zuerst erst Gewinner hervorgebracht, die anschließend zu Verlierern wurden: Hegels staatstragendes Bürgertum wurde bei Marx schon zu einer Bourgeoisie, der die philosophische Welt- und Revolutionsgeschichte ihr Ende vorhersagte, die proletarischen Massen erschienen bei Nietzsche und Max Weber schon wieder als Verlierer, weil sie mit den größten Hoffnungen der Soziologie gestartet waren und von der Weltgeschichte vollkommen im Stich gelassen schienen. Die Gewinner dagegen sind jene Künstler und Bohemiens, die es verstanden hatten, zu all jenen von der Philosophie befeuerten Kulturumtrieben Distanz zu halten und gegenüber den Weltläufen und ihren bürgerlichen Projektionen möglichst weit abseits zu stehen. Jene wiederum im Existentialismus allgemeinzugänglich gedachte Ausnahmesituation ließ den entschlossenen Kulturverweigerer erneut anfällig dafür erscheinen, verführerischen modernistischen Ideologien zu erliegen, besonders solchen, hinter deren archaisch anmutenden Mythen sich nur eine perfidere Technik der Vermassung verbarg, gedacht nicht zuletzt für solche Individuen, die sich im Selbstverständnis für möglichst kulturfern hielten. Und so brauchte es schließlich in der unmittelbaren Nachkriegszeit eine noch größere Kulturferne, die in der Passivität des Geschehenlassens auch noch die dialektische Abhängigkeit vom modernistischen Vorbild mitbedachte, ob wie bei Heidegger als vorsokratisch gestimmter ‚Hirte des Seins' oder wie bei Camus als ein ‚Sisyphus', der im literarischen Wiederholungszwang seiner Geschichte auch noch um die Vergeblichkeit seines resignierten Engagements weiß. Mit Luhmanns Systemtheorie ist jene Resignation dann konsequent auf die vorletzte Spitze getrieben, weil hier die Sieger-Verlierer-Unterteilung selbst nicht mehr glaubhaft scheint, denn genaugenommen gibt es mit dem Anbruch der Herrschaft der Codes menschlicherseits nur noch Verlierer, die jedoch nicht einmal mehr als solche von den neuen Herrschern anerkannt werden können. Schon dem Lochstreifen der 1960er Jahre fehlt so gesehen jedes ethische Gespür und jede historische Verantwortlichkeit für alle menschlichen Folgeerscheinungen seiner kybernetisch formulierten Direktiven. Der allerletzte Schritt bleibt jedoch, wie schon angedeutet, der französischen Linie der Modernekritik vorbehalten. Zwar folgt auch Foucault wenigstens ein Stück weit der stoischen Haltung angesichts einer fremd und fern erscheinenden Weltvernunft, wie sie sich in der *Herrschaft der Codes* offenbart hat und dem Menschen gegenüber und seinem Schicksal vollkommen gleichgültig erscheint. Jedoch bleibt eine allerletzte Option des Engagements bestehen. Die Überlegung ist im Grunde einfach: wenn alle ernstzunehmende Gegnerschaft menschlicherseits entfällt, dann bleibt nur noch eine letzte Aussicht in der Annahme, daß der einzig verbliebene ‚Akteur' – das ist das kybernetische ‚Subjekt' in all seiner steuerungsrationalen Unabhängigkeit von menschlichen Umtrieben –, sich schließlich auch noch gegen sich selbst wendet und somit seinen Regulierungszwang gegenüber unseren menschlichen Entfaltungsbedürfnissen selbst bricht. Was Foucault in den 1960er Jahren jedenfalls im Auge hatte, ist eine Form der Selbstanwendung, in der sich die Kybernetik unserer modernen Kultur nicht mehr selbst bestätigt und funktional weiter stabilisiert, sondern im Gegenteil zu seiner absehbaren Abschaffung beiträgt. Dazu gilt es, den modernen Kultur-Apparat nur einmal in eine historische Distanz zu seinem eigenen Wirken zu bringen, also aus der Sicht einer Postmoderne auf sich selbst als dem Agenten der klassischen Moderne wirken zu lassen. Dann ist für Foucault abzusehen, daß die ganze kybernetische Begriffsapparatur, in deren zwanghaftem Steuerungswahn alles Menschliche gefangen scheint, sich selbst noch einmal so behandelt, wie das kybernetische ‚Subjekt' auch den Menschen behandelt: als eine weitere und damit vollkommen zufällige Form der Selbststeuerung, die es angesichts übergeordneter steuerungstechnischer Alternativen abrupt aufzuheben gilt. So erklärt sich dann der vielzitierte Schlußsatz aus der *Ordnung der Dinge*, daß der „Mensch verschwindet wie am Meeresufer ein Gesicht im Sand"[9]. Und mit „Mensch" meint Foucault dabei eben das Menschenbild der klassischen Moderne, das seine Geltung und damit wohl auch seine Kraft der Gestaltung mit einem Male einbüßt und verschwindet, sobald es steuerungstechnisch nicht mehr als notwendig, weil alternativlos, sondern als vollkommen zufällig

9 M. Foucault, Die Ordnung der Dinge. Eine Archäologie der Humanwissenschaften, Frankfurt am Main 1971, S. 462.

erscheint – andere Lösungen zeichneten andere Gestaltungen des Humanen und „Gesichter im Sand“. Jene Instanz, die es erlauben sollte, den Kultur-Apparat der Moderne zu einer solch distanzierten und damit postmodernen Selbstanwendung zu bewegen, ist nach Foucault die Geisteswissenschaft. Sie lag, wie Foucault bis zum Ende der 1960er Jahre meinte, noch in einem dogmatischen Schlummer, und an ihr mußte demnach der Hebel der Aufklärung ansetzen. Man sieht schnell, wie hier die kulturkritischen Motive von Marx, Nietzsche, Freud und Heidegger noch ein letztes Mal à jour gebracht werden. Wie bei Marx sollte die Geschichte die Lösung bringen, indem sich der neue Zwang rationalisierter Gesellschaftsformen durch innere Widersprüche historisch selbst aufhebt; wie bei Nietzsche mußte eingesehen werden, daß eine solche Aufklärung in ‚unzeitgemäßen Betrachtungen‘ geschieht, die nur noch in einer Metabetrachtung der Geschichte ihr Zentrum haben konnten, wie bei Freud galt es, die dort zu lokalisierende Befreiung zuerst bei den kreativen und moralisch devianten Urtrieben und besonders der Sexualität des Menschen zu beginnen; und wie bei Heidegger schließlich sollte abzusehen sein, daß mit all jenen Spezialbetrachtungen zuletzt eine abendländische ‚Seinsgeschichte‘ im ganzen nachgezeichnet werden mußte, die auf nicht weniger als die Ordnung der Dinge im Großen und Ganzen abzielte – methodisch gesprochen also kein weiteres Außen der Argumentation mehr zuließ und die Dinge ein für allemal regeln sollte.

IV. DIE ZÄSUREN DER MODERNETHEORIE

Oder: Gründe für eine Wiederkehr der Geschichtsphilosophie

I. Von der Substanz zum Subjekt

200 Jahre währt die Kulturkritik bereits, und es scheint jetzt so, als sei nun ein neues und womöglich für die Forderungen der Kulturkritik nicht unerhebliches Kapitel ihrer Geschichte hinzufügen. War es bisher immer so gewesen, daß ihr konzeptioneller Fortschritt nur aus den Enttäuschungen über das Ausbleiben der zuvor erhofften Lösungen bestand, besteht jetzt eine Aussicht, daß sich eine Lösung anbietet an einer Stelle, wo sie aktuell und zeitgemäß gar nicht mehr erhofft war. Um dafür einen ersten Anhaltspunkt zu geben, gilt es methodisch noch einmal zurückzugehen auf den ersten Ausgangspunkt einer Kulturkritik der Moderne und von dort aus die neuen Tendenzen als ein komplementäres Schließen einer methodischen Klammer neu zu verstehen. Und es gilt zugleich historisch einen Zeitraum und eine Zäsur zu benennen, die mit jener gedanklichen Entwicklung tatsächlich und also faktenbelegt Schritt hält. Methodisch möchte ich dazu von Hegel und seiner frühen These ausgehen, es komme „alles darauf an, das Wahre nicht als *Substanz*, sondern ebenso sehr als *Subjekt* aufzufassen und auszudrücken“[1]. Sie ist jetzt dahingehend zu ergänzen, daß nun alles darauf ankommt, das Wahre nicht als *Subjekt*, sondern ebenso sehr als *Substanz* aufzufassen und auszudrücken. Die dazugehörige historische Klammer oder das Geschichtszeichen, frei nach Kant, sehe ich in den komplementären *Korrespondenzen von 1789 und 1989*, oder, wenn man die mathematischen Entsprechungen nicht als Zahlenmystik abtut, jene von 1789 und 1989, wie sie sich mit den

1 G.W.F. Hegel, Phänomenologie des Geistes, a. a. O., S. 22f.

revolutionären Umbrüchen von 2011 und in der Addition der letzteren beiden Daten zu einer Millenniumszahl ergänzen.

„Hiermit", schreibt Hegel in seiner *Phänomenologie des Geistes*, „ist der Geist als *absolute Freiheit* vorhanden; er ist das Selbstbewußtsein, welches sich erfaßt, daß seine Gewißheit seiner selbst das Wesen aller geistigen Massen der realen sowie übersinnlichen Welt, oder umgekehrt, daß Wesen und Wirklichkeit das Wissen des Bewußtseins von *sich* ist"[2]. Der Satz steht in dem Kapitel mit der Überschrift: „Die absolute Freiheit und der Schrecken", und so zurückhaltend Hegel immer mit der ausdrücklichen Assoziation bestimmter Gedankenfiguren zu historischen Ereignissen war, so ist hier doch abzusehen, daß natürlich nichts anderes als der Rückblick auf die Französische Revolution und den jakobinischen Terror in der Lage ist, die hier systematisch ermittelte Zäsur in der Geistesgeschichte mit einem dazugehörigen Weltereignis zu verbinden. So präzisiert Hegel dementsprechend wenige Seiten später: „Das einzige Werk und Tat der allgemeinen Freiheit ist daher der *Tod*, und zwar ein *Tod*, der keinen inneren Umfang und Erfüllung hat; denn was negiert wird, ist der unerfüllte Punkt des absolut freien Selbsts; er ist also der kälteste, platteste Tod, ohne mehr Bedeutung als das Durchbauen [sic!] eines Kohlhaupts oder ein Schluck Wassers"[3]. Ganz offenbar fällt auch in der Philosophie hier das Messer der Guillotine.

Mit der „absoluten Freiheit und dem Schrecken", der mit der Französischen Revolution wesensmäßig verbunden scheint, ist für Hegel ein Endpunkt und ein Anfangspunkt erreicht. Ein Endpunkt, insofern eine Jahrtausende alte Entwicklung nach langen und verschlungenen Phasen der Verstellung und Veränderung schließlich für alle sichtbar und verstehbar ans Licht kommt, historisch wie systematisch; und ein Anfangspunkt, indem es von dieser Zäsur ausgehend eine Hauptaufgabe der Philosophie sein muß, von dem endlich in all seiner Abstraktion begriffenen Konzept und seiner unendlich verheerenden Außenwirkung wieder einen Rückweg in die lebendi-

2 Ebd., S. 432.
3 Ebd., S. 436.

gen Verhältnisse einer ursprünglicher und zugleich endgültiger verstandenen Menschheitsgeschichte zu finden.

Man kann sicher Luhmann und anderen Hegelverwertern wie bspw. Derrida und Foucault vorwerfen, sie bedienten sich eines Anachronismus, wenn sie Hegels Lehre vom Begriff mehr oder weniger umstandslos mit dem selbstreferentiellen Prozedieren von Zeichencodes gleichsetzen. Dennoch erscheint dabei zumindest die kritische Komponente gut getroffen, die auch Hegel bereits im Auge hat, wenn er einerseits feststellt, daß die „absolute Freiheit" und ihre allgemeine Umsetzung zweierlei miteinander verbinden: auf der einen Seite einen Übergang von einer vormaligen Weltreferenz der Begriffs-Strukturen zu einer vollkommenen Selbstreferenz, so daß das einzige, worauf die gedankliche Welterfassung noch zielt, nur sie selbst als eine autonome, ‚für sich' bestehende Welt reinen Denkens und ihrer Gedanken ist; auf der anderen Seite und als Folge davon eine vollkommene Gleichgültigkeit der Begriffs-Strukturen gegenüber einer Welt, die sie einstmals nur ordnen sollten, jetzt aber wegen ihres neuen Selbstbewußtseins selbst ausmachen. Der Nachhall dieser Abkehr ist ja in aller wünschenswerten Klarheit bei Luhmann mit dem ersten und einzigen neuen Grundsatz aller Philosophie ausgesprochen: „Es gibt selbstreferentielle Systeme"[4] – Punkt, denn ansonsten ist gar nichts anderes mehr wirklich. Die Dramatisierung jener Gleichgültigkeit der Begriffe gegenüber der Welt in dem erstaunlichen Prozeß einer Revolution wie der Französischen führt dann zu dem, was man mit Giorgio Agamben als durchgängige Linie abendländischer Barbarisierung beschreiben kann. Sie hat ihren Anfangspunkt in der reinen Selbstverwaltung der Zeichensysteme und ihren Endpunkt in der Lagerverwaltung der Welt, die dann in der unüberbietbaren Unmenschlichkeit der Konzentrationslager endet – und Agambens Punkt ist es natürlich, die Heillosigkeit jener Durch- und Endverwaltung menschlicher Angelegenheiten nicht mehr nur in den Straflagern totalitärer Regime anzusetzen, sondern in unser aller Alltag. Die ganze Welt ist dann ein Lager, für deren pervertierte Form mensch-

4 Vgl. Luhmann, Soziale Systeme. Grundriß einer allgemeinen Theorie. Frankfurt am Main 1993, S. 31.

licher Zivilisierung die Hegelsche Feststellung allgemeinverbindlich wird: „das einzige Werk und Tat der allgemeinen Freiheit ist daher der *Tod*, und zwar ein *Tod*, der keinen inneren Umfang und Erfüllung hat". Denn schon der Umstand, daß wir für Agamben bereits als Kinder einer solchen Moderne allesamt als Lagerinsassen geboren werden, bedingt, daß das, „was negiert wird, (...) der unerfüllte Punkt des absolut freien Selbsts" ist. Wir sind, wie es zuletzt bei Agamben heißt, Menschen „ohne Inhalt" [5]. Und so wird die Welt schließlich wüst und verwaist unter einem zur endgültigen Herrschaft gelangten System der Codes und Zeichen. Auf der einen Seite gibt es nur noch die „souveräne Macht", auf der anderen Seite „das nackte Leben"[6].

Passend dazu vollzieht in der Tat auch schon Hegel seine historische Herleitung solchen systemischen Selbstbewußtseins entlang zweier Achsen. Zum einen geht er von einer medialen Abwärtsbewegung aus, die von der Transzendenz zur Immanenz der Sinnverhältnisse übergeht. Sie setzt dabei zuerst christlich-neuplatonisch bei einem transzendenten Einen[7] an („die Welt der Geistigkeit, die hier beginnt"[8]), das uns nur durch bloße begriffsnegierende Spekulation oder im Medium einer Mystik zugänglich ist. Im Protestantismus wird sehr viel später dann die mediale Schwelle zur Wortwerdung der Wahrheit überschritten („das Prinzip des freien Geistes ist hier zum Panier der Welt gemacht"[9]). Schließlich dringt mit Rousseau die gesellschaftliche und weltpolitische Konkretisierung bis in die unmittelbare Lebenspraxis ein („die Welt ist ihm [dem Geist, M.G.] schlechthin sein Wille, und dieser ist allgemeiner Wille"[10] – also im rousseauschen Klartext: eine durch Gesellschaftsvertrag sich etablie-

5 G. Agamben/A. Schütz, Der Mensch ohne Inhalt, Berlin 2011.

6 G. Agamben, Homo sacer. Die souveräne Macht und das nackte Leben, Frankfurt am Main 2002.

7 Exemplarisch nachvollzogen bei J. Halfwassen, Hegel und der spätantike Neuplatonismus. Untersuchungen zur Metaphysik des Einen und des Nous in Hegels spekulativer und geschichtlicher Deutung, Bonn 1999.

8 G.W.F. Hegel, Vorlesungen über die Geschichte der Philosophie II, in: ders., Werke in zwanzig Bänden, a.a.O., Bd. 19, S. 413.

9 G.W.F. Hegel, Vorlesungen über die Philosophie der Geschichte, in: ders., Werke in zwanzig Bänden, a.a.O., Bd. 12, S. 417.

10 G.W.F. Hegel, Phänomenologie des Geistes, a.a.O., S. 432.

rende ‚volonté générale'). So durchläuft das neue Systemdenken drei Stadien, in denen es immer weiter konkretisiert wird, bis es im politischen Alltag angekommen ist.

Möglich wird diese Bewegung von der Transzendenz zur Immanenz und von der spekulativen Mystik über die Offenbarung im Wort zur philosophischen zwingenden Methode durch die Entwicklung entlang einer zweiten Achse, die schon vom Medium des Begriffs ausgeht und diesen von einer Leerform ausgehend sich mehr und mehr anreichern sieht. Dies solange, bis alle alten Weltverhältnisse darin angemessen abgebildet werden können. So ist wiederum die Gesamtbewegung der *Phänomenologie des Geistes* nichts anderes als der Nachvollzug solcherlei sukzessiver und struktureller Anreicherung des Begriffs mit Inhalten, die er nun vernünftig fassen und erfassen kann. Und so vollzieht sich ein sukzessiver Welt-Aneignungsprozeß, in dem der Begriff nicht nur ‚an sich' etwas Wahres ausdrückt, sondern diese Wahrheit auch in der Welt benennen und begrifflich konturieren kann, so daß er im Spiegel jener Korrespondenz die Wahrheit auch ‚für sich' namhaft machen kann. Ist es der Fall, daß die Philosophie eine solche Entwicklung entlang der beiden Achsen von Transzendenz und Immanenz wie von einer Abstraktion des Begriffs zu seiner welthaltigen Konkretion bis zu einem unüberbietbaren Ende nachvollziehen kann, ist der Punkt erreicht, an dem die Wende von einer *Weltdurchdringung* zu einer *Selbsterhebung* des Begriffs vollzogen und der Begriff zum alleinigen *Wirklichkeitsgenerator* und folglich ausgestattet mit dem Anspruch einer „absoluten Freiheit" wird.

II. Vom Subjekt zur Substanz

Von diesem Moment an der Verselbständigung eines systemtheoretischen Geistes, der wie im orientalischen Märchen der Flasche entwichen scheint, ist es die Aufgabe der Philosophie, ausgehend von der „absoluten Freiheit" und dem „Schrecken" einen Rückweg zu finden von einer Herrschaft der Codes als einer Schreckensherrschaft zu einem neuen, humanen Code der Herrschaft. In ihm mußten für Hegel die alten, genauer die antiken Menschheitsideale wiederaufleben können, wie sie in der Vorstellung einer gleichsam naturwüchsigen ‚Substanz‘ der Dinge und der menschlichen Lebensverhältnisse gleichermaßen für die Philosophie handgreiflich wurden. Im späteren 19. Jh. hätte man den Lebensbegriff für die Charakterisierung solch substantieller Verhältnisse herangezogen, Hegel denkt noch an klassischere Ideale, wie sie seit Winckelmann in der Ästhetik Gehör fanden, an politische Ideale, wie sie von Hölderlin bereits einen romantischen Anstrich bekommen hatten, ausgehend von einer rousseauistisch inspirierten Begeisterung für den Geist der antiken Stadt-Republiken – jedoch dies alles bei Hegel noch versehen mit einem harten methodischen Kern einer freundschaftlich (Hegel sagt christlicher: versöhnlich) und politisch (Hegel sagt objektiv geistig) grundmotivierten Zielausrichtung allen Gemeinsinns.

Hegel rechnete ganz offenbar bereits mit einem Umschlagphänomen. Er mutmaßte, daß nach der vollkommenen Weltdurchdringung und dem einen revolutionären Moment einer absoluten Selbstbezogenheit der reinen Begriffssphäre – die nach Kant dann das weltkonstituierende transzendentale ‚Subjekt‘ genannt werden durfte und für alles Weitere so abgekürzt werden darf – das Pendel zurückschlägt und die Codes aus sich wieder eine Welt entlassen, wie sie sie einstmals vorgefunden haben, nur eben jetzt begrifflich durchdrungen und damit zugleich auf einen notwendigen Begriff gebracht und damit schließlich für alle aufgeklärten Geschichtsbetrachter einsehbar. Der Sendbote jenes Umschlags von ‚absoluter Freiheit‘ zur Freiheit eines Absoluten, das zum Inbegriff aller verstehbaren wie neu versöhnten Weltverhältnisse wird, ist für die Gegenwart Hegels dann die Ausnahmepersönlichkeit Napoleon: er „steht so hoch und ist ein so umfassender Geist“[11], daß er zu den „welthistorischen Individuen“ gezählt werden darf, die Hegel „als die Geschäftsführer des Weltgeistes“[12]

---

11 G.W.F. Hegel, Vorleslungen über die Ästhetik II, in: ders., Werke in zwanzig Bänden, a.a.O., Bd. 14, S. 412.

12 G.W.F. Hegel, Vorlesungen über die Philosophie der Geschichte, a.a.O., Bd. 12, S. 46.

gelten. Er gehört zu den „großen Menschen in der Geschichte, deren eigene partikuläre Zwecke das Substantielle enthalten, welches Wille des Weltgeistes ist“[13]. Und das „Substantielle“ zeigt sich dann für Hegel in der welthistorisch zu verstehenden Dialektik, daß aus dem Eroberungsfeldzug Napoleons durch Europa hindurch, mit all der Verlängerung des Schreckens der Französischen Revolution im Ausgriff auf die ganze (damals noch allein in Europa als relevant angesehene) Welt, zugleich und über Nacht eine neue Sozialordnung sowie der Zwang zu einer vernünftigen Reorganisation staatlicher Institution resultieren mußte. Die neue Sozialordnung, die den zivilen Angelegenheiten der Bürger eine neue und vernünftige, zugleich aber auch ihre wahren Bedürfnisse ordnende Form geben sollte, sah Hegel dementsprechend in der Hinterlassenschaft Napoleons, die dieser im von ihm selbst verfaßten ‚Code civil‘ in den eroberten Gebieten durchgesetzt hatte und der auch nicht mehr abgeschafft wurde, als die Restauration einsetzte (und bis heute ja immer noch Grundlage bspw. des deutschen Zivilrechts ist). Die neue Staatsordnung sieht Hegel im preußischen Staat, wie er als Reaktion auf die französische Fremdherrschaft gerade eben auch wiederum jenen substantiellen Vernunftanteil übernommen hat, der aus der in Frankreich ausgehenden Vernunftbewegung in eine beruhigtere Zeit gerettet werden konnte.

Die weitere Geschichte, wie sie ausgehend von dieser Hegelschen Diagnose einer plötzlichen Versöhnung nach einer momentanen und für den Augenblick absolut erscheinenden Schreckensherrschaft der Vernunft zur anschließenden Kulturkritik führt, ist dann für uns heute leicht absehbar.

Einerseits nämlich sollte Hegel vollkommen recht behalten. Auf der staatlichen Ebene war mit den neuen begrifflichen Standards vernünftiger Institutionen das Eichmaß gesetzt, an dem sich bis heute alles Folgende hat messen lassen müssen: Vorstellungen der Menschenrechte wie der Teilhabemöglichkeiten, der Rechtssicherheit wie einer demokratischen Mitbestimmung, einer Vernunftverfassung wie einer vernünftigen Verfassungstreue haben sich so sehr als einsichtig,

---

13 Ebd., S. 45.

verbindlich und unüberbietbar erwiesen[14], daß nicht umsonst schon früh im 19. Jh. und bei Tocqueville prominent die Rede von einer „Posthistoire"[15] aufkam – und daß wir seitdem im Zeitalter einer Posthistoire leben, zeigt sich eben daran, daß es ganz offenbar keine neue Geschichte der demokratischen Standards mehr geben kann und dementsprechend kein Ereignis, das als Zäsur für eine neue Epoche gelten darf. Bekanntlich wollte ja selbst in den Zeiten der größten ideologischen Gegensätze in der Frage unserer Geschichtsbetrachtung aus staatlicher Sicht, also während des kalten Krieges, kein Staat es versäumen, wenigstens im Namen, und somit pro Forma in der Verfassung, sich den Anstrich von Demokratie oder/und einer rätetechnischen Mitbestimmung zu geben.

Andererseits konnte Hegel jedoch nicht rechtbehalten, was seine Hoffnung auf Versöhnung in den neuen und begrifflich modernisierten Lebensverhältnissen angeht. Denn er konnte oder mochte nicht sehen, daß ‚unterhalb' der nun reflektierten und ausdifferenzierten Gestaltungsverhältnisse einer staatlichen Grundverfassung und damit ‚unterhalb' des Bereiches, in dem eine historisch durchreflektierte Begrifflichkeit die einstmalige Substanz des Politischen angemessen modellieren und zugleich modernisieren konnte, daß also unterhalb jener Versöhnung von Substanz und Begriff im Staat die Modernisierung im Gesellschaftlichen und unmittelbar Lebensweltlichen erst an einem entscheidenden Anfang stand. Im Rückblick kann es so scheinen, als habe Hegel das historische Schwungholen einer im 19. Jh. Fahrt aufnehmenden Ausdifferenzierung der neuen Steuerungsmedien in Wirtschaft, Gesellschaft und Kultur womöglich mit ihrem gemächlichen Auslaufen verwechselt. Jedenfalls ist klar, daß er die einsetzende Rationalisierung und damit die Neustrukturierung der Arbeitswelt, der staatlichen Verwaltung, der ‚Sittlichkeit', wie er die Moralsphäre nannte, der Technik und ihrer

---

14 Auch wenn man freilich zu Recht darüber streiten kann, ob Hegels Formulierung in dem Zusammenhang als die endgültige Fassung gelten darf – die frühe Polemik gegen seine Vorstellung einer konstitutionellen Monarchie bspw. hatte historisch sicher Recht.

15 A. de Tocqueville, Über die Demokratie in Amerika, hg. von Jacob P. Meyer, München 1976.

wechselseitigen Stützung oder Verwerfung nicht als solche wahrgenommen oder akzeptiert hat, und klar ist auch, daß er den Vorwürfen von Marx, Max Weber, Nietzsche, Heidegger, Gehlen und den vielen anderen Kulturkritikern nichts entgegenzusetzen hätte, wenn er erführe, daß er jene substaatliche Sphäre unversöhnter Lebensverhältnisse in ihrer Relevanz für das substantielle ‚gute' Leben im Staat vollkommen unterschätzt hatte. So wie Marx schon in den 1840er Jahren feststellen konnte, daß die staatliche Politik eigentlich in der Ökonomie bestimmt werde, wie Max Weber es verstand, daß sich die staatliche Gestaltung politischer Verhältnisse in dem Aufbau starrer betrieblicher Verwaltungsstrukturen erschöpft, wie Nietzsche die Sitten im Korsett viktorianischer und wilhelminischer Moralvorstellungen gefangen sah und Heidegger unsere Naturverbundenheit im Schwarz-Weiß einer Neuen (technischen) Sachlichkeit: so wurde immer wieder und aufs neue eine Emanzipation und Ausdifferenzierung der für Hegel noch ‚subalternen' Begriffs- und Gestaltungsverhältnisse zum Verhängnis einer aus seiner Sicht bereits abgeschlossenen geglaubten generellen Versöhnung von Mensch und Moderne.

Und in dieser Engführung einer Hegelschen Versöhnungsvision und der Einwände der Nachfolger ist dann auch klar, wie die zuvor geschilderten Kulturkonter sukzessive zuerst in Form eines historischen *Erinnerungsprogramms* konzipiert wurden: Es sollte der Weltgeist, wenn man für einen Augenblick noch weiter so sprechen sollte, daran erinnert werden, was auch alles an vergangenen sozialen Idealen in ihn eingegangen war und nun von ihm der Menschheit nicht wieder zurückgegeben wurde; dann in Form eines *Ernüchterungsprogramms*, in dem man an der Vorstellung weltgeistiger Versöhnungsverhältnisse überhaupt zu zweifeln begann, woran sich konsequent ein *Verzweiflungs-* und dann *Aufgabeprogramm* als weitere und letzte Steigerung dieser Ernüchterung absehen ließen. So lassen sich jedenfalls die zuvor geschilderten Verlaufslinien der Kulturkritik mit dem Hegelerbe erst einmal kritisch vereinbaren.

Geschichtszeichen 1989 – 2011

Der Grundgedanke, wenn jetzt von einer Gedankenbrücke zwischen 1789 und 1989 sowie zwischen 1989 und 2011 die Rede ist, ist natürlich aus Hegelscher Rücksicht eine Verlängerung des Versöhnungsgedankens. Und die Grundthese wäre dann, was damals für die staatliche Verfassung im Sinne einer Welt gewordenen Vernunft galt, soll nun für die substaatliche Verfassung der Lebenswelt und ihrer medialen Formen der Rationalisierung gelten. Zwei Modifikationen sind demnach anzubringen:

- erstens eine Übertragung des Feldes der Bewährung der Philosophie von einer politischen Sphäre der Hegelschen Begriffs-Dialektik auf eine soziale Sphäre einer medialen Lebensweltkodierung;
- zweitens eine Übertragung der Methode der Philosophie von einem Idealismus der Begriffe und ihrer spekulativen Fortschreibung zu einem Realismus der Codes und dessen technisch-praktischer Fortentwicklung.

Betrachtet man aber zuerst das Phänomen, das aus meiner Sicht eine unübersehbare Evidenz für die hier vorgestellte These abgeben kann, dann ist schnell einsichtig, warum es bislang noch (aus der neuen, hier vorgestellten Sicht) mißverstanden wurde, vielleicht mißverstanden werden mußte. Denn alle Deutungen, die sich im kulturkritischen Diskurs tatsächlich Gehör verschaffen konnten, hatten die zuerst genannte Umstellung der Betrachtung noch gar nicht vollzogen. Es schien also, um konkreter zu werden, als müsse die historische Zäsur von 1989 im Fall der Mauer und des Zusammenbruchs der sozialistischen Systeme immer noch als die späte Konsequenz einer Aufklärung auf politischem Verfassungsniveau angesehen werden. 1989 war demnach philosophisch prinzipiell gleich zu behandeln wie 1789, und zu feiern gab es, wenn überhaupt, dann nur, daß die sozialistischen Regime aufgegeben hatten und damit auf den Verfassungsstatus der Moderne überwechseln konnten, wie er durch die Kriterien der Einhaltung von Menschenrechten und so weiter lange schon und gültig definiert war. Jürgen Habermas hatte in diesem

Sinne auch sogleich das Stichwort von einer *nachholende(n) Revolution* geprägt[16]. Es kam demnach hier philosophisch gar nichts Neues ins Spiel, es wurde vielmehr nur eine 200 Jahre alte Einsicht wiederholt und mit einer solchen Verspätung eben noch einmal und erneut verwirklicht. Auch die andere, philosophisch nachhaltig wirkende Stimme im Kommentar der Revolutionsereignisse wollte eigentlich nur dies bestätigen, nicht zuletzt unter Berufung auf Hegel. So jedenfalls verstand sich Francis Fukuyama, als er seine Erzählung vom „Ende der Geschichte“[17] noch um die Achse eines „struggle for recognition“[18], also einen Kampf um Anerkennung drehen ließ und die liberale Demokratie und ihrer freiheitlichen Verfassungsgrundsätze als das Telos der Geschichte ausgab. Die Revolution von 1989 war so ihrem Wesen nach nichts mehr als ein Anachronismus der Geschichte, ein nachgetragenes Postskript einer Posthistoire.

Aber, da wir noch bei Hegel sind, gilt auch dessen Einsicht, daß in der Weltgeschichte Ereignisse zweimal stattfinden müssen, damit, wie er meint, es klar wird, daß es beim ersten Mal kein bloßer Zufall war und man womöglich doch noch so weiter machen könnte wie bisher, und man demnach versteht, daß schon mit dem ersten Auftreten eines Ereignisses ein prinzipieller Einschnitt verbunden war. So wird nach den Umbrüchen von 2011, die unter dem Titel des ‚Arabischen Frühlings‘ verhandelt werden, erstens einsichtig, daß die Revolutionen von 1989 nicht mehr nur ein Nachtrag der Französischen Revolution waren, die sie ja auch im Datum durchaus spiegeln, sondern vielmehr eine neue Qualität aufweisen, die zugleich in die Geschichte vorausdeutet. Und zweitens wird einsichtig, daß diese neue Qualität der Revolutionen eine solche ist, die sich in erster Linie auf die sozialen Belange und dabei vor allem auf die herrschenden kulturellen Codes richtet, die dann jedoch in den Revolutionen auf eine ganz erstaunliche Weise in ihrer Herrschaft unterlaufen werden. Geht man vom Blockdenken als dem leitenden kulturellen Phänomen aus, das historisch auf dem Spiel steht,

16 J. Habermas, Die nachholende Revolution, a.a.O.
17 F. Fukuyama, The End of History and the Last Man, a.a.O.
18 Ebd., S. XIII.

dann war 1989 das Datum, in dem der Ost-West-Gegensatz aufgelöst wurde, und 2011 das Datum, an dem ebenfalls ein Ost-West-Gegensatz aufgelöst wurde. Im zweiten Fall war aber schon im öffentlichen Bewußtsein verankert, daß jenes Blockdenken nicht mehr als eines der *politischen*, sondern vielmehr als eines der *religiösen* Gegensätze angesehen werden mußte, und wer nach den dazugehörigen und öffentlichkeitswirksamen Formeln sucht, wird mühelos bei Samuel Huntington und seinem inoffiziellen Dekadenmotto eines „clash of civilizations"[19] fündig, gültig für die 1990er Jahre, und natürlich anschließend an diesen Kerngedanken dann in der offiziell ausgesprochenen Kampfansage der Nuller-Jahre im „war on terrorism" nach 2001. Am Ursprung eines solchen ‚Kampfes der Kulturen' standen dann freilich auch schon nicht mehr ideologische Unterschiede, die eine formale Verfassung eines Landes oder eines länderübergreifenden Bündnisses betreffen, sondern vielmehr ideologische Unterschiede, die unterhalb jener institutionellen Schwelle davon ausgingen, daß es besondere Lebensstile sind, die einander so unverträglich erscheinen, daß schon eine bloße Koexistenz der divergenten Stile im Konflikt enden müßte. Es geht in dem hier geschilderten Zusammenhang dann auch gar nicht darum, festzustellen, wie die tatsächlichen Bedingungsverhältnisse einer solchen Opposition von Ost und West (bei Huntington freilich inneramerikanisch angegangen eher als Gegensätze von Nord und Süd oder lateinisch und protestantisch) korrekt verstanden werden müssen; festzuhalten bleibt alleine, daß hier die kulturellen Unterschiede als solche erschienen und gewertet wurden, und dies offenbar auf beiden Seiten der Kontroverse, die in kultureller Hinsicht als ‚fundamental' gelten sollten. Und was für unsere Zusammenhänge als entscheidend gelten darf ist dann der Umstand, daß der dazugehörige Fundamentalismus wiederum in der Analyse wenigstens nicht aus einer mit Hegel gesprochen eingelebten und lange tradierten ‚Sittlichkeit' heraus genährt wurde; vielmehr erschien es so, daß die neuentstandenen Religiositäten und noch mehr die sich an sie anschließenden Fanatismen umge-

19 S. Huntington, The Clash of Civilizations and the Remaking of World Order, a.a.O.

kehrt als die bloßen Produkte einer Wieder- oder Neuerfindung von religiösen Kulturen erschienen, die es so zuvor noch gar nie gab, nie vorhergesehen waren und von den vermeintlichen Kulturgründern, auf die man sich offiziell berief, auch in keiner Weise hätten gutgeheißen werden können. Der Kürze halber verweise ich für alle hier zu ziehenden Entwicklungslinien auf Peter Sloterdijks Analyse von *Zorn und Zeit*[20]. Sloterdijk führt darin die historische Herkunft der neureligiösen Fundamentalismen auf einen grandiosen Fehllauf der Postmoderne zurück. So hätten die ideologischen Bewegungen, die seit dem Ende des 19. Jh.s das (schon von Hobsbawm so titulierte) ‚Zeitalter der Extreme' beherrscht hätten, die falsche historische Abzweigung genommen: nicht zu jener spielerischen Postmoderne, die sich liberalistisch gibt und in der sich alle politischen Agenten zu kreativen Künstlern entwickeln, sondern umgekehrt zu einer terroristischen Postmoderne, in der die politischen Agenten zu Virtuosen der Anarchie werden. Wo die Psyche oder der ‚Thymos' des Menschen nicht in der Lage ist, Kunst-Werke hervorzubringen, geht es dann nur noch darum, Kunst-Werke zu zerstören. Beiden gemeinsam und damit der Zug der Zeit schlechthin ist es aber, daß der Gegensatz der Kulturen sich überhaupt nur der vollkommenen Künstlichkeit der Kultur-Werke und damit auch der Kultur-Werte verdankt, in jedem Falle also eine Generation von kultureller Wirklichkeit einzig und alleine aus dem Ausbuchstabieren kultureller Quell-Codes erfolgen kann. Auf der einen Seite steht dann als westliches Gründungsdokument Nietzsche, auf der anderen, östlichen Seite, dessen Zarathustra, der jedoch vom Redakteur des Korans und noch mehr von dessen fundamentalistischen Ausdeutern gründlich mißverstanden wurde.

Als die eigentliche und geschichtsträchtige Lektion des arabischen Frühlings kann es freilich heute bereits angesehen werden, daß der von der Postmoderne noch als absolut und wegen der Herrschaft ihrer Codes gerade noch unüberwindlich scheinende Blockgegensatz über Nacht wenigstens von den Revolutionären einfach auch

20 P. Sloterdijk, Zorn und Zeit. Politisch-psychologischer Versuch, Frankfurt am Main 2006.

einmal vergessen werde konnte. Und als maßgeblich für ein solches produktives Vergessen kann wiederum der Umstand gelten, und man möge hier die Emphase wie auch das Bestehen auf einer hier noch notwendigen Wiederholdung des Argumentes verzeihen, daß die kulturelle Leitkodierung eben nicht mehr einer unidirektionalen und medialen ‚one-to-many'-Vorgabe gefolgt ist, wie sie gleichsam vorbildlich in der vorgeschrieben Rezeptionshaltung religiöser Grundtexte noch vorgesehen ist und auf diesem Wege allererst zu einer kulturellen Blockbildung geführt haben konnte. Vielmehr scheint eine politische und kulturelle Öffnung möglich geworden, indem sich das neue Leitmedium durchlässig gezeigt hat und aus der vorgeschriebenen Rezeptionshaltung nun eine Kommunikationshaltung im Sinne einer bi- oder pluridirektionalen Verständigung werden konnte, die zuletzt eine neue Verständigung auch zwischen den Kulturen zumindest möglich macht. Das Netz kennt in letzterer Hinsicht ja in der Tat keine Grenzen, und was in ihm zur Sprache kommt oder anschaulich wird, muß sich eben nicht mehr in einem ‚one-to-many' Medium artikulieren, wie es die Stimme irgendeines Propheten artikuliert und auch zugleich verabsolutiert, da auch jede Widerrede geschweige denn eine Verbesserung ausgeschlossen ist. Auch wenn die medialen Veränderungen immer noch unspektakulär erscheinen mögen, weil die Netz-Technik im Zuge ihrer Perfektionierung als Hilfsmittel nahezu unsichtbar oder zumindest unauffällig geworden ist und in ihrem Gebrauch einen beinahe alltäglich erscheinenden Echtkontakt ohne Zeitverzögerung wie noch in der Brief- und sogar noch der FAX-Kultur möglich macht, sollte man sich doch deren erstaunlichen Wirkungen intellektuell nicht verschließen. Im Lichte einer Umstellung zu den neuen Kommunikationsverhältnissen hat nämlich das Netz-Medium nicht nur einfach das Interaktive und Spontane im Schrift- und Sprachverkehr wieder zugelassen, sondern damit auch zugleich eine zuvor kaum für möglich gehaltene Überwindung traditioneller Buch-Kulturgrenzen möglich gemacht – oder zumindest den Startschuß dazu gegeben, keiner von uns weiß ja in Wahrheit noch, wie sich die Entwicklung in naher Zukunft tatsächlich gestalten wird.

Viele werden sich erinnern, schon 1989 hatte man in der Suche nach den tieferen Gründen der weltpolitischen Wende gemutmaßt, es seien nicht die hehren Ziele der Aufklärung gewesen, die die Menschen jenseits des eisernen Vorhangs dazu bewegt hätten, die ideologischen Fesseln abzuschütteln und sich mit einem neuen Selbstbewußtsein den kommunistischen Machthabern entgegenzustellen. Nicht also der Wunsch nach einer ‚nachholenden Revolution', in der man sich die Errungenschaften westlicher Demokratien auf dem Niveau der Menschenrechte, der Reisefreiheit, der Rechtssicherheit und so weiter aneignen konnte, sei maßgeblich für die historische Veränderung gewesen, sondern vielmehr der dauernde Einfluß des Westfernsehens, in dem ständig Konsumversprechen gemacht wurden, die jenseits der damaligen Zonengrenze nicht gehalten werden konnten. Absehbar war das natürlich zuerst selbst nur ein ideologisches Argument, das in einer grundsätzlichen Sympathie für die sozialistische oder kommunistische Idee formuliert wurde und besagen mußte, daß es, wenn überhaupt, dann die falschen Gründe waren, die zum Ende des realsozialistischen Experimentes geführt hätten.

Freilich sieht sich aus heutiger Perspektive einer nun 20jährigen Erfahrung mit der Wiedervereinigung Deutschlands dieselbe Sache in einem ideologisch entspannteren und zugleich den historischen Tatsachen günstigeren Licht auch noch einmal anders an. Denn nun scheint es eher nachvollziehbar, daß natürlich der Wunsch nach einer Öffnung zum Westen nicht alleine mit staatstragenden Argumenten und einer ideologischen Opposition zu der allgegenwärtigen kommunistischen Propaganda motiviert werden konnte: es waren im Vergleich zu 1789 womöglich in der Tat nicht die Rufe nach einem Vernunftstaat und einer Vernunftrechtsordnung, die die lautesten waren – dazu hatte ja der Kommunismus in seiner Eigenwerbung wohl auch immer schon sich auf dieses Erbe berufen – und: die Argumentation hätte hier schnell ins Detail gehen müssen, und das wäre bei den Montagsdemonstrationen womöglich das falsche Signal gewesen. Vielmehr scheint es so zu sein, daß hinter der als Vorwurf formulierten Feststellung, die West-Medien seien schuld an der ostdeutschen Unzufriedenheit gewesen, schließlich eine tiefere historische Wahrheit steckt. Jene Wahrheit nämlich, daß es auch 1989 bereits die Folge einer an politischen und ideologischen Grenzen nicht haltmachender Kulturverständigung war, die den Zugriff einer Propaganda im Sinne einer diskursgenerierten Formung von Mentalitäten entscheidend aufgelockert hat. Worum es damals primär ging, war also die *soziale Frage nach zeitgemäßen Lebensstilen* weit mehr als die ideologische Frage, wie man die Errungenschaften der französischen Revolution in der Umformulierung der eigenen Verfassung angemessen wiedergeben könnte. Viele gingen anfangs ja noch davon aus, daß es immerhin noch möglich wäre, durch einen bloßen Umbau des Sozialismus den verfassungstechnischen Anschluß an den Westen zu gewinnen. Jedoch schien der Druck, der von einer ‚Angleichung der Lebensverhältnisse' ausging, wie es damals hieß, der viel mächtigere zu sein. Und im vorliegenden Zusammenhang wäre es wieder sinnvoll anzunehmen, daß auch nicht so sehr die bloßen sozialen Fakten wie die Höhe der Einkommen und der sozialen Versorgungsdichte im Nachhinein als maßgeblich erschienen, sondern wiederum ein Übermaß an der kader-technischen Reglementierung und Bevormundung im Alltäglichen schon bei der Grundversorgung, wie auch im gesellschaftlichen Leben und seiner Planwirtschaft hinsichtlich der Karrieren und des gesamten öffentlichen Lebens. Denn jenes Übermaß konnte eben nur dann als ein solches spürbar und verstehbar werden, als eine Form der Kommunikation und zugleich der Kooperation über Distanz hinweg denkbar wurde, wie sie durch die Berichterstattung bspw. über die damaligen Montagsdemonstrationen diesseits wie jenseits der politischen und ideologischen Schranken überhaupt erst nachvollziehbar und sympathisch zu begleiten war. Und es mag auf der Linie einer solchen Erdung der Motivationen in einer möglich gewordenen Kommunikation liegen, die vor allem eine mögliche Kooperation verspricht, daß der Akzent der Haupt-Parole jener Montagsdemonstrationen in Leipzig sich so konsequent von der Feststellung ‚Wir sind das Volk' – als einer Antwort auf die Legitimitätsfrage der staatlichen Einrichtung – auf die vorgreifende Feststellung ‚Wir sind ein Volk' verlagerte, die man als eine Antwort auf eine über jedes Medium hinausweisende politisch-praktische Gemeinschaftsbildung verstehen kann. Was sich 1989 ereignet hat, war aus heutiger Sicht die Auflösung eines Blockdenkens, aber primär nicht eines Blockdenkens der *politischen Ideologien* – sondern vielmehr eines Blockdenkens, das es mit *kulturellen Stilen* zu tun hat. Und die Auflösung eines solchen Blockdenkens hat dann wesentlich mit dem Ende des Glaubens an die Macht der Codes zu tun, deren Zensur und parteiische Reglementierung angesichts liberalerer Formen der Gemeinschaftsbildung und bedürfnisorientierter Lebenspraxis überwunden werden mußten.

Idealismus – Realismus

Hat man sich einmal mit solcherlei Betrachtungen auf eine geschichtsphilosophische Perspektive eingelassen, muß noch ein methodischer Nachtrag erfolgen. Es könnte ja scheinen, daß hier im Grunde nur der deutsche Idealismus ein neues Lob erfährt und der Hegelschen Dialektik nach einem historischen Intermezzo im 19. Jh. und 20. Jh. nun im 21. Jh. noch einmal Entscheidendes zugetraut werden soll. Und dann hätte man sogleich wieder mit allen Beweislasten zu kämpfen, die seit 200 Jahren dem Idealismus und Optimismus einer philosophischen Geschichtsbetrachtung nach Hegel zugemutet werden und bekanntermaßen nur schwerlich oder gar nicht gehalten werden können.

Freilich ist nach der Beschreibung der historischen Phänomene auch bereits absehbar, daß der klassische Idealismus der Begriffe wie auch ihre spekulativen Fortschreibung hier längst einem Realismus der Codes und deren technisch-praktischer Fortentwicklung gewichen ist. Denn wo in einer idealistischen Geschichtsphilosophie noch der Dialektik der Begriffsbewegungen aufgrund ihrer internen Entwicklungslogik und somit ihrer begriffs-genetischen Zielausrichtung geglaubt werden mußte, an dieser Stelle verdankt sich die hier nachvollzogene Entwicklung erst einmal nur der Kreuzung zweier technisch-praktischer Entwicklungslinien. Oder strategischer und einfacher gewendet: die hier vorgestellte Dialektik wird nicht mehr von den Begriffen allein und unter sich ausgemacht, gemäß einer als rein postulierten Begriffslogik, sondern bleibt auch als Gedankenfigur nachvollziehbar an dem konkreten und praktischen Umgang mit den Welttatsachen – und so moderiert sich dann auch der Übergang von einem Idealismus zu einem Realismus der philosophischen Betrachtung an. Jene Konkretion vollzieht sich dann so, daß man ansetzen muß: auf der einen Seite, jener der Begrifflichkeit, an der Einsicht in einen technischen Fortschritt medialer Formen der Kommunikation und Verständigung; auf der anderen, der lebenspraktischen Seite, an einem mit diesem Fortschritt verbundenen und ursprünglichen Praxis- und Weltbezug. Lange Zeit schien es nun so, daß die von der Kulturkritik herausgearbeitete Eigenlogik der technisch-medialen Sphäre das letzte Wort in der Sache sein müßte. Nun hat es umgekehrt den Anschein, als sei das Tor zu einer Rückbettung des Technischen ins Lebenspraktische wieder aufgestoßen und eine neuerliche Erdung von Technik in Praxis auch umsetzbar.

Freilich ist auch eine solche General-These nicht ohne einen konzeptionell verläßlichen Vorläufer zu denken, und hierbei ist es besonders Heideggers früher Existentialismus, der die Frage nach einem Rückbezug der Technik auf ein sinnvolles Dasein des Menschen aufgeworfen hat. Heideggers Phänomenologie geht zumindest noch in *Sein und Zeit* von zwei möglichen Konstellationen aus: einerseits einer als vollkommen gedachten Dominanz der Lebenspraxis über die Technik, andererseits einer auch wiederum vollkommen gedachten Dominanz der Technik über die Lebenspraxis.

Die erstere Option trägt ganz zwangsläufig romantische Züge, insofern sie uns nichts weniger als einen kulturkritisch angenommenen Naturzustand der Technik vorstellen will. In der Annahme eines solchen Naturzustandes versetzen wir uns gedanklich zurück in die systemisch geschlossene Sphäre eines Handwerks und damit in den technisch überschaubaren Raum eines Ateliers mit dessen noch abzählbaren Utensilien. Hierin sind alle technischen Utensilien als eingebunden gedacht in ihre praktische Handhabung und damit in ihren Gebrauch, und das sich daraus ableitende praktische Wesen der Dinge erscheint zuletzt zurückgebunden an die konkreten Zielvorstellungen, die mit einer bestimmten Handwerkspraxis verbunden ist. Heidegger nennt den Bedeutungs-Zusammenhang, der sich aus einer solchen Teleologie der Verwendung ergibt, die „Bewandtnis“[21], die es mit den Dingen auf sich hat. Aus jener Bewandtnis leitet sich dann eine Ontologie ab, die auf ein stabiles

21 M. Heidegger, Sein und Zeit, a.a.O., S. 83ff.

Wesen der Dinge schließen läßt, unter der Voraussetzung – die man wiederum als nichts anderes denn romantisch charakterisieren darf –, daß sich die Bewandtnis der Dinge nicht ändern kann, weil die Praxis, die ihr Bedeutung verleiht, selbst unvordenklich und mit dem Wesen des Menschseins oder seines ‚Daseins' verbunden scheint. Ein Hammer ist demnach immer zum Hämmern da, der Nagel dazu, eingeschlagen zu werden, das Holz, um mit beider Hilfe gezimmert zu werden, die Holzprodukte wie Bett und Stuhl und Tisch, um mit ihnen das zu tun, was man immer schon mit ihnen getan hat und immer wird tun wollen[22]. Die Gegenstände sind in ihrem praktischen Gebrauchs-Wesen – Heidegger sagt dazu „Zuhandenheit" – zeitlos, wie sie zugleich räumlich immer an den Raum der praktischen Welterschließung des Menschen zurückgebunden sind, mit Heidegger gesprochen, allein dadurch, daß sie ‚Daseins'-zentriert sind. Raum und Zeit und die Gegenstände werden demnach in einem praktischen Universum relativ auf die ursprüngliche Existenz des Menschen als in sich homogen und stabil angenommen.

Die zweite Option trägt ganz offensichtlich die Züge einer Faszination der Zwischenkriegszeit für das Daseins-Design der Neuen Sachlichkeit, die an den Oberflächen aller Dinge das Technische als das Moderne und Wesentliche der Dinge herausstellt. Als ein methodisches Gegenprogramm zu der Romantik des Ateliers verstanden wird hier davon ausgegangen, daß die Zentrierung von Raum und Zeit auf das Dasein und seine ursprüngliche Existenz aufgegeben wird und an die Stelle jener vormodernen Daseinsphysik die Einsicht in eine neue Relativitätstheorie tritt. Ihr zufolge ist es zeitgemäß zu denken, daß sich die technischen Gegenstände in einer neuerlich versachlichten Lebenswelt nicht als botmäßig gegenüber den klassischen existentiellen Zielen des Menschen zeigen, sondern umgekehrt der Gebrauch der Technik allererst jene praktische Zielausrichtung generiert, die zum modernen Dasein offenbar gehört. So ist mit der bloßen Gegenwart eines Utensils, um die neue Auslegung der Praxis in die Beispielwelt des Ateliers zurückzuübersetzen, noch lange nicht festgelegt, welche Bewandtnis es mit ihm hat, denn schon auf der Ebene der

---

22 Vgl. ebd., S. 66ff.

Haptik wie der Optik und aller weiteren ästhetischen Anmutung ist klar, daß die frühere „Zuhandenheit" der Dinge nicht mehr maßgeblich für ihr Auftreten ist, sondern der Neuen Sachlichkeit folgend ein vollkommen technisiertes Äußeres, das mit der Herausstellung seiner Technizität gerade jedes Vorurteil zurückweist, wozu genau und wozu zuletzt es gebraucht werden sollte. Womit es seine ‚Bewandtnis' hat, ist einem Utensil durch seine Anmutung – oder wie es heute phänomenologisch und anglophon aktualisiert heißt, seiner „affordance"[23] – nicht anzusehen und damit nicht vorherbestimmt. Und so stellt es schon rein äußerlich sich selbst nicht mehr in den Zusammenhang einer notwendigen Zielrausrichtung des Prozesses, in den es eingebettet ist und zu dessen Gelingen es beiträgt, sondern macht umgekehrt vielmehr eine Vielzahl von Verfahren denkbar, in denen das technische Gerät als technisches Gerät in vollkommen verschiedener Hinsicht eingesetzt werden könnte. Die radikalste Ausdeutung eines solchen Emanzipationsgedankens der Technik hatte Heidegger in der zeitgenössischen Kunst vor Augen. Denn spätestens mit den Ready-Mades Marcel Duchamps, das heißt mit der willkürlichen Rekombination technischer Gegenstände entgegen ihrer ursprünglichen Verwendungslogik untereinander oder aber der Befreiung eines Alltagsgegenstandes von allen Gebrauchsaspekten alleine durch seine ästhetische Adelung zum Kunstwerk wie im berühmten ‚Urinoir', war die Loslösung der technischen Utensilien von ihrer ursprünglichen Existenzbindung und der gleichzeitigen Generierung eines eigenen Bedeutungsraumes offensichtlich geworden. Jeder Gegenstand, sei er noch so banal und noch so tief eingelassen in unsere Alltagsroutinen, konnte damit zum Beispiel dafür werden, wie sich nicht mehr die Technik nach unseren eingespielten Bedürfnissen richtet, sondern in der Lage ist, eigene Begehrnisse zu wecken und das Dasein in ganz neue und ungeahnte Sphären seiner Existenz in der Moderne zu überführen[24]. Eine solchermaßen künstlerische Bedeutung einer Technik,

---

23 Siehe Fußnote 37.

24 Eine ausführliche Analyse eines Perspektivenwechsels existentieller Bedeutsamkeit im Spannungsfeld von Technik und Lebenswelt habe ich in der Monographie ‚Was der Mensch wirklich braucht', versucht, a.a.O.

die es bis ins Museum schafft, setzt sich dann weiter fort im Design, das uns jenes ästhetische Versprechen neuer Bedeutungsräume bis in den Alltag verlängert, und schließlich muß man mit Heidegger zuletzt jedem noch so banalen technischen Zugriff auf unsere Alltagsbelange unterstellen, daß mit ihm jeweils eine neue und eigene Sphäre der Weltgestaltung eingerichtet wird, im höchsten Kontrast zur einstmals geschlossenen Welt des Ateliers.

Nach Heidegger hatten wir demnach menschheitsgeschichtlich – oder auch ‚seinsgeschichtlich', was die von der Menschheitsgeschichte abhängigen Dinge angeht – im Grunde nur zwei Optionen: entweder wir denken uns zurück in eine Welt, wie sie historisch als eine Form eines kontrafaktischen, weil vorzeitlichen Naturzustandes angenommen werden muß, in der sich die technische Handhabung der Dinge vollständig unseren lebenspraktischen Bedürfnissen unterordnet; oder wir stellen der Zeit eine Diagnose aus, in der umgekehrt die Technik unsere Lebenspraxis formt, wenn sie sie nicht als solche allererst hervorbringt. Entweder also gibt die Existenz der Technik einen Sinn, oder aber die Technik der Existenz. Und weil Heidegger jene Opposition als eine ausschließliche ansieht, und für ihn gilt: ‚tertium non datur', rechnet er tatsächlich nur mit der Möglichkeit eines vollkommenen Zurück oder eines entschlossenen Darüberhinaus. In *Sein und Zeit* dominiert noch ein Existentialismus, der womöglich der anzitierten Beispielsphäre noch mehr als eine gedankliche Orientierung zutraut, wenn man Heideggers Lob der Provinz[25] wie auch seine spätere Nähe zur „Physis"[26] der Welt in der Schwarzwaldhütte in Todtnauberg als einen gelebten Beleg mit hinzunimmt. Spätestens seit dem sogenannten ‚Kunstwerkaufsatz'[27] jedoch ist auch die vorausschauende Option mit im Spiel, die von einer Überwindung der damals empfundenen Sinnleere der Zeit durch eine Sinnsetzung

25 Vgl. M. Heidegger, „Schöpferische Landschaft. Warum bleiben wir in der Provinz?", in: ders., Gesamtausgabe, Bd. 13: Aus der Erfahrung des Denkens, Frankfurt am Main 1983, S. 9–14.

26 Vgl. M. Heidegger, „Die Frage nach der Technik", in: ders., Vorträge und Aufsätze, Stuttgart (11. Auflage) 2009, S: 9–40.

27 M. Heidegger, „Vom Ursprung des Kunstwerkes", in: ders., Holzwege, a.a.O., S. 7–68.

ausgeht, die mit einem Male die ganze Welt als ein einziges großes Kunstwerk erscheinen läßt – und hier kommt freilich und unweigerlich der Philosoph ins Spiel, der womöglich der einzige bildende Künstler ist, der in der Tat und allein durch sein Wort – ein Wort, das alles Intellektuelle und jede Kunst, alles ‚Dichten und Denken' in sich vereint – in der Lage ist, über Nacht den Dingen einen neuen Glanz zu verschaffen. Entweder also eine gelassene Rückkehr in den geordneten Kosmos einer (archaisch ausgestatteten) Vormoderne, oder aber der entschlossene Übertritt in eine (kunstvoll eingerichtete) Hypermoderne stehen zur gedanklichen Auswahl.

Der neue Mythos vom Marionettentheater

Bei aller tiefen Einsicht in die neue Herrschaftsstruktur der Technik und somit auch in die spätere These von einer Herrschaft der Codes hatte Heidegger keinerlei Vertrauen darin, daß die ‚Lanze, die die Wunde schlug, sie auch wieder heilen' könnte. Er verließ so gesehen die Grundposition des Existentialismus nie, insofern er eine Rettung immer nur einem Ausnahmeindividuum zutraute, und er war somit immer noch ein treuer Erbe der Nietzscheschen Aussicht auf das überlegene Kulturwirken eines Übermenschen, noch lange, nachdem er das fatale Mißverständnis Nietzsches im Vertrauen auf die kulturgründenen Potenzen auch des Übermenschen einsehen mußte. Das geschah gegen Ende der 1930er Jahre, im Zuge natürlich auch seiner vorangegangenen Enttäuschungen über die persönliche politische Verfehlung während seiner Rektoratszeit in Freiburg wie über die weltpolitische Verfehlung einer sich als spezifisch deutsch definierenden Kultur. Selbst in den 1960er Jahren war jedoch noch die Rede davon, daß „nur noch ein Gott" uns vor einem heillosen Eintritt in eine kulturelle Weltnacht „retten"[28] könnte. Also sollte

28 M. Heidegger, „Spiegel-Gespräch mit Martin Heidegger (23. September

eben doch und immer noch ein Individuum die Wende bringen, eines freilich, das man so übermenschlich veranschlagen mußte, daß es mindestens gottgleich zu sein hatte (und der Denker konnte so natürlich ein Stück weit sein eigenes Versagen und seine offenkundige Machtlosigkeit angesichts der Weltläufe entschuldigen).

Angesichts der tatsächlichen Entwicklung der technischen Sphäre nach der Jahrtausendwende erscheint ein solcher Existentialismus, so heroisch gestimmt er sein mag, freilich nicht mehr zeitgemäß und philosophisch nicht mehr passabel. Er scheint vielmehr die von Heidegger noch als eine Dialektik der Extreme konzipierte Seinsgeschichte nicht mehr von den Rändern aus sinnvoll einzurahmen, so daß Anfang und Ende als eine Klammer der Moderne und ihrer Zivilisation die einzig wahrhaft erfüllte Zeit vorstellen konnten. Vielmehr erscheint gerade dann, wenn man den Heideggerschen Ansatz der Kulturkritik bei der technischen Durchdringung der Lebenswelt ernst nimmt, eine Aussicht darauf, wie sich aus der Mitte jener Entwicklung heraus eine Lösung ihrer Kritikwürdigkeit abzeichnet.

Eine Bewegung zurück und damit hin zu den Anfängen einer in sich unversehrten Lebenswelt wird denkbar dadurch, daß die Technisierung unserer Lebenswelt bis zu einem Punkt fortgeschritten erscheint, an dem der Einsatz einer neuentwickelten Technik zumindest nicht mehr notwendig unsere bestehende Lebenspraxis verstellen oder verschieben oder am Ende vollkommen verkehren muß. Dies mag uns an Alltagsphänomenen deutlich werden vor allem dadurch, daß technische Neuerungen durch ihre Unauffälligkeit auffallen. Und besonders unauffällig sind sie dann, wenn sie zur Erfüllung ihrer Funktion unsererseits kein Hinzulernen neuer technischer Bedienschritte verlangen, sondern umgekehrt es uns durch ihre technische Neuerung erlauben, vormalige Umständlichkeiten und technische Sonderanweisungen wieder rückgängig zu machen. Nimmt man sich das Beispiel der Navigationsgeräte einmal genauer vor, dann war es zu Beginn ihres Einsatzes in Automobilen noch notwendig, durch eine Schematisierung der Eingabe die Äußerung unse-

1966)“, in: ders., Gesamtausgabe, Band 16: Reden und andere Zeugnisse eines Lebensweges. 1910 – 1976, Frankfurt am Main 2000, S. 671.

res Zielwunsches solange zu digitalisieren, bis sie vom Gerät als eine korrekte Zieleingabe erfaßt werden konnte (in der Praxis also durch das umständlich Drehen, Drücken und Kippen eines multifunktionalen Stellknopfes). Heute ist es die vorerst wohl letzte Innovation in der Sache, daß die Technik jene Digitalisierung vollständig selbst übernimmt und uns damit wieder in unsere gewohnte Lebenspraxis in dem genannten Zusammenhang entläßt. So reicht es jetzt bereits in manchen Spitzenmodellen der Hersteller aus, einfach wieder die Adresse so aufzusagen, wie wir sie einem Taxifahrer mitteilen würden, und das System dankt uns jene Eingabe dann damit, daß wir auch nicht mehr wie bei den ersten Navigationseinheiten noch auf separaten Monitoren technische Diagramme und Orientierungspfeile in Lenk- und Bremsoptionen übersetzen müssen – auch hier gibt es jetzt angenehme Stimmen, die uns wie ein(e) freundliche(r) Beifahrer(in) jeweils vorsagen, wohin wir als nächstes abbiegen müssen und wie lange wir schon unterwegs sind und wie lange wir noch auf einer eben eingeschlagenen Route ohne weitere Veränderung unterwegs bis zum Ziel sein werden. Und so findet man in vielen Lebensbereichen, in denen wir lange Zeit staunend dem Tec-Talk der technisch Begabteren so zuhören mußten wie der Profane dem religiös Inspirierten und der politische Laie dem Menschen mit dem Herrschaftswissen, daß wir nun, wenn man so will, endlich und plötzlich zurück an der Macht sind und aus dem einstmaligen bloßen Glauben an die Technik ein Wissen geworden ist, das wir gleich wieder vergessen können, sobald es uns einmal praktisch gelingt, damit umzugehen. Ganze Industrie- und Designzweige arbeiten an einer solchen Umstellung der einstmals von uns mühsam auferlegten Digitalisierung unserer Befehlswünsche zu einer Re-Analogisierung – man denke bspw. wiederum nur an den Siegeszug einer Gestensteuerung von Computern, Smartphones, Tablet-PCs und so weiter. Was einst mit einer Handbewegung als der rudimentärsten Form der Verständigung in Raum und Zeit begann und bis heute die unmittelbarste Form der Verständigung ist (ein Wink, eine Abwehrgeste, ein deutend ausgestreckter Zeigefinger und so weiter), ist nun am Ende eines langen technischen Prozesses der Befehlsvereinfachung wieder zum natürlichen Maß aller code-generierten Steuerungsangelegenheiten geworden. Und wem diese Beispiele und Hinweise noch zu banal erscheinen, der sei noch einmal an die anfangs erwähnte Grundtendenz erinnert, auch und besonders auf der Ebene der Grundlagenforschung unserer Weltzugänge, die frühere digitale Ausspiegelung unserer analogen Verfahren zu ergänzen und umzukehren durch eine analoge Umformung digitaler Verfahren. Die Hirnforschung auf subjektiver Seite wie auch die Netzweltanalyse im objektiven Verbund geben dafür heute bereits die nötigen Evidenzen. Und so mögen deren Zukunftsversprechungen bezüglich einer Möglichkeit des maschinellen Gedanken(aus)lesens und einer daran angeschlossenen technischen Steuerung bspw. von Schreibprogrammen noch einmal die Aussicht auf eine dann vollkommen erscheinende Unmittelbarkeit unserer Weltbezüge und Eingriffs- wie Ausgriffsmöglichkeiten vorstellen.

Heideggers romantische Entgegensetzung einer handwerklich gebliebenen Technik im Rahmen einer technisch unversehrt gebliebenen Lebenspraxis wäre so durch eine andere und wesentlich nüchternere Form der mythischen Vereinfachung zu ersetzen. Denn wenn man schon in das Reich der modernen Sagen und Mythen zurückgeht, von denen die Lehren vom Naturzustand ihrer literarisch empfindsamen Anlage nach die kritischsten sind, dann wäre ausgehend von den genannten Evidenzen eine andere Erzählung wesentlich einschlägiger. Heinrich von Kleists *Marionettentheater* ergäbe bspw. ein brauchbares Sinnbild dafür, wie man sich die digitale Revolution zurück zum Analogen mit einer dazu passenden Fabel versehen denken könnte. Kleists optimistische Ahnung war es ja gewesen, daß der Wirklichkeitsverlust, den wir seit Kant und der transzendentalen Wende der Philosophie erlitten haben, nicht das letzte Wort in der Sache sein müßte. Daß also eine Möglichkeit denkbar seine müßte, die ‚Kant-Krise', die der Dichter nach eigenem Verständnis durchlitt, zu überwinden, indem aus der Einspeisung allen objektiven Weltsinnes in die Schemate ihrer vernünftigen und begrifflich-prozeduralen Verarbeitung am Ende auch wieder deren Ausspiegelung hervorgehen sollte, eine Ausspiegelung, die so perfekt sein müßte, daß sie in der Lage wäre, uns die zwischenzeitliche Krise in der theoretischen Weltwahrnehmung und in unserem praktischen Weltvertrauen mit dem Wohlwollen einer gut ausgegangenen Geschichte vergessen zu machen. Und so gesehen war die Fabel, die Kleist in seinem Essay

Über das Marionettentheater in den Berliner Abendblättern 1810 veröffentlichte, eine elegante Antizipation eines Endes, das in der kunstvollen Wiedergewinnung eines ersten Anfanges schließlich einen paradoxen, im geschichtlichen Überblick jedoch nachvollziehbaren Sinn gewinnt. Thema des Essays ist es, wie sich eine ursprünglich vorhandene Anmut und Grazie der Bewegung unter dem Einfluß von Bewußtsein auflöst oder sogar in ihr Gegenteil verkehrt, bei einer vollendeten Durchdringung jedoch der ursprünglichen Anmut und Grazie durch deren bewußte Aneignung diese am Ende des Lernprozesses schließlich wieder zum Vorschein kommen. Und man darf natürlich mutmaßen, daß Anmut und Grazie, einmal gestützt durch ein Bewußtsein, das alle ihre Vorstellungen muß begleiten können, schließlich auch in einer neuen Qualität wiederaufersteht.

Die Evidenz einer solchen Annahme nimmt die Erzählung von ihren Beispielen. Ein versierter Tänzer wird befragt, was ihn am Marionettentheater, das dieser oft besucht, so fasziniert. Und jene Faszination wird wiedergegeben als eben jener Umstand, daß die natürlichste aller Bewegungen, jene Bewegung also mit der größten Grazie und vollendeten Anmut, gerade in der bewußtlosen Ausführung einer Marionette zu finden ist. Diese natürliche Anmut verschwindet jedoch mit einem Male, sobald ein mit Bewußtsein begabtes Lebewesen den Versuch macht, seine unbewußte Grazie nun bewußt und gewollt in Szene zu setzen – wir würden heute zeitgemäßer vielleicht von einem ‚Kameraeffekt' sprechen. Der Erzähler illustriert dies anhand eines Knabens, der die Geste der Skulptur des kapitolinischen Dornausziehers ohne Absicht und Wissen vollzieht, auf die Bitte einer bewußten Wiederholung derselben aber scheitern muß. Um über jene Verstellung der Natürlichkeit wieder hinweg- und zurückzukommen zur natürlich Grazie, braucht es dann erwartungsgemäß aus der Sicht des Tänzers eine unendliche Durchdringung der Gesten und Vollzüge mit dem genauen Bewußtsein, wie sie zu erfolgen haben und wie sie einmal so kontrolliert zur Perfektion zu bringen sind. Auf das Verhängnis der Zeit gemünzt, die ihre Anmut und Natürlichkeit im Lichte der einsetzenden Rationalisierungen verschiedenster Couleur zu verlieren im Begriffe ist, führt dies dann zuerst zu der These: „[…] so findet sich auch, wenn die Erkenntnis gleichsam durch ein Unendliches gegangen ist, die Grazie wieder ein; so, daß sie, zu gleicher Zeit, in demjenigen menschlichen Körperbau am reinsten erscheint, der entweder gar keins, oder ein unendliches Bewußtsein hat, d.h. in dem Gliedermann, oder in dem Gott"[29]. Und damit ist abzusehen, daß wir das Marionettentheater als Sinnbild der Zeit auch dahingehend verstehen dürfen, daß mit ihm, über unsere Körper- und Kunstkultur hinaus, auch die Vorstellung unserer Aufklärung und der damit einhergehenden Modernisierung unserer Lebensverhältnisse im Ganzen gemeint ist: „Mithin [...] müßten wir wieder vom Baum der Erkenntnis essen, um in den Stand der Unschuld zurückzufallen"[30]. Und schließlich läge es dann an uns heute, nachdem es in einem technischen Sinne wenigstens absehbar ist, was es heißt, „wenn die Erkenntnis gleichsam durch ein Unendliches gegangen ist", der Erzählung auch noch den Charakter der Fabel zu nehmen und die damit verbundene Aussicht nüchterner zu fassen, nämlich nicht als die Wiedergewinnung paradiesischer Zustände, sondern vielleicht nur als eine wohltuend empfundene Rückkehr zu lebenspraktisch übersichtlicheren Umständen, eine Rückkehr, die nun eben wohlwollend hinzunehmen ist. Für irgendeine Feier gegenwärtiger Veränderungen ist die Philosophie jedenfalls zu nüchtern. Das kann man aus ihrer nicht dichterischen Geschichte schließlich lernen.

Die neue Wirkung der Wirkungsgeschichte

Heidegger hatte seine zwei Optionen mit der Möglichkeit einer Transzendenz der Moderne, das heißt einem historischen Zurück zu einem Anfang vor ihrem Anfang, oder einem Darüberhinaus mit

29 H. von Kleist, Über das Marionettentheater, in: ders., Sämtliche Werke und Briefe, hg. v. R. Reuß u. P. Staengle, Band 2, München 2010, S. 432f.

30 Ebd., S. 433.

einem Ende jenseits ihres Endes verbunden. Die „Physis"[31] der Welt als deren eigener und dynamischer Sinnzusammenhang (das war das Erbe des Vitalismus des 19. Jh., das man in den 1930er Jahren zeitgemäß physikalisch verstehen mußte) war so zum nostalgischen Orientierungsrahmen geworden im Blick zurück, ein neues Dasein im „Geviert"[32] zwischen Himmel und Erde, Menschen und Göttern war zum prophetischen Zielpunkt eines Seins geworden, das man seit Oswald Spengler immer mit der Voraussetzung vom bevorstehenden *Untergang des Abendlandes* versah.

Wie nun auf der einen Seite bereits vorgestellt wurde, daß die von Heidegger nostalgisch gestimmte Umkehr der Herrschaftsverhältnisse von Technik und Existenz heute nicht mehr jenseits der Moderne angesetzt werden muß, und dies in einer durchaus gewaltsamen Abkehr von den zivilisatorischen Standards der Moderne und einer Rückkehr zu einem technischen ‚Naturzustand'; ebenso kann jetzt ausgehend von einem dazu komplementären Ausblick auf die Zukunft eine analoge Korrektur erfolgen.

Was Heidegger in seiner Technikkritik vor allem im Auge hatte, war der Umstand, daß mit der Technik ein Bruch in der Menschheitsgeschichte verbunden sein sollte. Der naturwüchsige Zusammenhang von *Sein und Zeit* schien unterbrochen, sobald das Sein nicht mehr an das ‚Dasein' des Menschen in seiner Lebenswelt zurückgebunden war, sondern sich vielmehr einer Herstellung und Manipulation aus ambivalenten, und in der Vermutung Heideggers zuletzt vollkommen geistlosen, Quellen verdankte. Als Zeitphänomen spiegelte sich dieser Befund für ihn vor allem in der modernen Massengesellschaft. In ihr wird das Individuum nicht mehr als eine in sich sinnvolle Einzelexistenz verstanden und in seiner Sinngebung sich selbst überlassen, sondern geht durch vielfältige Maßnahmen der Normierung und Normalisierung in einer dementsprechend genormten und normalisierten Lebenshaltung auf. Das 19. Jh. hatte

---

31 M. Heidegger, „Vom Wesen und Begriff der physis. Aristoteles, Physik Buch B, 1", in: ders., Gesamtausgabe, Band 9: Wegmarken, Frankfurt am Main (3. Auflage) 2004, S. 239–302.

32 M. Heidegger, Gesamtausgabe, Band 12: Unterwegs zur Sprache, Frankfurt am Main 1985, S. 202.

die Entstehung der Massengesellschaft vor allem auf das proliferierende Medium Papier in Form eines Zeitungswesens zurückgeführt, das mit Massenblättern aufwartet, und einer Literatur, die sich auf die Produktion von Massenware und Bestellern ein- oder umgestellt hat. Neben der unaufhörlich rotierenden „Kraftmaschine"[33], die für Heidegger so gesehen noch als die technische Wahrheit hinter Nietzsches Formel von der ‚ewigen Wiederkehr desselben' vermutete, sind dann die neuen Bildmedien wie der Film, die Werbung an den Litfaßsäulen, bei den Tonmedien das Radio und die Schallplatte die Techniken, die eine Vermassung der Menschen im 20. Jh. noch weiter befördern. Sprachlich zeigt sich der Einfluß all jener Techniken in einer Meinungsbildung, die sich in dem äußert, was „man"[34] über ein bestimmtes Thema sagt, was „man" also über die aktuellen Ereignisse oder eine bekannte Persönlichkeit denkt, und jener zum Standard erhobene ‚small talk' ist dann das, wogegen sich die Rede des Philosophen nicht ohne Grandiloquenz als der Folge eines Expressivismus der Seele, die noch in die Abgründe einer Existenz schaut, konsequent wendet.

Um diesen durch Technik hervorgebrachten Kulturbruch rückgängig zu machen, war neben der einen Alternative einer neuen Technikabstinenz im gedanklichen oder auch biographischen Rückzug aus der Zivilisation, noch eine zweite Alternative mindestens ebenso konsequent, wie sie heute im Rückblick jedoch ebenso radikal erscheinen muß. Sie bestand darin, nicht im Rückzug aus der Zivilisation deren existentielle Wahrheit wiederzufinden, sondern in ihrer Überbietung. Ausgegangen wurde demnach von einer möglichen Manipulation des Menschen durch Technik, die bis in die letzte Wesenstiefe des modernen Daseins vordringt; jedoch sollte diese Manipulation noch einmal zum ‚Guten' gewendet werden, also mit existentiell herausragenden Gründen versehen sein. Eine Technik der Produktion von Lebenshaltungen mußte damit aus den Händen einer Massenkultur befreit werden – einer Massenkultur, die letzten Endes vollkommen grundlos sein mußte, weil sie als Massenkultur

33 Vgl. M. Heidegger, Vorträge und Aufsätze, a.a.O., S. 122.
34 M. Heidegger, Sein und Zeit, a.a.O., S. 126ff.

ja nur der Massenkultur verpflichtet war, wie ihr Konsum immer nur weiteren Konsum hervorbringen sollte, und so weiter, wie es die Kulturkritik bspw. Adornos ausbuchstabiert hat. Dagegen sollte die technische Produktion in die Hände einer Elitekultur gelegt werden, die in der Lage wäre, der Technik als einer echten Kunst noch einmal eine ursprüngliche Verankerung im Geistesleben zu geben. In seinem Aufsatz über den „Ursprung des Kunstwerkes" ist es dann auch eben jene Ursprungsfrage, an der die Möglichkeit einer Rettung der Zeit festgemacht wird. Ursprung des Kunstwerkes ist demnach, anders als in der ingenieurialen Technik, nicht mehr der Techniker, der aus vollkommen subjektiven und damit zuletzt immer beliebigen und austauschbaren Gründen seine technische Erfindung hervorbringt; Ursprung des Kunstwerkes ist vielmehr ein Künstler, der Künstler sein kann nur deshalb, weil er selbst vollkommen in seinem Schaffen und seinem Werk aufgeht, demnach überhaupt nichts Subjektives mehr an sich hat, und sich vielmehr dem objektiven und damit zugleich tieferen Sinn des Kunstwerkes und seiner Aussage hingibt und technisch unterstellt. Woher kommt dann zuletzt der ‚objektive' Sinn des Kunstwerkes? Bei der Antwort auf jene Gretchenfrage des Existentialismus behilft sich Heidegger zuletzt mit Anleihen bei der klassischen Metaphysik, um sich vorläufig einmal verständlich zu machen. Er behauptet, ein echtes Kunstwerk müsse als ein „Ereignis"[35] in die Welt kommen, was in den vorliegenden Zusammenhängen besagen will, daß es mit der Anmutung einer neuen und zugleich unüberbietbaren Verbindlichkeit auftritt. Wer eines echten Kunstwerkes ansichtig wird, der kann sich demnach dem Bann jener Sinnvermutung nicht verschließen, und daß ein solcher Bann von dem Werk ausgeht, zeigt sich eben an jener Unmittelbarkeit der Vereinnahmung. Und es ist jene Unmittelbarkeit und Unwiderstehlichkeit der Vereinnahmung, die das Dasein aus dem Strom und den Strömungen der modernen Massengesellschaft mit all ihren unverbindlichen Moden, Konjunkturen und Verführbarkeiten durch die leichteren Musen heraushebt und seiner ‚eigentlichen' Existenz wie-

35 M. Heidegger, Gesamtausgabe, Band 65: Beiträge zur Philosophie. Vom Ereignis, Frankfurt am Main 1989.

der näherbringt. Wer hier nach zeitgeschichtlichen Evidenzen oder Hintergründen forscht, wird darauf gestoßen, daß es sich um eine Form der philosophischen Überhöhung der Grundidee einer Neuen Sachlichkeit handelt. Denn das Hervorkehren des technischen Charakters der Gebrauchs- und Gewohnheitsdinge von innen nach außen und die gleichzeitige Erhebung der technischen Form zum Gegenstand von Kunst oder Design hatte zum erklärten Ziel eine Reformation der Lebenshaltung des modernen Menschen werden sollen. Zumindest in den frühen Stadien und Programmschriften des Bauhauses wird deutlich, wieviel an lebensreformatorischem Gedankengut neben der Aussicht auf eine Verbesserung der materiellen Lebensumstände in die Formel einer Neuen Sachlichkeit einging[36].

Eine Korrektur jener Aussicht auf Rettung durch eine metaphysische Überhöhung von Technik zu Kunst bietet sich aus heutiger Sicht wiederum ausgehend von den laufenden Veränderungen unserer neugestalteten Lebensverhältnisse im 21. Jh. an. Um die Technik mit den Sinnbedürfnissen menschlichen Daseins wieder in Verbindung zu bringen, braucht es keine philosophische Vorstellung einer Überhöhung des Technischen zu einer Kunst – denn auf diese Formel ließe sich mutatis mutandis noch die spielerische Version dieses Gedankens im postmodernen Ausgang des 20. Jh.s bringen. Eine Kulturprägung durch Technik aus freieren Stücken scheint heute bei weitem nicht mehr ein so dringliches Problem zu sein wie zu den Hochzeiten einer Maschinenkultur und einer Massen-Medienkultur, und auch ihre nostalgische Feier bspw. in der Rede von einer ‚Generation Golf' ist heute im wesentlichen allein noch erinnerungstechnisch zu führen.

Es war die Idee gewesen, eine bestehende technische Ausstattung der Lebenswelt mit einer Bedeutung aufzuladen, die sie an sich und rein lebens-technisch gesehen nicht haben würde. Die Aufladung sollte dadurch geschehen, daß man dem technischen Standard einen künstlerischen Sinn unterstellt. Der Sinn einer solchen künstlerischen Aufladung bestünde darin, den ständigen Wechsel und Wan-

36 Vgl. dazu B.E. Bürdek, Geschichte, Theorie und Praxis der Produktgestaltung, (3. Auflage) Basel 2005, S. 28ff.

del einer in der Moderne bis ins Mark technisierten Lebenswelt auszuhebeln – auszuhebeln durch eine Maßnahme, die bewirkt, daß nicht auf die eine technische Gestaltung der Lebenswelt einfach eine andere und von ihr völlig verschiedene Welt folgt, so daß die ‚Generation Smart' schon die ‚Generation Golf' nicht mehr verstehen könnte; und auszuhebeln mit dem Ausblick darauf, daß nicht schon in der Gegenwart auch noch die ganze Sinnlosigkeit vergangener oder zukünftiger Anpassung der Existenz in ihrer technisch anonymen Ausgestaltung offenbar würde. Die Fixierung einer Sphäre, der jetzt einfach prinzipiell mehr Sinngehalt zugetraut wird als allen anderen, vorausgehenden wie nachfolgenden, ist die kulturrettende Maßnahme. Die letzte Bezeichnung, die einer solchen Stilisierung gefolgt ist, ist das Label ‚*vintage*' für alles, was Authentizität verspricht dadurch, daß es aus einer Zeit stammt oder eine Zeit täuschend echt imitiert, in der die Dinge im Rückblick noch einen Eigenwert hatten und mit der Anmutung solcherlei Zeitlosigkeit auch dem nachfolgenden Wandel durch ihre kulturelle Fortgeltung widerstehen konnten. Das Sich-Einrichten in einer Welt, die aus einer wertbeständigen Vergangenheit stammt (oder Projektionen der ‚science fiction' bereits als gelebte Zukunft ernst nehmen kann), ist vergleichbar einem Leben in einem Museum, in dem den Dingen wegen ihres schieren Alters und ihrer sentimentalen Wertbeständigkeit bereits Kultstatus und womöglich auch Kunststatus zugesprochen wird. Und wie grundverschieden auch Heideggers zwei Rettungsoptionen scheinen mögen, insofern die eine vor unsere Kultur-Anfänge zurück will, während die andere über unser Kultur-Ende hinausblickt, haben sie doch soviel gemeinsam, daß jener existentielle Adel einer extravaganten Technik-Ausstattung unserer Lebenswelt mit dem Nimbus des Überzeitlichen eines dauerhaft zu veranschlagenden Daseins verstanden werden soll.

Jene Idee einer Fixierung auf das stilvoll Extravagante und stilgeschichtlich Extraordinäre einer zur Kunst erklärten Alltagstechnik kann aber im neuen Lichte der Gegenwart selbst als eine fixe Idee der Vergangenheit verstanden werden. Scheint es doch absehbar, daß der technische Wandel nicht mehr durch eine künstliche und künstlerische Fixierung alleine mit unseren existentiellen Daseinsbedürfnissen verbunden werden kann. Vielmehr erscheint der technische Wandel selbst wiederum als sinnvoll, insofern er nicht einfach gemäß seiner neuen Programme der Lebensweltgestaltung eine Form nur auf die andere folgen läßt, so daß ihre unterschiedlichen Ausstattungsmerkmale Generationen von Geräten wie von Menschen gleichermaßen voneinander trennt und zeitlich indizierbar macht. Der technische Wandel ist vielmehr absehbar in der Lage, uns eher wieder als sinnvoll zu erscheinen, weil nun der Wandel über das Erschließen neuer technischer Möglichkeiten hinaus auch noch rückgebunden erscheint an ureigenste Bedürfnisse unserer Lebenspraxis, und damit an jene Sphäre, zu deren Bewältigung er eigentlich und wesentlich angesetzt scheint. In sehr viel weitreichenderen Überlegungen habe ich jene mögliche neue Perspektive des technischen Wandels einer Sensibilität für das zugeordnet, „was der Mensch wirklich braucht“[37]. Einer solchen Perspektive folgend möchte ich davon ausgehen, daß der technische Wandel, wie es zu hoffen ist, mindestens in demselben Maße und mit derselben Offenheit wie bisher weitergeht, daß jedoch aufgrund schon der neuen technischen Möglichkeiten und der neuen Anpassungsfähigkeit der eingesetzten Instrumente nicht mehr erst und wie bisher im Nachhinein die Nebenfolgen neuer Techniken und Codierungen eingesehen werden, sondern bereits bei der ersten Planung und im Design der Dinge. Wenn es stimmt, was im Rahmen der prinzipiellen Überlegungen zu den Modellierungsfähigkeiten unserer digitalen Codes gesagt wurde, dann ergeben sich Möglichkeiten einer technischen Fortentwicklung, die nicht mehr wie im Lichte der Kulturkritik der vergangenen 200 Jahre uns zur ständig wechselnden Anpassung an neue technische und informationelle Standards zwingt, sondern umgekehrt die neu einzurichtenden Standards abhängig macht von den Praxen, die in unserer Kommunikation wie auch in unserer Lebenswelt bereits vorherrschen und damit zumindest zum Ausgangspunkt wünschbarer Veränderungen werden können.

Wenn diese Aussicht an sich plausibel erscheint, dann kann jene Rückbindung einer auf smarte Weise digitalisierten Technik an unsere analoge Welt der Verständigung und der Praxis auch metho-

37 Vgl. noch einmal vom Verfasser: Was der Mensch wirklich braucht, a.a.O.

disch neu gefaßt werden. Und als Ausgangspunkt für eine solche methodische Neufassung bietet sich nach dem Gesagten die philosophische Hermeneutik in besonderer Weise an. Denn sie macht einsichtig, daß wir in modernen Zusammenhängen immer schon von medialen und technisch vorkodierten Vorgaben in der Gestaltung unserer Lebenswelt ausgehen müssen, daß wir aber zugleich in der Lage sind, einen subjektiven Sinn in jenen technischen Regelungen zu finden, indem sie nicht an sich Geltung für sich beanspruchen, sondern unseren schon vorgängigen praktischen Zielstellungen als eine mögliche objektive Antwort erscheinen. Wenn man von einem solchen Prä des Verstehens beim Menschen und nicht bei den Codes ausgeht, dann ist einsichtig, daß jede auf eine bestehende Einrichtung folgende Neucodierung als eine solche verstanden wird, die nicht wiederum erneut eine Eigengeltung für sich beansprucht, sondern sich prinzipiell auch auf dieselbe Sphäre der Bedeutung rückbeziehen läßt. Und geht man von einer solchen methodischen Umstellung der Aufmerksamkeit von der Eigenlogik einer technisch verstandenen Kultur und ihrer spezifisch technischen Fortschreibungsmöglichkeiten aus und konfrontiert diese mit der eingespielten Eigenlogik unserer traditionellen Praxen der Lebenswelt, wie sie Heidegger phänomenologisch vorbildlich gefaßt hat, dann dürfte es keine große Überraschung mehr sein, daß hier die philosophische Hermeneutik sich als methodisch einschlägig erweist. Es wäre keine große Überraschung, weil historisch die Nachfolge Gadamers auf Heidegger selbst schon eine interne Fortentwicklung des dort entwickelten Gedankenganges nahelegt; und es wäre keine große Überraschung, weil mit einer solchen Fortentwicklung auch bereits bei Gadamer die neuen Gegebenheiten des Strukturalismus mitsamt ihres kybernetisch-apparatetechnischen Weltverständnisses ansatzweise mitbedacht waren. Und so gilt es zuletzt, ausgehend von der Frage nach der Zukunft der Hermeneutik, ‚nur noch' jene Hermeneutik Gadamers noch einmal vom Kopf auf die Füße zu stellen, was im zweiten Teil der Abhandlung geschehen wird.

V. DIE ZÄSUREN DER HERMENEUTIK

Ausgangspunkt des ersten Kapitels war die Frage, wie sich die Philosophie insgesamt in einer neuen Lage neu zu orientieren hat und welche Folgen sich für jene der Hermeneutik benachbarten Schulen zeigen. Das zweite Kapitel erweiterte die Hinsicht historisch wie systematisch auf die Frage nach einem möglichen Ende der Kulturkritik, wie wir sie seit 200 Jahren in allen ihren Spielarten kennen. Das dritte Kapitel versuchte, über die Kulturkritik hinaus eine neue Rahmenerzählung zu durchdenken, mit der die Kulturkritik wie deren aktuelle Ableger neu formatiert werden können. Und nach dem Durchgehen dieses philosophischen Skizzenblocks stellt sich abschließend die Frage nach dem Einzelschicksal der Hermeneutik. Abschließend ist diese Frage erstens, weil in ihrem Rahmen noch einmal eine umfassende und grundlegende methodische Hinsicht benannt werden kann, in der von der Modernetheorie über die Kulturkritik bis zu den gegenwärtigen Schulen die entscheidenden Entwicklungslinien überhaupt erst gezogen werden können. Abschließend ist die Frage nach dem Standort der Hermeneutik zweitens, weil mit ihr die Kernkompetenz selbst thematisiert ist, aus deren Voraussetzungen heraus die vorangegangene Diagnose der Philosophie in einer neuen Zeit historisch wie systematisch erstellt werden konnte. Abschließend ist diese Frage drittens und letztens, weil die vorangegangenen Einlassungen, wenn diese neue Standortbestimmung selbst als schlüssig erscheint, auch bereits als eine erste Form der Zukunft der Hermeneutik erscheinen können.

Eine Übersicht der drei Phasen der Hermeneutik

Eingebettet in die Vorgaben einer neuen Ausgangslage der Philosophie läßt sich die Hermeneutik heute in drei historische wie systematische Phasen einteilen:

- in eine Hermeneutik vor der Hermeneutik, in der es um das Verständnis der geistigen Gründungsakte geht, aus denen eine konkrete Textgestalt hervorgeht (Hermeneutik als Umkehrung der Rhetorik – Hermeneutik als Kunst der Auslegung; Platon – Aristoteles)
- in eine klassische Hermeneutik, in der es nur noch um das Verständnis der Texte geht, ohne daß noch ein auktorialer Gründungsakt einer vorliegenden Textgestalt zugrunde liegt (Hermeneutik als reine Textauslegung; Luther – Melanchthon – Hermeneutik als reine Wissenschaft; Hegel – Schleiermacher)
- in eine Hermeneutik nach der klassischen Hermeneutik, in der es um ein Verständnis von Texten in einer Wechselwirkung von Verständnisakt und Schreibakt geht, um Textrezeption wie Textproduktion (Hermeneutik als Wirkungsgeschichte, als wechselseitige Durchdringung von Hermeneutik und Rhetorik; Heidegger – Gadamer)
- in ein Nachspiel als der Zukunft der Hermeneutik: Vom Textparadigma zur Frage seiner Anwendung, oder von den Codes zur Wirklichkeit und zurück: Hermeneutik als eine generelle Praxis moderner Weltbewältigung.

Dieses Dreierschema der Entwicklung mit einem vorausgesetzten guten Ausklang soll kurz kommentiert werden, bevor es in die historische wie systematische Einzelbeschreibung geht. Die Achse, um die sich der Fortgang der Hermeneutik dreht, ist nach dem bisher Gesagten die Grundfrage der abendländischen Moderne: wie gehe ich mit einer Herrschaft der Codes um, die je nach Epoche und Systematik als eine mediale Herrschaft der Konzepte, Worte, der Begriffe, der Vorstellungen, Intentionen, Zeichen oder der Codierungen gefaßt werden kann?

Während der ersten, fast tausendjährigen antiken Epoche ist grundsätzlich davon auszugehen, daß eine im modernen Sinne verstandene Herrschaft der Codes noch nicht dingfest zu machen ist, und dementsprechend die Herstellung geltender Kulturregelungen und ihrer Schemata im Ursprung noch in Menschenhand und damit bei den menschlichen Akteuren innerhalb ihrer sinnstiftenden menschlichen Gemeinschaften liegen.

Die zweite Phase der Entwicklung der Hermeneutik als einer klassischen Disziplin erstreckt sich zeitlich auf die kürzere Spanne der Reformation und des deutschen Idealismus, und sie schließt an die erste antike Phase durch eine entscheidende Umstellung in der Ursprungsvermutung der Herrschaft der Codes an. Hinter ihr stehen nun nicht mehr Menschen (oder ein mit uns kommunizierender Gott) und deren Intentionen bei den Gründungsakten, die dann zur bindenden Fixierung ihrer Regelungen als kulturelle Codes geführt haben sollen; hinter der Herrschaft der Codes steht vielmehr und tautologisch nichts anderes mehr als die Herrschaft der Codes selbst, das Buch (zuerst das Buch der Bücher) wird, wie es bei Luther heißt ‚sui ipsius interpres', Interpret seiner selbst. Wie die Schrift in ihrer Herkunft und Geltung zu verstehen ist, kann zuletzt nur noch durch die ‚Logik', wie es Hegel nennt, bestimmt werden, die die komplexen Zeichenverbände untereinander und miteinander in ein Beziehungsverhältnis setzt.

Die Dritte Phase der Entwicklung entlang der Achse einer Herrschaft der Codes besteht in dem Versuch einer hermeneutischen Philosophie, das Absolute dieser vollkommen selbstgenügsam gedachten Herrschaft wieder in einen Rückbezug zu setzen zu dem, was wir als den menschlichen, oder technischer gesprochen als den humanistischen Input aller Kulturregelungen ansetzten – und die entscheidende Aufgabe dabei war es, einen solchen Rückbezug nicht in einfacher Abkehr von der Moderne und einer Rückkehr zu vormodernen Idealen, sondern immer noch als Hermeneutik im Sinne einer Theorie der Moderne zu formulieren.

Das Nachspiel schließlich, das dieser Ansatz heute und im Lichte der Erfahrungen des 21. Jh.s vor Augen führt, läßt sich entlang dieser Entwicklungslinie an einem wesentlichen Umschlagspunkt festmachen, und zwar an jenem, an dem die Hermeneutik nicht mehr einfach nur Nachbesserungen und menschliche Erleichterungen von einer fraglos vorausgesetzten Herrschaft der Codes einfordert, wenn sie nicht überhaupt und in grenzenloser Enttäuschung über solche humanitären Aktionen für einen totalen Rückzug aus der abendländischen Kultur oder eine methodisch unabsehbare Anarchie gegen diese plädiert. Ist die Herrschaft der Codes durch ihre historisch wie systematisch zuende gedachte Entwicklung nun selbst in der technischen und medialen Lage, die traditionelleren Formen unserer Lebenswelt einerseits zu modellieren und sich zugleich und andererseits auf sie höchst flexibel einzulassen, dann weist ihr hermeneutischer Rückbezug auf unsere historisch gewachsene Lebenswelt ein ganz neue Qualität auf. Es muß dann methodisch nicht mehr davon ausgegangen werden, daß wir einer anonymen Prozeß-Logik in der Fortentwicklung unserer Kultur durch hermeneutische Nachverhandlungen alleine noch Momente des Unvorhersehbaren abringen oder im Nachhinein doch noch menschliche Einflüsse in ihrem tatsächlichen Verlauf nachweisen können – also an den Kreuzungslinien des Humanen und des Maschinellen noch einmal zum Innehalten und Nachdenken auffordern können. Es darf dann umgekehrt darauf geschlossen werden, daß sich zumindest die Autonomie innerhalb der Geschichte der Codes und ihrer Eigenherrschaft soweit aufgelöst hat, daß das anonyme Fortschrittsgeschehen an sich bereits wieder menschlichere Züge trägt. Und was an diesen Zügen menschlich ist, zeigt sich aus hermeneutischer Perspektive zuerst und zumeist darin, daß das gedankliche Prius in der Fort-Entwicklung unserer technisch-medialen Sphäre nicht mehr in den bloßen *Möglichkeiten* ihres eigenen ingenieurialen Prozedierens besteht – eines Prozedierens, das sich zuletzt immer nur selbst befeuert und sich selbst inspiriert. Vielmehr tritt als neue Orientierung die *Wirklichkeit* einer Lebenswelt wieder hervor, die jene technisch immer neu zu erschließenden Möglichkeiten zu allererst auf ihre tatsächliche kulturelle Relevanz hin befragt und damit letztere der ersteren methodisch konsequent voraussetzt. Sieht man schließlich das hermeneutische Konzept einer *Wirkungsgeschichte* als zentral für eine zeitgemäße Hermeneutik an, und ergibt sich deren Verlaufsform, Motivation wie Dynamik grundsätzlich aus einem Wechselspiel zwischen den neu erschlossenen kulturellen *Möglichkeiten* der Deutung und der selektiven *Aneignung* und *Verwirklichung* ihrer möglichen Absichten, dann steht uns hier methodisch ein Akzentwechsel bevor. Nicht mehr ist ein *Wechsel* der kulturellen Ansichten primär, der in Form kybernetisch erzeugter *Brüche* in die kulturellen Fortschreibung eingeht, so daß es die daran anschließende Aufgabe der hermeneutisch gestimmten Betrachter sein muß, jene Brüche durch den Nachweis und das Hinein-Deuten kontinuierlicher Momente weniger schroff und abgründig zu machen; vielmehr erscheint nun die *Kontinuität* der menschlichen Momente selbst schon primär, wie sie Gadamer noch restaurativ mit dem Konzept der *Tradition* angesprochen hat, und ausgehend von einer solchen ‚dichteren Beschreibung' der Kulturentwicklung ließe sich dann die Verlaufsform unserer ingenieurialen Sphäre in ihrem neuen Verhältnis der Unterordnung unter das Lebensweltliche auch neu verstehen. So bleibt es im Konzept einer Wirkungsgeschichte grundsätzlich bei dem Gedanken eines Wechselspiels zwischen der klassischen Fortschrittsphäre der Codes und ihrer verschiedensten Formen der (kulturellen) Wirklichkeitsgenerierung einerseits und andererseits einer lebensweltliche Sphäre, die angesichts dieser Entwicklung immer damit ringen muß, an eigenen Kultur-Konstanten festzuhalten und sie in der Moderne zu noch sinnvoll nachvollziehbaren Traditionen auszuformen. Jedoch geht eine hermeneutische Wirkungsgeschichte konzeptionell gesehen heute bereits von einem Wechsel der Dominanz in dem vorausgesetzten Wechselspiel aus. Die Wirklichkeit der Lebenswelt geht in letzter Instanz dem voraus, was innerhalb dieser Lebenswelt technisch und medial möglich sein wird; und die technische Möglichkeit ist ihrerseits nicht mehr nur das Produkt einer ihr vorausgehenden technischen Möglichkeit, sondern auch und ebensosehr einer lebensweltlichen Wirklichkeit. Und das Entscheidende im Wechsel des Akzents in diesem Wechselspiel ist, daß es sich hierbei nicht selbst wiederum bloß um eine hermeneutische Forderung der Versöhnung handelt, die vom Hermeneuten an seine jeweilige Konzeption der Moderne nur von außen herangetragen werden kann – wie es schon so oft geschehen ist, sei es als Kulturkritik oder als Angebot der Kulturverständigung; vielmehr scheint es nach dem bisher Gesagten so zu sein, daß die Entwicklung der Kultur selbst ihrem hermeneutischen Nachvollzug vorausgeht, und die Hermeneutik im Grunde nur noch einsehen muß, was es mit ihr zu Beginn des 21. Jh.s in ihrer wesentlichsten Hinsicht der Modernebewältigung auf sich hat.

A. Zur Herkunft der Hermeneutik: oder: von der Rhetorik zur Hermeneutik

Wie schon oft in der Literatur festgestellt ist die Hermeneutik in ihren Anfängen noch weit entfernt von den wissenschaftlichen Hinsichten, in denen wir sie heute gemeinhin als eine Kulturtheorie der Moderne und eine Methodenlehre für die Geisteswissenschaften rezipieren. Sie gehört in ihren geschichtlichen Ursprüngen vielmehr noch zu der Sphäre der Kunst. Geht man davon aus, daß es die Hermeneutik mit der Deutung von Texten zu tun hat, dann sind so gesehen die wissenschaftlichen Auftritte der Hermeneutik in den vergangenen rund 200 Jahren bereits Reaktionen darauf gewesen, daß etwas Grundsätzliches mit der Deutung der Texte nicht mehr stimmt und wir es dementsprechend mit ganz grundlegenden Schwierigkeiten zu tun haben, die sich nicht mehr auf handwerklichem Niveau beheben lassen.

Wie war es aber im ‚Urzustand' der Hermeneutik gewesen, als noch eine methodisch vorbehaltlose Näherung an bestehende Schwierigkeiten mit Texten möglich war? Klarerweise hat es Hermeneutik immer mit Verständnisschwierigkeiten zu tun. Und daß sie sich als eine eigene Kunst etablieren konnte, setzt zweierlei bereits voraus: zum einen, trivialerweise, daß eine menschliche oder göttliche oder dämonische Rede überhaupt verschriftlicht vorliegt. Wie der platonische Sokrates im *Phaidros* jedoch schon nicht mehr trivialerweise feststellt, entsteht auch schon das erste Problem gegenüber einer persönlichen und mündlichen Verständigung dadurch, daß sich die verschriftlichte Rede ganz offenbar „selbst weder zu schützen noch zu helfen imstande"[1] ist, weil sie eben auf mündliche

1 Platon, Phaidros 275e.

Nachfrage notwendig stumm bleibt. Sie braucht also jemanden, der anwaltlich für sie einspringt und sie vertritt, einen Interpreten und Helfer. Die zweite Voraussetzung besteht nach der Vertextung von Rede in der Qualität der aufgezeichneten Rede. Auch hier ist wiederum trivialerweise nicht jeder Text auslegungsbedürftig, weil nicht jeder Text so wichtig ist, daß es sich lohnte, zu verstehen, was auf das erste Lesen und Hören unverständlich bleibt. Texte, die für die Hermeneutik zum Gegenstand professioneller Auslegung werden, müssen mit grundlegenden Dingen zu tun haben, solchen, die für die wesentliche Orientierung des Menschen in der Welt wichtig sind und dies auch nachhaltig sind. Niemand würde mit der Klatsch- und Tratschspalte einer Zeitung zum Textgelehrten gehen, auch wenn man dies in der Postmoderne zuweilen in einer flüchtigen Aufwertung des Genres gerade noch so sehen wollte. In Frage kommen klassischerweise jedenfalls nur Texte der Theologie, der Philosophie oder der Dichtung und juristische Texte. In ihnen wird eine tiefere Bedeutung vermutet, die sich nicht flexibel und zugleich folgenlos nach unseren momentanen Auffassungen richtet oder zumindest nicht fügen sollte.

Die Maxime der Hermeneutik, solange sie noch eine Kunst war, bestand demnach darin, den Text in eine Form der Rede rückzuübersetzen und im Rahmen solcher medialer Rückübertragung die Rolle des Autors an dessen Stelle einzunehmen. Die Kunst des Hermeneuten bestand darin, jene Ausführungen und Kommentare zu geben, die der Autor im besten Fall hätte selbst geben können oder sollen, und relevant für die Hermeneutik waren nur Texte, bei denen sich eine solche fiktive Rückkehr zu der Quelle der Aussage auch tatsächlich lohnte.

Die Regeln einer Hermeneutik, die sich aus jener Maxime ergeben, sind strategisch leicht zu beschreiben. Wenn der Kommentator einen Text auslegt und sich dazu in die Rolle des Produzenten versetzt, um herauszufinden, was dieser meinte, als er den Text verfaßte, und was damit der Text meint, in dem, was er sagt; dann handelt es sich bei der Textauslegung im Grunde um eine Form der Umkehrung der Textproduktion, um ein ‚reverse-engineering', das ein ursprüngliches Zustandekommen des Textes nachvollzieht, indem es den Gedanken- oder auch Gefühls- und Motivations-Weg rückwärts geht, der einstmals zu ihm führte. Und je nach Gewichtung der intellektuellen und der emotionalen Anteile ergibt sich eine unterschiedliche Ausgestaltung in der Professionalisierung, die diese Kunst erfährt. Einerseits ist aus den religiösen Zusammenhängen und Traditionen ersichtlich, daß es hier ein besonderes Sensorium für eine Gottesnähe oder wenigstens eine Empfänglichkeit für eminent wichtige Botschaften höheren Ursprungs braucht. Noch bis ins späte 19. Jh. hinein sind Ansätze dominant, wenigstens bei dem Nachvollzug von Dichtung, die dem Interpreten vor allem anderen eine Fähigkeit zum Einfühlen oder zum gehobenen Inspiriertsein unterstellen. Anders steht es in Bereichen, in denen die Reden kunst- und effektvoll komponiert wurden, so daß Hermeneutik darin besteht, jene Kompositionsregeln rückwärts anzuwenden. Und noch einmal anders gelagert sind die Fälle, in denen es hinsichtlich ausgefeilter Argumentationen einer logischen Schulung bedarf, um rückzuschließen oder landläufig ‚aufzudröseln', was von einem Gedankengang oder einer Schlußfolgerung tatsächlich zu halten ist. Die letztgenannten beiden Bereiche sind die entwicklungsgeschichtlich spätere Form der Hermeneutik, und man bringt sie historisch in eine Verbindung mit der Rhetorik als der Kunst der Verfertigung wirkungsvoller und schlüssiger Reden, wie sie allgemein während der Jasperschen ‚Achsenzeit' der Antike im ersten Jahrtausend vor Christus aufgekommen (Jaspers datiert zwischen 800 und 200 v. Chr.) war, besonders aber in der griechischen Aufklärungsbewegung der Sophistik im ausgehenden 6. und 5. Jh. v. Chr. Und wenn diese Zuordnung stimmt, dann ist die Hermeneutik als eine Kunst ihrem Wesen nach nichts anderes als die strategische Umkehrung der Rhetorik, das heißt Hermeneutik ist die Kunst der umgekehrten Produktion von Rede, oder die Kunst, die eine bestehende Rede auf eine ihre zugrundeliegende auktoriale Wahrheit regelgeleitet zurückführt[2]. Und je ausgefeilter die Regeln zur Text-

2 Jean Grondin hat auf diesen Grundtatbestand in der Entstehung der Hermeneutik immer wieder hingewiesen, um ihren Charakter einer Wahrheitssuche zu unterstreichen, der gerade einer postmodernen Vereinnahmung der Hermeneutik im Sinne eines Relativismus und eines ‚anything goes' in der Auslegung von Texten entgegenarbeiten sollte, vgl. zuletzt: J. Grondin, Hermeneutik, Göttingen 2009, S. 7–20.

produktion, um so differenzierter und raffinierter sind die Utensilien der Textinterpretation.

Voraussehbar ist nach einer solchen generellen Aufgabenbestimmung, an welchem Punkt schon früh die Philosophie eine wesentliche Schwierigkeit mit einer intellektuell ausgefeilten Hermeneutik haben mußte, vor allem dann, wenn sie wie in der Sophistik professionalisiert und auf nachvollziehbare Weise auch regelgeleitet auftritt. Dann nämlich, wenn die Hermeneutik im Sinne eines ‚reverse engineering' vorgeht, jedoch am Ende ihrer Nachforschungen überhaupt kein Autor mehr zum Vorschein kommt, dessen leitende Ideen bei der Verfertigung des Textes doch maßgeblich sein sollten. Während es nämlich bei den unbedeutenden Texten und ihrer Einbettung in Alltagsangelegenheiten noch einigermaßen problemlos sein dürfte, den Textsinn mit der Absicht und Ansicht seines Autors gleichzusetzen, erscheint dies bei den eminent wichtigen Texten geradezu unmöglich. Würde man bei den religiösen Dokumenten vermuten wollen, daß der Schreiber auch zugleich der Gott ist, der sie diktiert hat? Würde man bei den dichterischen Texten den Poeten mit den Musen gleichsetzen, durch dessen Tal sie oder er nach eigener Aussage sinnbildlich so oft geschritten sind? Brisant wird diese Frage für Platon und Aristoteles freilich erst, als die Autorfrage schon säkularisiert erscheint, also die Autorschaft von vornherein menschlichen Ursprungs sein und dennoch eine Relevanz für sich beanspruchen darf, die das Große und Ganze betrifft – und das ist in der öffentlichen Sphäre der Fall, in der die Geschichte der politischen Gemeinschaft verhandelt wird. Denn auch auf politischem Gebiete ist es so, daß man auf die Frage nach dem ursprünglichen Geist einer Verfassung oder einer Rechtsordnung, nach dem übergeordneten historischen Ziel einer politischen Entscheidung oder auch nur der gegenwärtigen Selbstverständigung über das tatsächliche Wesen und den tieferen Grund des Zusammenhaltes einer Gemeinschaft es nicht bei einer einfachen Befragung der jeweiligen Autoren belassen kann. Geht doch in diese Sphäre des Öffentlichen und Politischen im Rahmen geschichtsträchtiger Verhältnisse so viel mehr ein, als der beschränkte Horizont eines einzelnen Verfassers oder auch eines Kollektives sich bewußt vor Augen stellen kann. Jeder Verfassungsinhalt hat Aspekte einer möglichen Anwendung, die bei der Redaktion noch vollkommen unwahrscheinlich gewesen sein und zumindest nicht im Fokus der Verfassungsgeber gestanden haben mögen; bei der Entscheidung in politischen Grundsatzfragen, erst recht bei solchen existentieller Natur, ist es erst recht unabsehbar, was aus ihr alles in der Zukunft und tatsächlich folgen mag und was deshalb den Erwartungshorizont der Entscheidungsträger nahezu planmäßig übersteigt; und schließlich steht auch noch die besinnliche Festtagsrede unter dem grundsätzlichen Sinnvorbehalt, daß schon jeder Zuhörer aus seiner eigenen und besonderen Sicht sich seinen eigenen und besonderen Reim auf die Allgemeinheiten macht, die der Redner genregemäß von sich zu geben hat. Auf rhetorischen Allgemeinplätzen kann man nicht überall gleichzeitig anwesend sein.

Faßt man das Problem abstrakt, dann hat man es mit der Hermeneutik, verstanden als eine methodische Umkehr der Rhetorik, also mit dem grundsätzlichen Problem zu tun, daß ein einzelnes Subjekt gerade für die Vertretung des tieferen Sinnes der Textaussagen nicht verantwortlich zu machen ist: erstens, weil die Geltung eines Textes für ein politisches, gesellschaftliches und geschichtlich verortetes Kollektiv von Menschen und all deren jeweils besondere Sinnbedürfnisse und -erwartungen nicht gleichermaßen autoritativ festzustellen und auf einen subjektiven und individuellen Ursprung zurückzuverfolgen ist – ein anderer könnte es immer anders sehen und sich dennoch in gleicher Weise betroffen fühlen, und ein über die Sicht der Einzelnen hinausweisendes Kollektivsubjekt wäre wiederum schwerlich mit der Sicht eines einzelnen ohne Sinnverluste gleichzusetzen –, und zweitens, weil die Beschränktheit der Einsicht auch des besten Redaktors deutlich wird nicht nur im statischen Abgleich mit anderen subjektiven Sinnvermutungen oder kollektiven Extrapolationen, sondern auch im dynamischen Vergleich eines gegenwärtigen Verständnisses mit einem vergangenen oder zukünftigen. Selbst wenn alle Betroffenen von einer gegenwärtigen Auslegung überzeugt wären und auch noch ein Kollektivsubjekt, wenn denn ein solches angenommen werde dürfte, jene Auslegung mit beiden virtuellen Händen unterschreiben würde – selbst dann wäre absehbar, daß eine andere Zeit mit anderen gegenwärtigen Voraussetzungen bei der Relektüre zu sehr verschiedenen Ergebnissen bei der Identifizierung eines tiefern Sinnes kommen müßte. Zwar ist letzterer Aspekt der Zeitlichkeit unseres Verstehens eher eine moderne Beunruhigung, wie sie erstmals durch die ‚Querelle des anciens et des modernes' im ausgehenden 17. Jh. prominent geworden ist. Dennoch kämpft auch schon Platon im 10. Buch seiner *Politeia* mit seiner These, daß die Dichter lügen, mit dem Wellenschlag der historischen Fahrwasser. War doch jene These schon von Hesiod in seiner *Theogonie* und dort angesichts der Mythen der Alten in eine generellere hermeneutische Skepsis verwandelt worden[3].

Freilich erscheinen all diese Überlegungen noch einigermaßen abstrakt, und um eine echte und nachhaltige Herausforderung für die Philosophie darzustellen, brauchte es dementsprechend noch eine Zuspitzung jener hermeneutischen Schwierigkeit zu einer dramatischen Verwicklung der Philosophie mit der Rhetorik und einer ihr methodisch angeschlossenen Hermeneutik. Jene Verwicklung kommt zustande, wenn entgegen jener philosophischen Einsicht in die Sphäre eines tieferen Textsinnes, in der eben jener Textsinn nicht gleich identisch mit den Schöpfungsgedanken eines Rhetors sein muß, dennoch Rhetoriker als Hermeneuten auftreten und eine verbindliche Auslegung bestehender Textvorgaben für sich reklamieren – und nicht nur reklamieren, sondern wegen ihrer methodischen Schulung und dem hermeneutischen Unverständnis all jener, die ihnen glauben, auch zugesprochen bekommen. Und klarerweise ist die Dramatisierung jenes Mißverständnisses dort in der Geschichte der Philosophie zu finden, wo Platon als die Geburtstunde seiner Dialoge die Todesstunde des Sokrates ansetzt. Sokrates wird somit zum Opfer einer Hermeneutik, die ihre Kunst rhetorisch oder sophistisch mißversteht, und eben jenes Mißverständnis erweist sich dann als tödlich nicht nur für eine philosophisch solide Hermeneutik, sondern auch für jenen Philosophen, der als deren Erfinder gelten darf.

Was den Rhetoren aus der Sicht Platons vorzuwerfen ist, ist demnach ein hermeneutischer Fehlschluß, der darin besteht, von einer subjektiven Rekonstruktion eines Textsinnes auszugehen und diese

---

3 Vgl. Hesiod, Theogonie, 27: ψεύδεα πολλά λέγειν

Rekonstruktion als die objektive Wahrheit des auszulegenden Textes auszugeben. Denkt man an die historischen Entstehungsbedingungen der Rhetorik zurück, ist jener Fehlschluß durchaus nachvollziehbar. Ihr Ursprung wird von den antiken Historiographen der Zunft in Sizilien vermutet. Dort sei es nach dem Zusammenbruch der Tyrannis zu Besitzstreitigkeiten gekommen, für deren Schlichtung es keine die Besitzverhältnisse beglaubigenden Urkunden gab. So habe man sich mit Überlegungen und Argumentationen behelfen müssen, die anstatt auf die Objektivität der Verhältnisse nur noch auf deren Wahrscheinlichkeit zielen konnten. Auf dem Wege einer solchen Rekonstruktion sei das „Wahrscheinliche (*eikos*) ... als eine Möglichkeit entdeckt" worden, „in defizitären Situationen eine Orientierung zu geben. Gemäß der sophistischen Theorie ist dieses Wahrscheinliche als Produkt der Rede von eigener ontologischer Valenz"[4]. Und wenn man so will, dann haben nach Platon die Sophisten es verstanden, aus dem ursprünglichen Predikament eines Textvakuums eine Ressource zu machen: indem sie von nun an davon ausgingen und nicht mehr davon abließen, daß das Wahrscheinliche, das sie als das Ergebnis ihres rekonstruktiven Nachvollzuges tatsächlicher und textgestützter ‚Besitzverhältnisse' herausstellten, nicht nur überhaupt eine eigene „ontologische Valenz" haben sollte und damit als Entscheidungshilfe anerkannt werden müßte. Sie gingen auch davon aus, daß jenes Wahrscheinliche weit mehr als ein bloßer Ersatz für eine Wahrheit war, die objektiv unzugänglich ist, und sie vielmehr überhaupt als eine Wahrheit zu betrachten sei, die ebenbürtig selbst neben einer ausgesprochenen Textwahrheit gelten dürfe, oder ganz zuletzt selbst deren textgestützte Legitimität noch in den Schatten stellen darf. Auch das, was der Text selbst sagt, ist im besten Sinne nur wahrscheinlich, und wenn es ein ausgebildeter Rhetor besser sagen kann als der Text es selbst vermag, darf man ihm offenbar mit gutem sophistischem Rechte glauben. Ein fernes Echo dieser sophi-

---

4 Th. Schirren, Artikel „Rhetorik" in: HSK, im Erscheinen; die zu dem Zitat gehörigen Quellen sind: K. Schöpsdau, Antike Vorstellungen von der Geschichte der griechischen Rhetorik, Saarbrücken 1969 und H. Rabe, Prolegomenon sylloge: accedit maximi libellus de obiectionibus insolubilibus: Lipsiae, 1931.

stischen Voraussetzung hallt noch nach in der hermeneutischen Aussage, wie sie nach Schleiermacher populär wurde, daß der Interpret auch noch in der Lage sei, einen Autor besser zu verstehen als dieser sich selbst.

Die besondere Ironie in dem Prozeß gegen Sokrates, wie er in der *Apologie* und dem *Phaidon* geschildert wird, besteht dann darin, daß er ausgehend von dem Vorwurf der ‚Asebie', also der Gottlosigkeit, geführt wurde und man dabei Sokrates konkret vorgeworfen hatte, er selbst habe die Athener Jugend mit sophistischen Machenschaften vom rechten Wege der Wahrheit abgebracht. Die Gottlosigkeit, die damit stellvertretend für die Wahrheitsferne sophistischer Argumentation steht, wird nach Platon selbst noch einmal jenem zum Verhängnis, der über die die Gottlosigkeit der Sophisten aufklären wollte. War es doch zu befürchten, und wie sich dann herausstellte, auch noch mehr als dies, daß auch die philosophische Aufklärung über sophistische Mißverständnisse womöglich selbst noch einmal auf ein sophistisches Mißverständnis zurückzuführen war. Der Platonische Sokrates jedenfalls wird sich bis zum bitteren Ende seiner Dialoge mühen, jenen Vorwurf aus der Welt zu schaffen, zumindest noch aus der Nachwelt seiner weiteren Wirkung.

Platon und die Hermeneutik als sophistische Supertechnik

Die Schwierigkeiten der Philosophie mit der Rhetorik als einem ‚reverse engineering' wie auch mit sich selbst, insofern sie ein ‚reverse engineering' solcherlei Rhetorik betreibt und dabei selbst rhetorisch wird, sind zweierlei – zweierlei, insofern sie sehr viel später einmal wichtig werden für die Hermeneutik und ihre wissenschaftliche Rückwendung auf ihre Voraussetzungen. Die erste Schwierigkeit ist mit Platon so zu verstehen, daß auch die Philosophie oder spezieller die Hermeneutik zwar einerseits wieder die Wahrheit von Texten im Blick haben muß und nicht das Wahrscheinliche ihrer rhetorischen Rekonstruktion, andererseits aber für diese Aufgabe, die Wahrheit vom bloß Wahrscheinlichen unterscheidbar zu machen, selbst wiederum nur wissenschaftliche und somit wiederum rhetorisch einzusetzenden Mittel der Rekonstruktion zur Verfügung hat. Sie muß also, wie man es in der Wissenschaftstheorie heute gerne anschaulich macht, das Kunststück vollführen, einen schmutzigen Topf mit einem bereits schmutzigen Lappen zu reinigen. Das gelingt bei Platon, wenn man die Feinheiten für Übersichtszwecke einmal hintanstellen darf, strategisch dadurch, daß er an dem Schema der Sophistik als einer Aufklärung der Rede grundsätzlich festhält, jedoch den Unterschied zur Philosophie an der Qualität des Agenten solcher Aufklärung festmacht. Sowohl der Rhetor wie auch der Philosoph bedienen sich analoger argumentativer Mittel, nur ist der eine, bei Platon meistens Sokrates, ein integrer Mensch und nur mit den besten Absichten und einem unbeirrbaren Wahrheitswillen ausgestattet, während die sophistischen Gesprächspartner philosophische Zweifel an ihrer Wahrheitsmoral zulassen. Sowohl der Rhetor als auch der Philosoph sind demnach argumentative Techniker, wie es im *Sophistes* und dem *Politikos* in einer späten Reflexion Platons auf das Problem zuletzt mit allen daraus folgenden Aporien der sie dann noch unterscheidenden Definition deutlich wird. Jedoch ist der Philosoph ein Techniker der Rede, der in seinen Fähigkeiten wie seinen Absichten den Sophisten übertrifft. Er ist sozusagen ein Supertechniker, in der Lage, über die Unzulänglichkeiten der Sophisten auf deren eigenem Gebiete hinauszugehen und sie damit zu übertrumpfen. So läßt es sich verstehen, daß Platon gerade in der dramatischen Anlage seiner Dialoge, die gedanklich stets mit dem Tod des Sokrates in einem von Sophisten regierten Staat beginnen, eine Lösung vorschlägt, die er in der *Politeia* von Sokrates selbst als eine solche ansprechen läßt und von der man in dem gegebenen Theoriekontext meinen sollte, daß sie Anlaß gibt, den Vortragenden womöglich zunächst „mit Schmach und Gelächter ordentlich wie eine aufsprudelnde Quelle" zu „überschütten"[5]. „Wenn nicht", dann besteht die Lösung darin, daß „entweder die Philosophen Könige werden in den Staaten oder die jetzt so genannten Könige und Gewalthaber wahrhaft und gründlich philosophieren und also dieses beides zusammenfällt, die Staatgewalt und die Philosophie, die vielerlei Naturen aber, die jetzt zu jedem von beiden einzeln hinzunahen, durch eine

5 Platon, Politeia, 473c (Übersetzung Schleiermacher).

Notwendigkeit ausgeschlossen werden, eher gibt es keine Erholung von dem Übel für die Staaten, [...], und ich denke auch nicht für das menschliche Geschlecht, noch kann jemals zuvor diese Staatsverfassung nach Möglichkeit gedeihen und das Licht der Sonne sehen, die wir jetzt beschrieben haben"[6].

Die Lösung bei der philosophischen Auszeichnung des Subjektes der staatstragenden oder vernichtenden Redetechnik zu suchen ist freilich keine Platonische Eigenheit im Sinne einer zeitkontroversen Einstellung. Vielmehr muß man sich vergegenwärtigen, daß es sich bei der ‚subjektiven' Verbesserung der Sophistik im wesentlichen um noch nicht viel anderes handelt als um eine Säkularisation bestehender Macht- und der damit verbundenen Auslegungsverhältnisse. So wie bei politischen Entscheidungen und einer Debattenlage, in der die Dinge zuletzt pari pari standen und die Pythia in Delphi als Orakel befragt werden mußte, so erscheint auch der Philosophenkönig weiterhin als eine subjektiv verkörperte ultima ratio aller Argumentation. Nur hat er es eben nicht mehr mit der Auszeichnung einer Inspiration durch einen Zugang zu höheren Quellen zu tun, sondern muß sich den Deutungsvorteil auf eine argumentative Weise zugute halten lassen. Interessant in diesem Zusammenhang ist es natürlich, daß die Berufsbezeichnung des Hermeneuten an sich bei Platon noch an einer philosophisch bereits vergangenen Form eines höheren Einverständnisses mit dem tieferen Textsinn festgemacht wird. So erscheinen die ‚hermeneutai' im *Politikos* als jene Interpreten, die „para theon anthropois"[7] genannt werden, also als Interpreten, Schleiermacher übersetzt mit „Dolmetscher", der Götter bei den Menschen auftreten und klassischerweise deshalb auch gleich mit den allseits bekannten Wahrsagern identifiziert werden. Und so gesehen hat natürlich auch der Philosoph in seinem hermeneutischen Stammbaum den Wahrsager als seinen disziplinären Vorfahren einzuschätzen. Was jedoch genau an die Stelle tritt, die systematisch bei den Vorfahren der Hermeneuten noch die göttliche Eingebung war, also der Quell der Wahrheit, das wird, je später die Dialoge entwick-

6 Ebd. 473 c-e.
7 Platon, Politikos, 290 c.

lungsgeschichtlich angesetzt werden, um so schwieriger zu fassen. Die Frühdialoge, die man grob gesprochen als aporetisch einstuft, hatten eine kritische Funktion darin, daß sie die im Gespräch beteiligten Sophisten auf ihre logischen Widersprüche und moralischen Defizite aufmerksam machten. Die mittleren Dialoge waren, wenn man auch dies für Übersichtszwecke und deshalb nur grosso modo behaupten darf, zuletzt mit dem Entwurf eines eigenen Wissenskonzeptes beschäftigt, das der Gadamerschüler Wolfgang Wieland in Zeiten der neuaufkommenden Sprachpragmatik einmal mit dem ‚Know-how' im Gegensatz zum wissenschaftlichen ‚Know-that' auf einen hermeneutischen Methoden-Begriff gebracht hat[8]. Die Spätdialoge jedoch, wie das obige Zitat aus dem Politikos bereits andeutet, geben sich auch mit einer solchen Auszeichnung eines subjektiv (und wenigstens den Sophisten) überlegenen Wissens nicht mehr zufrieden. Hier wird noch einmal fraglich, ob die früheren Konzepte wie auch die Rezepte der mittleren Phase überhaupt dem Umgang mit den Sophisten angemessen sein können. Aristoteles hat in seinen Lehraufzeichnungen jene frühen und mittleren Motive der Sophistenkritik schulmäßig dargestellt, so daß ihre Reichweite leichter deutlich wird. In einer rein formalen Hinsicht werden die sophistischen Widerlegungen als ‚sophistici elenchi' zu einer Teildisziplin der formalen Logik und somit zum Teil eines ‚Organons', in dem nur erst die Hilfsmittel zum Philosophieren erlernt werden. Mit solchen Widerlegungen werden demnach nur Fehlschlüsse vermieden. In einer inhaltlichen Perspektive wird die rede-technische Aufwertung von bloßen Wahrscheinlichkeiten zu glaubhaften Wahrheiten im Rahmen der Rhetorik verortet und auch wiederum kritisierbar, indem sie einer einsehbaren Logik folgen muß. Im Unterschied zu den formallogisch angelegten ‚sophistischen Widerlegungen' ist es in der Rhetorik jedoch eine Sachlogik, der man wegen der Verpflichtung des guten Redners auf die ‚pragmata', also den argumentativen Sachgehalt einer Sachlage, zu folgen hat. Somit wird auch hier nur ein Trennstrich gezogen zu dem, was philosophisch nicht statthaft

8 W. Wieland, Platon und die Formen des Wissens, Göttingen (2. Auflage) 1999.

ist. Klar ist aber noch lange nicht, wie über die Vermeidung von formalen und sachlichen Fehlschlüssen hinaus die Konkurrenz zum Sophisten noch einmal positiv im Sinne der Philosophie entschieden werden kann. Fraglich ist damit zuletzt, ob mit dem Schema des philosophisch geschulten Hermeneuten als eines Supertechnikers der Rede das Beweisziel zu erreichen ist, wie die Hermeneutik als ein ‚reverse engineering' der Rhetorik eine tatsächlich verbesserte Sophistik sein kann. Oder noch weiter auf das hermeneutisch Wesentliche heruntergebrochen stellt sich die Frage, ob die Hermeneutik als eine prozeßverkehrte Rhetorik bei den Gedanken eines Subjekts enden kann, ohne die Wahrheit des Textes damit zugleich und methodisch sogar notwendig aus den Augen zu verlieren. Ist dem gewieftesten Philosophen, als der Sokrates in den Platonischen Spätdialogen anfangs wenigstens im *Politikos* noch auftritt, nicht zu trauen, wenn er auf logischem Definitionswege zu keiner wirklich überzeugenden und formal haltbaren Unterscheidung in Abgrenzung zum Sophisten kommt, dann scheint mit dem Schema der Hermeneutik als abhängig von einem Supertechniker der Auslegung etwas Grundsätzliches nicht zu stimmen. Und Parmenides im *Parmenides* wird dies abschließend bestätigen, indem er auf gedanklich virtuoseste Weise klarmacht, wieviel einer logisch nicht mehr faßbaren und einholbaren Metaphysik (eben jene des Parmenides) im philosophischen Spiel eines plötzlich wieder jung und naiv erscheinenden Sokrates gewesen sein muß, und zwar vom ersten Anfang seiner Dialoge an.

Aristoteles und die Hermeneutik als Sprachanalyse

Die zweite Lösung, die in der Antike mustergültig erarbeitet wurde in der Frage, wie eine Hermeneutik als methodische Umkehrung gelingen kann, stammt von Aristoteles und plaziert sich in einer konsequenten Fortentwicklung der Platonischen Überlegungen. Jene endeten aus Platonischer Sicht noch in einer Sackgasse, insofern der letzte Fluchtpunkt der Wahrheitsfindung bei dem Rückverfolg des Textsinnes auf seinen wahrhaftigen Ursprung gesucht werden mußte in der überlegenen Einsicht eines Hermeneuten – dort aber nicht mehr in letzter Instanz dingfest gemacht werden konnte, solange man nicht mehr mit dem alten Parmenides davon ausgehen durfte, daß im Denken des Philosophen nur das wirklich Seiende Bestand hat, d.h. Denken und Sein eines sein muß[9]. Denn was geschieht, – und das mußte sich der Platonische Sokrates von Anfang bis Ende seiner kunstvoll überlieferten Gespräche zurückfragen lassen – wenn eben auch der Sophist als der täuschend echt erscheinende Zwillingsbruder des Philosophen dieselbe Wirklichkeit für seine nur wahrscheinlichen Konstrukte einfordert, wie es der Philosoph auch tut. Dann bleibt eben doch nur der Ausweg, auf der Inspiration durch eine höhere Einsicht zu bestehen, die man mit Platon die Wesensschau der Dinge nennen kann.

Und weil das offenbar der Fall ist, und der Fluchtpunkt der Hermeneutik bei der Person des Hermeneutikers zuletzt ins unabsehbar Metaphysische ausgreift, nimmt Aristoteles das Problem von der anderen, sachlichen Seite her ernst. Unser Dilemma, einen schmutzigen Topf mit einem bereits schmutzigen Lappen zu reinigen, wird also nicht beim Subjekt gesucht, das den Topf reinigt, sondern beim Topflappen. Und dabei geht Aristoteles, um ein letztes Mal im Bilde zubleiben, davon aus, daß nur der oberflächliche Eindruck von dem Reinigungsmittel kein philosophisch ungetrübter ist und man demnach durch eine verständige Trennung zweier Seiten desselben noch zu einer brauchbaren Lösung kommen kann. Die zwei Seiten des Reinigungsmittels sind zwei Seiten einer sprachlichen Analyse, die nun zu Zwecken sophistischer Verstellung einerseits und zu philosophischer Klärung der Sache andererseits unterschieden werden können. So macht Aristoteles in seiner Neubestimmung der *Rhetorik* den folgenreichen Unterschied zwischen einer Kunst der Überzeugung und einer Kunst der Überredung, die beide – und beim Sophisten jedoch noch voneinander ungeschieden – eine Sache zu einer bestimmten Form der Darstellung bringen können. Die Überredung ist absehbar dann jene blamable Form der Rhetorik, die sprachliche Mittel (nämlich das rhetorische Pathos) dazu einsetzt, beim Hörer oder Leser Emotionen hervorzurufen, um zu einer gewünschten

9 Parmenides, Fragmente, in: Hermann Diels/Walther Kranz, Fragmente der Vorsokratiker, Berlin 1952, S. 231: B3 „to gar auto noein te kai einai".

Reaktion der Wahrheitszuschreibung zu kommen. Dagegen steht die Überzeugung als eine Argumentation, die bei gehörigem Nachvollzug die von der Rede Betroffenen der fraglichen Einsicht in die Sache näher bringt. Freilich bleiben die Stilmittel der Überredung auch bei Aristoteles noch legitime Bestandteile der Rhetorik, dann nämlich, wenn aufgrund der Komplexität der Sache oder der Uneinsichtigkeit der Zuhörer der Redner mit seiner Argumentation alleine nicht würde überzeugen können und so mit dem ‚falschen' Mittel der Emotionenregulierung dennoch zur sachlich richtigen Überzeugung beitragen kann. Eine dazu ergänzende Fassung eines rhetorischen Gefühlsmanagements hat der Dramendichter zu verantworten, der nicht bestimmte sachdienliche Gefühlsengagements hervorbringen will, sondern zu einer Katharsis von solchen Emotionen beitragen soll, die eine sachliche und nüchterne Betrachtung menschlicher Angelegenheiten sonst verhindert. Der ‚schlechte' Teil der Rhetorik (und Poetik) kann so zu einem guten Ende eingesetzt werden, immer im Sinne einer Hinführung zum Verständnis der Sache, also propädeutisch selbst dann, wenn die Sache an sich von den Zuschauern und Zuhörern nicht vollkommen eingesehen werden kann.

Eine weitere Unterscheidung ist innerhalb der argumentativen Seite vorzunehmen. Einerseits muß die Rhetorik jene allgemeinen Argumentationsregeln berücksichtigen, die bei jeder strengen Wissenschaft zur Anwendung kommen, hierzu gehören die Schlußregeln der Aussagenlogik, die Grundzüge einer Modallogik und als Spezialität die schon erwähnten ‚sophistischen Widerlegungen', die sich besonders mit den trickreichen Fehlschlüssen der Sophisten beschäftigen. Andererseits muß die Rhetorik eine Argumentation strukturieren, wie sie nicht in wissenschaftlichen Kontexten alleine brauchbar und gültig ist, sondern sich auch im Rahmen unübersichtlicher und beschränkter Geltungssphären, und das heißt besonders in den Kontexten der Lebenswelt bewähren kann. Es geht formal dann darum, die abstrakten Schlußverfahren der Logik in Kontexte mit offenen Enden einzubetten, was technisch wiederum bedeutet, nicht von unumstrittenen und wahren Prämissen ausgehen zu können, sondern nur von wahrscheinlichen und damit auch bestreitbaren Voraussetzungen in der Argumentation zu starten. So baut die *Rhetorik* auf einer *Topik* auf, die als die Lehre von den argumentativen Örtern mit strategisch wechselnden Ausgangspunkten der Betrachtung rechnet und für eine solche Lage noch eine sachdienliche Orientierung verspricht. „Topos hoten epicheireteon"[10], der Ort, von dem aus eine Argumentation aufzusuchen ist, bestimmt sich durch ein Suchverfahren, das grundsätzlich eine Unterscheidung des wesentlichen Aspektes einer Sache von der unwesentlichen Seite derselben fordert, was Aristoteles seiner Kategorienlehre entsprechend als einen Unterschied von Substanz und Akzidenz beschreibt[11]. Die Frage jedoch, was im Einzelfall als Substanz und was als Akzidenz angesehen werden soll, bleibt eine nur vorläufig zu machende Festlegung, die sich also letztverbindlich wird niemals beweisen lassen können. Aristoteles hat mit seiner Lehre von den Örtern, gemeint als eine Anleitung, wie in noch unsondiertem Terrain möglicher Argumentation gangbare Wege gefunden werden können, um überzeugend zu wirken, die Hermeneutik demnach weiterentwickelt zu einer ‚ars inveniendi', einer Kunst, das rechte Argument zu finden. Aber genauer könnte man sagen, daß diese eine Kunst ist, ein Argument zu finden, *noch bevor* überhaupt ein Text entstanden ist, dem man ein solches Argument zuordnen sollte. Handelt es sich bei den Handreichungen der *Topik* ja auch um solche, die aus dem Anwendungsfeld der *Rhetorik* stammen. Und so ist diese Kunst wiederum eine, die ganz zuletzt und, trotz allen Zugewinns an Rationalität und Verläßlichkeit, immer noch das Problem, das die Philosophie mit der Sophistik hat, nicht endgültig lösen kann: daß es nämlich auch dieser Kunst nur um das Wahrscheinliche geht, nicht um die Wahrheit. Immer ist also noch ein Täuschungsvorbehalt zu machen, der selbst bei der Überzeugungsarbeit des guten Redners gegenüber den Überredungskünsten des gewitzten Sophisten nicht ausgeräumt werden kann. Immer noch muß ein gedankliches Fragezeichen bleiben, ob man mit der ‚ars inveniendi' als einer Kunst der Findung richtiger Argumente tatsächlich zurückgeht auf den tatsächlichen Sinn und das eigentlich Gemeinte, oder um die phänomenologisch-hermeneutische Wendung des 20. Jhs. zu bemühen, um die Sache selbst; ob also die Kunst der Findung nicht selbst noch eine

---

10 Aristoteles, Topik, VIII, 1; 155b 4f.
11 Vgl. Topik Buch I, Kapitel 7–9.

findige Kunst ist, wie sie von jener der Sophisten nicht grundsätzlich verschieden sein kann.

Das Problem also war gewesen, daß die Hermeneutik als eine prozeßverkehrte Rhetorik zur ursprünglichen Wahrheit zurückführen sollte, jedoch im Lichte des Wirkens der Sophisten nur beim bloß ‚Wahrscheinlichen', der ‚eikosia' oder dem ‚verosimile' endete, also dort, wo zwar Ähnlichkeit zur Wahrheit besteht, aber nachweisbar eben keine nachweisbare Wahrheit selbst. Nach philosophischer Klärung der personalen und technischen Voraussetzungen der Kunst konnte zwar ausgeschlossen werden, daß es eine Täuschungsabsicht beim philosophischen Gebrauch der Kunst gibt, nicht aber, daß es deshalb zugleich eine Täuschungsresistenz geben kann. Platon endete mit seinen Gedanken dementsprechend bei einer moralischen Läuterung des Hermeneuten (die ein wenig tautologisch in einer besseren Einsicht in die Sache selbst bestand), Aristoteles dagegen bei einer Läuterung der Sprache der Argumentation, d.h. dem Ausschluß ihrer möglichen Fehlschlüsse und der Herausstellung ihrer korrekten logisch-pragmatischen Struktur. Der eine also beim Künstler, der andere bei seiner Kunst, und beide in der Aporie, daß auch dem aufrichtigsten Künstler in letzter Instanz nicht zu trauen ist, und auch dem Künstler nicht, der sich an alle legitimen Regeln seiner Kunst hält. War der Philosoph bei Platon der Dichter, der nicht lügt, so ist er bei Aristoteles der Rhetor, der sich logisch nicht vertut – und dennoch bleibt zuletzt immer noch etwas Dichterisches an dem einen und etwas Sophistisches an dem anderen haften[12].

---

12 Freilich möchte ich nicht den Eindruck erwecken, Platon und Aristoteles hätten kein philosophisches Konzept in der Hinterhand gehabt, um dieser mißlichen Lage in der Kontroverse mit der Sophistik zu entkommen. Erst recht sollte dieser Eindruck vermieden werden, da dies eine hermeneutisch informierte Einschätzung sein will. Und so ist gleich und gerne zugestanden, daß Gadamers Berufung auf die Platonischen Dialoge als die gültige Form auch der modernen Hermeneutik zuletzt gute Gründe hatte. Sie sind in einem Surplus an Wahrheit zu finden, die durch das Dialogische und Kritische der sokratischen Redekunst ins Spiel gebracht wurde. Und Aristoteles konnte sich von Heidegger schon recht verstanden fühlen, wenn er die existentielle Setzung des Wahrscheinlichen als des Wahren – trotz all ihrer horizontalen Beschränktheit – als für unser Dasein letztverbindliche

Augustinus und die Vollendung der Hermeneutik als einer Kunst

Ausgehend von dem Gedanken einer Hermeneutik als der methodischen Umkehr der antiken Rhetorik wird maßgeblich für deren Vollendung als einer Kunst Augustinus werden. Wenn man die biographischen Umstände einer vorangegangenen Karriere als Rhetor in Rom und der rhetorischen Ausbildung in Orientierung an Cicero beiseite läßt, erweisen sich zwei systematische wie historische Voraussetzung als für diese Vollendung entscheidend.

Zum einen ist die historische Voraussetzung jene des Christentums, die zu der systematischen Annahme führt, daß nun in der Tat die Hermeneutik als eine retroaktive Anwendung der Rhetorik gelten darf: denn nun gibt es in dem christlichen Gott tatsächlich einen Autor, dessen Konzeption der Sache zugleich als deren Wahrheit aufgefaßt werden kann; zum anderen zeigt sich das sprachliche Mittel der Hermeneutik als ein solches, das nicht nur Wahrscheinliches und damit nur Wahrheitsähnliches hervorbringt, vielmehr ist das Wort nun tatsächlich als wahrheitsfähig in umfassendem Sinne zu denken. Auf Autorseite wie auf Medienseite scheint verbürgt, daß eine kunstvolle und regelgeleitete Auslegung überhaupt in der Lage ist, den Weg zum Ursprung des Gedankens als dessen Wahrheit zurückzuweisen.

Damit hat sich die hermeneutische Situation bereits grundlegend verändert. Anders als bisher muß die Philosophie die Her-

---

Form philosophisch ernüchterter Wahrheitsfindung ansehen konnte. Dennoch ist bei diesem Zugeständnis auch klar, daß es sich hier um spezifisch moderne Inanspruchnahmen handelt, die bei Gadamer so gesehen eben nicht ohne den Rekurs auf die Hegelsche Dialektik und ihren historisch beglaubigten Wahrheitsanspruch auskommen konnten, bei Heidegger nicht ohne die Kierkegaardsche Dialektik eines *Entweder/Oder* im Sinne einer nachhaltigen Existenzaufhellung. Der viel beschworene ‚Logos' der alten Griechen hat so gesehen in seiner hermeneutischen Ausdeutung immer etwas Anachronistisches an sich – zumindest soviel, daß die antike Wirkungsgeschichte der ‚Logos'-Zentrierung die Akten noch lange nicht als geschlossen ansehen konnte – ganz besonders mit Blick darauf, was das wechselseitige Bedingungsverhältnis von Rhetorik und Hermeneutik angeht.

meneutik nicht mehr in einem Feld der öffentlichen Debatte über öffentliche Angelegenheiten führen, bei denen es um Vergangenes (Rechtsangelegenheiten), Gegenwärtiges (das Selbstverständnis der Gemeinschaft in Festtagsbekundungen) oder Zukünftiges geht (bei politischen und existentiellen Grundsatzentscheidungen). Vielmehr ist der Argumentationsraum der Hermeneutik nun von außen nach innen verlagert. Für Augustinus ist damit verbunden der Rückgang vom ‚foro externo' zum ‚forum internum', und jenes ‚forum internum' ist das menschliche Herz, in dem verhandelt und entschieden, gefühlt und gedacht wird. Und wiederum ist mit jener Internalisierung der Debatte verbunden, daß zugleich alle Unsicherheiten über die Bewertung von Vergangenem, über den Kern der Gemeinschaft mit anderen in der Gegenwart wie auch hinsichtlich der Erwartung des Zukünftigen aufgehoben werden können. Die Unsicherheiten verschwinden, wenn als Grundlage der Hermeneutik von der Paulinischen Trias von Glaube, Liebe und Hoffnung ausgegangen wird. Der Glaube hat als seinen wesentlichen Bestandteil die Gewißheit über einen Fakt der Vergangenheit, daß Gott Mensch gewordenen ist, die Liebe hat ihren Kern in der gegenwärtigen Einheit von Mensch und Gott wie auch von Mensch und Mensch, insofern alle in einem grundsätzlichen Sinne der Erlösung zur Gemeinschaft der Gläubigen zählen; und die Hoffnung schließlich ist ein vorläufiger Modus der Gewißheit im Vertrauen darauf, daß die existentielle Zukunft vorherbestimmt ist und damit durch eine Heilsgewißheit im besten Sinne annehmbar erscheint. Das Ende aller Unsicherheit in der zu führenden Debatte im menschlichen Herzen und in karitativer Sorge Gottes um den Menschen hat dann wiederum jene zwei schon von Aristoteles auseinandergehaltenen rhetorischen Seiten. Auf der einen der beiden, jener der bisherigen Überredung, hatte man es bis dato mit dem philosophischerseits unangenehmen Umstand zu tun, daß übergeordnet der Beweisabsicht eines Redners besondere Interessen im Spiel gewesen sein mögen und dazu passend diffuse Emotionen, Ängste oder Hoffnungen geschürt wurden. Jene Überredung zum ‚Schlechten' oder ‚Bösen' durch das interessierte Schüren sachfremder Emotionen wird unmöglich, sobald mit der fürsorglichen Caritas Gottes zugleich in deren Empfänger eine grundsätzlich wohlwollende und damit moralisch ausgezeichnete

Disposition hervorgebracht wurde. „Inquietum est cor nostrum, donec requiescat in te, Deo“[13] („unruhig ist unser Herz, solange es nicht in Dir ruht, Gott“), heißt es zu Beginn der *Confessiones*, sobald aber einmal jene Ruhe eingekehrt ist im gläubigen Vertrauen auf Gottes weise Vorhersicht und seiner liebenden Zuwendung zur Menschheit, kann auch die Auslegung im Schutze aller emotionalen Anfechtungen und Verstellung entstehen.

Komplementär dazu wird auf der Überzeugungsseite, auf der klassischerweise argumentiert wird, ebenfalls eine Verinnerlichung veranschlagt, die von den wechselnden äußeren rhetorisch einzunehmenden Standpunkten zu einer sachlichen Fixierung führen. Augustinus macht dazu in *De trinitate* die für die Hermeneutik später noch so wichtige Unterscheidung zwischen einem äußeren Wort und dem „verbum interius“[14]. Beide verhalten sich zueinander wie Körper und Seele: Das äußere Wort ist immer an einen bestimmten Wortkörper und damit an eine bestimmte Sprache und ihre besonderen Ausdruckmöglichkeiten gebunden; dagegen ist das ‚innere Wort‘ begabt mit dem tieferen Sinn, den alle seine äußeren Wiedergaben niemals in Reinform und seiner ganze Fülle an Bedeutung wiedergeben können. Die Hermeneutik hat dann die Aufgabe, die Veräußerlichung des Sinnes in der Sprache wieder rückgängig zu machen und dies besonders an jenen Stellen der Texte, an denen der Ausdruck dunkel und unverständlich erscheint. In *De doctrina christiana* stellt Augustinus im dritten Buch heraus, was man alles auslegungstechnisch falsch machen kann, wenn man eben den Unterschied zwischen einem wörtlichen und einem übertragenen Verständnis an der jeweils falschen Stelle macht und wörtlich Gemeintes übertragen auslegt, übertragen Gemeintes dagegen wörtlich[15]. Wie es zuletzt gemeint ist, dafür gibt es ganz zum Schluß noch ein Kriterium, und zwar ein solches, das nicht nur eine hermeneutische Wahrscheinlichkeit verspricht dadurch, daß man wie bisher auch schon im Textvergleich den

13 Augustinus, Confessiones, 1, 1 (Augustinus, Bekenntnisse, Frankfurt am Main 1987, S. 14.)

14 Augustinus, De trinitate, Buch XV, 11, 20; 15,25.

15 Vgl. Augustinus, Die christliche Bildung (De doctrina christiana), Stuttgart 2002, S. 102ff.

Sinn einer einzelnen Stelle an der Auslegung des Ganzen orientiert, und also durch analoge Schlüsse es wahrscheinlich macht, daß die eine in einem Abgleich zu der anderen Stelle zu verstehen ist. Wie es zuletzt gemeint ist, das erweist sich dem Ausleger dadurch, daß seine Auslegung das Grundvertrauen in den heiligen Text schließlich bestätigt, mit dem er an die Deutung herangegangen ist: Konkret und im Falle der Bibelauslegung muß sich durch die Klärung einer dunklen Stelle eben jene Seelenruhe wieder einstellen, die als Voraussetzung der Klärung dieser vorangegangen war. Hier liegt dann klarerweise ein hermeneutischer Zirkel vor, der jedoch nicht mehr im Wechselspiel von Text und Ausleger den letzten Sinn im Vagen und Wahrscheinlichen belassen muß, sondern im Wechselspiel von göttlichem Text und einem von Gott geliebten Ausleger eine jede gelungene Auslegung sogleich als eine Bestätigung eben jener Vertrauens- und Fürsorgebeziehung vorstellig macht, was dann die bisherige und bloße Wahrscheinlichkeit eines richtigen Text-Verständnisses zur Gewißheit steigert, man habe die Wahrheit auf dem Auslegungswege tatsächlich und richtig ermittelt. Wenn man demnach mit der richtigen Einstellung an die Lektüre des Textes herangeht, dann wird die Lektüre des Textes die Einstellung bestätigen, mit der man an die Auslegung herangegangen ist. Und daher kann es zugleich nur eine einzige und wahre Auslegung des Textes geben, um den es Augustinus geht, weil die Bibel als das Wort Gottes sich wiederum nur demjenigen erschließt, der in der Lage ist, sich Gott und seiner Dreifaltigkeit auf dem Wege von Glauben, Liebe und Hoffnung zu nähern; wie wiederum die richtige Auslegung der Bibel einen umgekehrt dem einen Gott erst so nahe bringt, daß wir die Tiefe seiner Paulinischen Botschaft von Glaube, Liebe und Hoffnung als solche ermessen können. Die Schwierigkeit, wie es der Augustin-Leser und -Verehrer Heidegger in *Sein und Zeit* formuliert hat, ist es demnach, nicht den Zirkel gemäß dem wissenschaftlichen Vorurteil der Unzulässigkeit von Zirkelschlüssen zu vermeiden, die Schwierigkeit ist hier ganz offenbar jene, überhaupt erst einmal in den Zirkel „nach der rechten Weise hineinzukommen“[16]. Denn stimmt die Herangehens-

16 M. Heidegger, Sein und Zeit, a.a.O., S. 153.

weise, stimmt auch das Ergebnis, bekommt man aber kein Ergebnis, bekommt man auch keine Möglichkeit, sich der Sache des Textes und dem, was damit wirklich gemeint ist, zu nähern.

Die Theologie des Mittelalters jedenfalls konnte diese Schwierigkeit eines womöglich prekären Einstieges in den Zirkel der Auslegung von Glaubensdingen in der Bibel noch hintanstellen und verwandelte dementsprechend mit wissenschaftlich gutem Gewissen die klassischen rhetorischen Konzepte der Textproduktion zu solchen der hermeneutischen Textkommentierung. Wesentliche Bestandteile ergeben sich deshalb in der Umkehrung der Fragerichtung gemäß der klassischen Anwendungsfelder einer Rede, die sich auf Vergangenes, Gegenwärtiges und Zukünftiges beziehen muß. Hinsichtlich des Vergangenen war es immer die Frage in juristischen Zusammenhängen, wie faktisch vorliegende Einzelfälle unter eine generelle Regel subsumiert werden können. Hierzu entwickelt die Theologie eine *Kasuistik*, die sich in ihrer additiven Form immer neu hinzuzudenkender Anwendungsfälle und verfeinerter Fragestellungen in den mittelalterlichen *Summen* der Theologie niederschlägt, am prominentesten natürlich bei Thomas von Aquin. Hinsichtlich des zukünftig zu Regelnden wird eine *Dogmatik* ausgebildet, die auf Konzilen zu diskutieren ist und in Erlässen kodifiziert wird. Die Dogmatik kann sich nach außen oder nach innen richten und dann zu politischen Bullen ‚ad perpetuam rei memoriam' führen oder zur Ausformulierung eines kanonischen Kirchenrechts. Hinsichtlich der Gegenwart tut sich die Theologie leicht, insofern mit der Bibel ja eine Gegenwart im Unendlichen angedacht ist, so daß jeder Gottesdienst und jede Messe zu einer Feier des christlichen Gemeinschaftsgeistes wird und die Rhetorik des Festtages in einer *Homiletik* mit all ihren speziellen Aufführungspraxen festgeschrieben werden darf.

Entwicklungsgeschichtlich reicht die Phase einer Fortschreibung der Rhetorik in der Hermeneutik unter umgekehrten Vorzeichen ihrer Prozeßausrichtung noch weit in den Rationalismus der Neuzeit. Zwar geht man nun prinzipiell von der Methodik der menschlichen Vernunft aus, um sich dem tieferen Textsinn zu nähern, dennoch bleibt die Wahrheitsvermutung an die Annahme eines sie verbürgenden Subjektes gebunden. Immer dann, wenn die alte, aus der antiken Sophistik ererbte Täuschungsanfälligkeit im Rückgang auf menschliche Einsichtsmöglichkeiten und endliche Interessenlagen zu einer neuen hermeneutischen Generalverunsicherung führen könnte, kommt noch einmal eine Berufung auf einen allgütigen und allwissenden Gott ins Spiel. Descartes hatte um der hermeneutischen Seelenruhe seiner *Meditationen* willen deren Gottesbeweise zuletzt als eine Antwort auf das sophistische Gespenst universaler Sinnverstellung durch das Wirken eines ‚malin génie' konzipiert. Leibniz erreicht mit seiner metaphysischen Synchronisierung endlicher Geister mit dem unendlichen Geist in seiner *Monadologie* den systematischen Höhepunkt einer solchen rationalistischen Rückversicherung, und Baumgartens Anbindung der sinnlichen Urteile an die rational gefällten in Form einer eigenständigen *Ästhetik* bildet deren systematischen Abschluß, insofern nun zuletzt alle Endlichkeit des menschlichen Schließens sogar dort, wo solche Schlüsse nur anschaulich nachvollzogen werden, in der Unendlichkeit logischer Wahrheiten noch ein letztes Mal aufgehoben werden kann.

Johann Konrad Dannhauer konnte zwar die Cartesische Analyse-Anleitung, vom Komplexen auf das Einfache zurückzugehen, schon kennen, als er 1654 das Werk in Straßburg vorlegte, in dem die Hermeneutik zum ersten Male als eine eigenständige Spezialdisziplin erwähnt wird: „Hermeneutica sacra sive methodus exponendarum sacrarum litterarum"(„Heilige Hermeneutik oder Methode der Auslegung heiliger Texte"). Aber schon zuvor hatte er in zwei Werken bewiesen, wie ihn zugleich mit Descartes ein neuer Methodengedanke leitete. Auch er sah wie Descartes die Aufgabe der intellektuellen Meditation darin, schwer zu verstehende Dunkelheiten und Zweifel zu überwinden, und auch er sah den genealogischen Rückgang auf einen ersten Ursprung, von dem aus ein jeder nachfolgender Zweifel zu beheben wäre, als die zielführende Fragerichtung. Anders als bei Descartes jedoch war seine analytische oder auch reduktionistische Methode nicht von der Geometrie und zuletzt Euklid inspiriert; Dannhauers Vorgehen ‚more geometrico' nimmt eine Anleihe vielmehr bei dem Diagnoseverfahren der Medizin, also im Rückgang auf Hippokrates. Wenn man so will, kommt also bereits in der bewußt vollzogenen Gründungsphase der Disziplin in der Neuzeit ein zeitlicher Aspekt mit ins Spiel, insofern die Rede von einer ‚ersten Ursache' in einem genetischen Sinne zu nehmen ist. Danach muß man bei bestehenden Schwierigkeiten, die durch Widersprüche verschiedener Symptome entstehen, eine Anamnese durchführen, die zur Klärung im Auffinden einer Ursache führt, aus der heraus dann die bestehende Faktenlage konsistent erklärt werden kann. Dannhauer sieht im Lichte einer solchen medizinischen Methodik das Verstehen in Analogie zur Physiologie, das Mißverstehen in Analogie zur Pathologie und seine Neufassung der Hermeneutik schließlich als eine philosophische Form der Therapie[17].

Freilich endet die Parallele der *Hermeneutica generalis* Dannhauers zu Descartes' *Meditationen* noch nicht an dem Punkt, an dem alle Textzweifel meditativ-anamnetisch auf eine Wurzel des Übels zurückgeführt werden, um von diesem Punkt an wiederum therapeutisch zu einer sinnvollen Rekonstruktion der bestehenden Textannahmen und ihrer Wahrheitsansprüche zurückzuführen. Auch er kämpft im Verlaufe seiner hermeneutischen Sinn-Rekonstruktion alles Bestehenden damit, daß die Last der Wahrheitsansprüche auf den Schultern des auslegenden Subjektes womöglich zu groß sein könnte, trotz (oder im letzten Ende sogar wegen) der methodischen Stütze, die das auslegende Subjekt durch seine neuen rationalistischen Auslegungsmittel an die Hand bekommt. Denn wie schon zu Zeiten der Sophistik ist eine jede Argumentationsmethode, so probat ihr Mittel und so verläßlich ihr Prozedere auch sein mag, doch einem Virtuosentum zugänglich, das in der Vollendung der Kunst das Beste wie auch das Schlechteste hervorbringen kann. So taucht auch bei Dannhauer wiederum das Gespenst einer universellen Verblendung durch eine methodisch geschickte Verdrehung aller Argumentation auf, die aus einer Hermeneutik der Wahrheit eine Hermeneutik des Scheins macht. Überläßt man es dem auslegenden Subjekt, ausgehend von einer meditativ oder hermeneutisch aufgefundenen Wahrheit alle übrigen Wahrheiten wieder daraus abzuleiten und zu rekonstruieren, kann es eben sein, daß beim Auffinden der ersten Wahrheit wie der Ableitung aller letzten Wahrheiten das moralische Vorzeichen nicht stimmt. Wie bei Descartes'

17 Vgl. M. Jung, Hermeneutik zur Einführung, Hamburg 2007 (3. Auflage), S. 47.

zweifelndem Zusatz, der aus einem absoluten Genie der Auslegung, dem man alles zutrauen darf, womöglich zugleich ein ‚malin génie' macht, so stellt auch Dannhauer mit der Präsentation einer methodisch perfekten Auslegung zugleich zwei mögliche moralische Inanspruchnahmen vor: *Idea boni disputatoris et malitiosi sophistae* (*Die Idee eines guten Disputators und eines boshaften Sophisten*), und: *Idea boni interpretis et malitiosi calumniatoris* (*Idee eines guten Interpreten und eines boshaften Verleumders*). Und wie bei Descartes braucht es zuletzt wieder einen Rückhalt des endlichen Subjektes samt seiner perfektionierten Methode der Auslegung in jenem Subjekt, das hermeneutisch gesehen als der wahre Autor aller Dinge gelten darf, weil seine Konzeption der Dinge nicht mehr Schein sein kann, insofern er der Schöpfer der Dinge selbst ist. Nicht umsonst schickt auch Dannhauer seine beiden „Ideen" propädeutisch einer *Hermeneutica sacra* (*Heilige Hermeneutik*) voraus. Denn anders als die „juristische" oder „logische" oder „medizinische Grammatik", zu der die Dannhauersche Hermeneutik als eine „allgemeine Hermeneutik" den Methodenkern markieren soll, findet der subjektive Ausleger im Rahmen einer *Hermeneutica sacra* immer noch einen subjektiven Gegenhalt in einem Gott, dessen überlegene Sinngebung schließlich höchste Objektivität verspricht.

Kulturgeschichtlich ist in dem Zusammenhang auch kurz daran zu erinnern, daß das Erschrecken des frühen 17. Jh.s über die Möglichkeit einer universellen Täuschung durch eine Technik gewordene Hermeneutik einen höchst profanen Auftakt hat. Shakespeares *Othello* hat dazu eine Bühnenfassung bereitgestellt, und auf dem Spielplan steht hier zwar noch nicht unser Weltvertrauen im Großen und Ganzen und Metaphysischen, dafür aber unser Weltvertrauen im Praktischen und Privaten und Physischen. Wie es später philosophisch ausformuliert werden wird, beginnt das neuzeitliche Drama mit einer Grundschwierigkeit: von der Basis ausgehend eines als unüberbietbar angenommenen, durch alle (politischen) Regeln der Kunst abgesicherten Vertrauens des Subjektes (Othello) in eine Welt, die sich durch moderne Kriegsführung hat methodisch erobern lassen; wie auch auf der Basis eines Vertrauens, das begleitet von der Sanktionierung aller (bürgerlichen) Regeln und als eine Form von absolut gedachter (und somit göttlicher) Liebe zur nächsten (Desdemona) nicht zu überbieten ist. Durch solcherlei Weltvertrauen und Menschheitsvertrauen, das ‚klarer und distinkter' nicht zu haben ist, geht ein Riß, sobald bei einem neuerlichen Ausgriff auf die Welt ein ‚malin génie' oder eine ‚malitiosus sophista' mit ins Spiel aufgenommen wird (Jago). Jago ist methodisch und technisch gesprochen das hermeneutische Nadelöhr, durch das aller Weltkontakt hindurch muß, Jago ist der Dolmetscher der Botschaften von außen, die dem Subjekt in seiner informationellen Abschottung und Innerlichkeit als Wahrheit entgegenkommen, und Jago ist schließlich jenes Genie, das in der Lage ist, richtig und falsch methodisch virtuos so zu verdrehen, daß an Stelle einer konsistenten und kohärenten Welterfassung, die der Wahrheit ‚wirklich' entspricht, ein ebenso konsistentes und kohärentes Weltbild gesetzt wird, das die Wahrheit in ihr vollkommenes Gegenteil verkehrt. Perfide an der Versuchsanordnung, die Shakespeare hier stilbildend dem kommenden Jahrhundert vorgibt (das Stück wurde geschrieben 1603/04), ist der Umstand, daß jener Interpret, das ‚malin génie' namens Jago, im besten und größten Vertrauen als Interpret von Othello ja selbst gewählt wurde, also die methodische Verstellung ironischerweise immer dort beginnt, wo in der alten Welt (also vor dem Erwachen der methodischen Skepsis) noch die freundschaftlichen Vertrauensvorschüsse am freigiebigsten gegeben werden durften. Das Nächste und Naheliegende in der Sinngebung ist damit schon wieder das Fernste und Fernliegende. Perfide an der Versuchsanordnung Shakespeares ist der weitere Umstand, daß die Bühne als das literarische Labor zur Gewinnung jener Einsicht selbst wiederum eine Schauseite hat, die sich zum Publikum öffnet, und damit zugleich fraglich wird, wie verläßlich die Literatur selbst in ihrer Aufklärung über jene andauernde und offenbar überall lauernde Möglichkeit eines abgrundtiefen Trugs und der alles Wahre pervertierenden Lüge ist. Womöglich ist auch das Stück *Othello* selbst noch einmal Teil jener Inszenierung von Wahrheit als Lüge, perfiderweise, indem hier Aufklärung darüber versprochen wird, wie aus der perfekten Lüge ein schillerndes Schauspiel der Wahrheit werden kann. Shakespeare wäre also selbst ein Jago an der Stelle, an der die Welt des schönen Scheins der Bühne mit dem Schein der schönen Welt eine begrifflich nicht mehr zu fassende Beziehung eingeht. Und es wird wenig mehr als drei Jahrzehnte dauern, bis der Stoff als solcher noch einmal reinszeniert wird, theatertechnisch wie ontologisch zugleich als eine ‚mise en abîme'. Dann erscheint schon im Titel die Reinform des Gedankens, nachzulesen in Calderons *La vida es sueno* (*Das Leben ist ein Traum*). Und die Frage, ob die Wirklichkeit wirklich Wirklichkeit ist, solange das auf sich gestellte Subjekt in seinen eigenen Weltkontakten womöglich immer einer Fremdkontrolle unterliegt, für diese Frage hat der Rationalismus offenbar nur eine konservative Antwort parat: eben jene – so unangenehm es methodisch auch erscheinen mag, weil man ja gerade selbstbewußt die Loslösung von der Gotteszentrierung aller Philosophie und Scholastik im Mittelalter vollzogen hatte –, doch noch einmal um philosophische Amtshilfe bei jenem Subjekt zu bitten, dessen Gedanken klassischerweise für die Wirklichkeit der Wirklichkeit bürgen können[18]. Im Schauspiel ist

18 Wie die Fortentwicklung des Rationalismus im 18. Jh. bei Leibniz, Wolff und Baumgarten jene diplomatisch anzugehende Amtshilfe Gottes bei der Beglaubigung subjektiver menschlicher Einsichten immer raffinierter gestaltete und zugleich auch zeitgemäßer, ist oft beschrieben worden, unüberbietbar elegant immer noch bei Blumenbergs Rekonstruktion einer *Legitimität der Neuzeit*. Und wie zugleich die Weiterentwicklung der Hermeneutik bei Johann Martin Chladenius und Georg Friedrich Meier auf die raffinierteren Einbindungen reagiert, ist auch des öfteren und auch schon von den neueren Schulgründern bemerkt worden. Besonders die Nähe der Lehre von dem „Sehe-Punckt" des Interpreten in Chladenius' *Einleitung zur richtigen Auslegung vernünftiger Reden und Schriften* von 1742 zur Leibnizschen Monadologie wurde hevorgehoben. Hier wird das Problem verhandelt, wie die Perspektivität endlicher Subjekte bei der Interpretation unendlicher Wahrheit so behandelt werden kann, daß sie nicht in einem Relativismus allen Interpretierens endet. Und Leibniz' Monadologie sah für solche Fragen der Synchronisierung endlicher Einsichten mit unendlicher Wahrheit bekanntlich das Modell einer ‚prästabilierten Harmonie' vor. Bekanntes soll man nicht unnötig wiederholen, vergleiche zum „Sehe-Punckt": J.M. Chladenius, Einleitung zur richtigen Auslegung vernünftiger Reden und Schriften, Düsseldorf 1969, S, 188; zur Würdigung der darauf aufbauenden hermeneutischen Einsicht in die Vielfalt möglicher Auslegung bei vorausgesetzter Einheit des Sinnes des Gemeinten: H.G. Gadamer, Wahrheit und Methode, Grundzüge einer philosophischen Hermeneutik, (5. Auflage), Tübingen 1986, S. 278f; zur Analogie von Leibniz' Monadologie und Meiers Hermeneutik z.B. M. Jung, Hermeneutik zur Einführung, a.a.O., S. 52f.

der Autor, der im Stück zumindest noch vom dortigen Regisseur der ‚mise en abîme' mit einem so theatralischen wie theoretisch zweideutigen Augenzwinkern vertreten werden kann, im Leben und der ‚richtigen' Welt natürlich nur noch Gott, in dessen Angesicht der Blick des Interpreten für die Wahrheit dagegen noch einmal fest und unbeirrt werden sollte.

B. Zur Klassik der Hermeneutik: oder: von der Selbstauslegung der Texte

Erste Phase: Luther und Melanchthon

Phase zwei schließt an Phase eins an, wenn das Umkehrverhältnis von Rethorik und Hermeneutik nicht mehr stimmt und Hermeneutik im Anschluß an die Aufkündigung wechselseitiger Bezogenheit schließlich zum Selbstzweck wird. Was ist systematisch wie historisch geschehen? Gehen wir von der Herkunft der Hermeneutik aus, dann war sie zu verstehen in dem Schema, in dem ein Autor einen Text produziert und ein Interpret den Text deutet, um zu den Gedanken des produzierenden Autors und dem von ihm tatsächlich gemeinten Sinn vorzudringen. Der Text war somit nicht mehr als eine Instanz der Vermittlung zwischen dem Subjekt, das den Text verfaßt hat, und dem Subjekt, das den Text interpretiert. Die Hermeneutik als eine prozeßinverse Rhetorik war die Kunst, bestehende Schwierigkeiten beim Verständnis des Textes zu beheben und es damit dem Text zu erlauben, seine Vermittlungsfunktion zwischen einem Subjekt als dem Produzenten und dem Subjekt als dem Rezipienten des vom Autor gemeinten Sinnes wahrzunehmen. So war Hermeneutik eine Hilfswissenschaft, weil sie half, den Text zu verstehen, der seinerseits nur ein Hilfsmittel dafür war, wie sich Subjekte an sich und unmittelbar verstehen können müßten (wenn sie denn für ein Mal nicht auf mediale Formen der Vermittlung angewiesen wären).

Phase zwei tritt nun systematisch ins Werk, wenn historisch der Glaube daran schwindet, daß einerseits ein verläßlicher Autor hinter einem Text steht, und andererseits ein verläßlicher Interpret auf die Deutung des Textes angesetzt ist. Verläßlich sind Autor und Interpret nur dann im alten hermeneutischen Sinne, wenn deren Absichten zugleich die Wahrheit des im Text geäußerten Sinnes verbürgen, wenn also keine sophistischen Interessen im Spiel sind, die zur Täuschung führen. Rhetorische Konstruktion und hermeneutische Rekonstruktion bauen darauf auf, daß Autor wie Deuter grundsätzlich nichts anderes im Sinn haben, als zu der Wahrheit im Text zu stehen und damit wirklich zu meinen, was sie sagen. Sie werden unsicher, wenn sich zwischen Wissen und Güte ein Zwiespalt auftut, und sie werden der hermeneutischen Idee einer Deutung als solcher schließlich gefährlich, wenn Wissen und Güte der Autoren und Rezeptoren in keinem Entsprechungsverhältnis mehr stehen. Wenn dann zwei ‚malins génies' einander gegenüberstehen, wird Hermeneutik zu einem Spiegelfechten, das mit der Sinn- und Wahrheitsfindung im Text nichts mehr zu tun hat.

Wenn dies der Fall ist und weder dem Subjekt auf Autorenseite noch dem Subjekt auf Rezeptorenseite ein hermeneutischer Kredit eingeräumt werden darf, dann löst sich auch die methodische Klammer von Hermeneutik und Rhetorik auf: Wo im Ursprung keine echten Gedanken, da im spiegelbildlichen Nachvollzug auch keine richtige Wiedergabe, oder im besten Falle nur noch die richtige Wiedergabe des Falschen. Und wenn die methodische Klammer von Rhetorik und Hermeneutik gelöst wird, dann erscheint der Text und seine Auslegung schon nicht mehr im Status der Vermittlung, denn er vermittelt dann nicht wirklich zwischen zwei Subjekten, die einander von vornherein nicht verstehen können, weil sie täuschungsabsichtlich oder täuschungsanfällig agieren. Und wenn der Text schließlich nicht mehr als vermittelnde Instanz zwischen zwei Subjekten angesetzt wird, dann wird er selbst methodisch zu mehr als nur einem Sinnträger, er wird zugleich zum Sinngeber, so paradox das womöglich im ersten Anlauf und ohne die historischen Hintergründe und ihre Zeitevidenzen klingt. Und wenn er selbst nicht nur Sinnträger, sondern auch Sinnstifter ist, dann ist er im Zusammenfall der Seiten des alten Schemas zugleich und komplementär gedacht auch noch der einzig verbliebene Sinnempfänger. So muß man demnach systematisch davon ausgehen, daß nicht nur wie bisher aller Sinn im Text enthalten sein muß, sondern auch, daß der Text selbst am Ursprung dieses Sinnes anzusetzen ist und am Ende seiner Formulierung zugleich mit dessen Ausdruck auch sein Verständnis mit einschließt. Der Text interpretiert sich auf diese Weise selbst, oder, wenn man die historische Rollenverteilung beibehält, dann interpretieren nur Texte noch Texte. Texte sind somit die einzig verbliebenen hermeneutischen Agenten. Und die Art und Weise, wie bisher die Konstruktion von Sinn im Autoren-Subjekt angesetzt wurde, wird damit zur textimmanenten Konstruktion von Sinn im wechselseitigen Zusammenspiel der Zeichen, die Art und Weise, wie bisher die Rekonstruktion auf Rezeptorenseite verstanden wurde, ebenfalls zu einer immanenten Rekonstruktion textinterner Sinnbezüge. Und aus der Hermeneutik, die selbst nur eine Kunst war, dem Text als einer Hilfs- und Vermittlungsinstanz von Sinn selbst behilflich zu sein, indem sie die Prinzipien von Konstruktion auf der Rhetorikseite und der Rekonstruktion nachvollzog – eine solche Hermeneutik rückt absehbar vom Status einer Hilfswissenschaft in den Modus einer Vollwissenschaft auf, zugleich der einzig wirklichen und verbliebenen Vollwissenschaft. Letzteres spätestens dann, wenn die Philosophie die transzendentale Wende vollzieht und dabei klar wird, daß die hermeneutischen Verstehensbedingungen zugleich die Bedingungen der Möglichkeit von Welt- und Sinnverstehen überhaupt sein müssen.

Jene Emanzipation der Hermeneutik von der methodischen Klammer der Rhetorik und ihr damit verbundener Aufstieg zur universalen Wissenschaft allen Sinnverstehens und -geschehens vollziehen sich historisch in zwei Schüben. Sie haben damit zu tun, daß die zuvor für den Verstehensprozeß konstitutiven Subjekte als mögliche Sinngaranten nacheinander in zwei Schritten wegfallen. Zuerst ist es im Rahmen einer sakralen Hermeneutik das Zentralsubjekt aller Sinngebung, Gott, das im ausgehenden Mittelalter als fern und verborgen und allen weltlichen Nachfragen menschlicherseits unzugänglich erscheint und damit die Voraussetzung dafür schafft, daß auch seinen hauptamtlichen Interpreten und Stellevertretern in Verwaltungsangelegenheiten nicht mehr getraut wird. So ist zu verstehen, wie es zum ersten Mal in der Geschichte der Hermeneutik zu der radikalen These kommt, daß der Bibel-Text vollkommen aus sich selbst verständlich sein muß, oder wie es Luther hermeneutisch wendet: Der „literalis sensus, der thuts“[19], der Wortsinn gibt bereits alles zu verstehen und bedingt so, daß die Bibel in der Lage ist, sich selbst auszulegen und jedem Laien, der sie in die Hand nimmt, vollkommen und aus sich selbst heraus verständlich zu machen. „Als ich jung war, da war ich gelehrt, und sonderlich, ehe ich in die Theologia kam, da ging ich mit Allegoriis, Tropologiies und Anagogiis um, und machte eitel Kunst. Wenns j(e)tzt einer hätte, er trüge es umher für eitel Heilthum. Aber ich weiß, daß es ein lauter Dreck ist. Nu hab ichs fahren lassen, und ist meine beste und erste Kunst, tradere scripturam simplici sensu. (...) da ist Leben, da ist Kraft, Lehre und Kunst innen; in dem andern, da ist nur Narrenwerk, wiewol es hoch gleißet“.

Hinter dem philologischen Auslegungsproblem steht offenbar ein tieferes Verständigungsproblem im Dialog von Mensch und Gott, anders wäre schon der drastische Tonfall nicht zu verstehen – auch wenn er als Luthers Eigenheit gilt, aber *der* Luther mit der mönchisch-bäurischen Drastik des Ausdruck und seine reformatorische Karriere sind selbst wiederum nur die Antwort auf ein dramatisch empfundenes Zeitbedürfnis. Der Punkt, um den es jenseits der Auslegungstechnik geht, ist jener, daß mit den drei Schichten des Schriftsinns, die Luther mit der allegorischen, tropologischen und anagogischen Auslegung anspricht, offenbar nichts mehr angesprochen wird, was auf einen Gegenhalt von göttlicher Seite treffen könnte, oder weniger religiös gewendet, was in der Welt des Gläubigen auf eine Evidenz trifft, die es die Mühe wert macht, so auszulegen. Auf Philo von Alexandrien zurückgehend – und zuletzt von Augustinus von Dakien Ende des 13. Jh.s für das Mittelalter gültig reformuliert – traut die Lehre vom vierfachen Schriftsinn der wörtlichen Schilderung nur soviel zu, daß sie Auskunft gibt über Fakten und Geschehnisse. Der allegorische Schriftsinn meint, daß in dem

19 M. Luther, Tischreden, Band 5, in: D. Martin Luthers Werke. Kritische Gesamtausgabe, Weimar/Graz 1967, S. 45, Nr. 5285.

Text etwas anders gesagt wird (all' agoreo) als es bei der Erstlektüre nach dem Wortsinn verständlich wird, Augustinus von Dakien verbindet diese allegorische Auslegung mit dem, was der Bibellektor glauben soll. Der dritte Sinn der Schrift, der von Luther der tropologische genannt wird und es damit mit den rhetorischen Wendungen des Textes zu tun hat, nennt Augustinus von Dakien den moralischen Sinn, der lehrt, was man tun soll, und der anagogische als der ‚hinführende' zuletzt weist darauf hin, wonach der Gläubige streben soll[20]. Schon bei dem, was der Gläubige glauben soll, beginnt also die Luthersche Abwehr einer über den Schriftsinn hinausgehenden Hermeneutik, erst recht bei dem, was der Gläubige tun soll und schließlich bei dem, was als ein letztes Ziel in der Ausrichtung von Glaube und Handlung angenommen werden soll. Überall erscheinen die Ausdeutungen jener Sphären von Glaube, Liebe und Hoffnung Momente von Beliebigkeit und damit einer Subjektivität des Auslegers zu enthalten, die es zu „Narrenwerk" machen, weil man sich an Dinge hält, die offenbar nicht mehr schlüssig nachvollzogen werden können. Die Klage Luthers über die weltlichen Zustände ist dabei das eine, das Bekannte. In seiner Kritik der Ablaßbriefe und der päpstlichen Steuerpolitik ist der klassische Vorwurf enthalten, daß hier Glaubensdinge mißbraucht werden für sehr weltliche Interessen, wobei auch hier noch einmal ein Augenmerk auf die besondere und neue Form des Wirtschaftens in der beginnenden Neuzeit als ein die moralisch prekäre Lage verschärfender Umstand gelegt werden könnte. Und der weltliche Vorwurf hat eine sakral-hermeneutische Schlagseite, insofern mit dem äußeren Ablaß zugleich der Zugang zu einem Heil versprochen wird, der nach Augustinus wiederum nur aus dem engeren Zirkel einer Bibellektüre und der ihr zugehörigen Lese-Disposition des Gläubigen heraus hätte bestimmt werden dürfen. Neben der Klage über solche weltlichen Verfehlungen der kirchenstaatlich bestellten Ausleger hat Luthers Abwehr einer rhetorisch geschulten Schriftauslegung aber auch einen tieferen Sinn, jenen nämlich und ganz offenbar, daß auch der anderen

20 Vgl. in der Zusammenfassung und Übersicht Karen Joisten, Philosophische Hermeneutik, Berlin 2009, S. 46.

Auslegungsseite nicht mehr wie bisher eine Responsivität zugesprochen wird. Was verhandelt und ausgehandelt werden soll im allegorischen, tropologischen und anagogischen Sinne wurde ja bisher als eine Art Angebot verstanden, das der Ausleger dem Autor macht, und der Autor via der Resonanz seines Textes und seiner Kontexte dem Deuter entweder bestätigt oder verwirft. Als die Grundeinsicht Luthers darf es aber gelten, daß auf der anderen Seite des Textes, dort, wo ihr Ursprung liegt, niemand mehr ist, der mit uns und den Auslegern seiner Schrift überhaupt noch verhandeln wollte. Es gibt kein Subjekt, das im Sinne weltlicher Autoren in der Lage wäre, gegenzuzeichnen, und damit anzuerkennen, was er gemeint haben könnte und was nicht, in dem, was er sagt und was er nicht sagt. Als der dogmatische Niederschlag jener hermeneutischen Ernüchterung darf Luthers Lehre von der Prädestination gelten, die er dogmengeschichtlich von Augustinus übernimmt. In dem hier vorliegenden Zusammenhang möchte ich jedoch jene dogmatische Setzung anders interpretieren, wirkungsgeschichtlich und als hochaufschlußreich in seiner tieferen Systematik für die Philosophie der Neuzeit, wobei zu bemerken ist, daß ich jenen Gedanken für die eigentliche Einsicht Hegels in die Genese der Neuzeit halte – zumindest ließen sich so Einwände abwehren, die Hegel immer vorwerfen, er hätte Luther und den Protestantismus bei weitem überschätzt in ihrem Stellenwert für die Fortentwicklung der Philosophie.

Der Gedanke ist systematisch gesprochen jener, daß mit Luther bereits (und ein Stück weit wenigstens) die Abkehr von dem ‚dogmatischen Schlummer' vollzogen wird, in den nach Kant die Philosophie (und erst recht für Luther dann die Theologie) verfallen war, wie auch eine Abkehr von einem Skeptizismus, der als das Gegenstück zu solchem Dogmatismus die bloße Verzweiflung an die Stelle eines ungerechtfertigten Grundvertrauens in die Glaubenssätze setzt. Für eine historische Stützung jener These reicht hier der Platz und der essayistische Atem nicht aus, es gälte auf dogmatischer Seite die Entwicklung der Konzeptionen einer Gottesnähe zu einer Gottferne nachzuvollziehen, wie sie im Verlauf des 13. Jh.s intellektuell akademisch vorbereitet wird und im Verlauf des 14. und 15. Jh.s durch äußere Umstände dramatisch begünstigt erscheint, so daß am Ende mit Blumenberg gesprochen die Vorstellung eines ‚Voluntarismus' steht, also die Vorstellung, daß es den allmächtigen und allwissenden Gott immer noch gibt, daß er aber von den Dingen der Welt so weit entfernt ist, daß seine Allgüte im besten Falle noch als eine Form der wohlwollenden Gleichgültigkeit verstanden werden darf[21]. Komplementär zu einer Krise des Dogmatismus angesichts eines fehlenden Gegenhaltes der Dogmen in einer Welt, die als gottfern erlebt und verstanden wird, ist ein Skeptizismus anzusetzen, der schon mit der Möglichkeit gottloser Zustände rechnet. Ihr Ursprung ist in der hochmittelalterlichen Konzeption der Glaubensschwäche zu finden[22], die noch beim endlichen Subjekt vermutet wird, also bei der Unfähigkeit des Gläubigen, wirklich von der Wahrheit des Heils ergriffen und durchdrungen zu werden. Handelt es sich doch um eine Müdigkeit der Seele, die nicht ergreifen kann, was ihr von der Schrift als ihr Heil verheißen wird. Abgründiger wird diese Glaubensschwäche jedoch, wenn von der Angebotsseite her, also von Gott, schon die ausgestreckte Hand längst wieder zurückgezogen erscheint und die endliche Seele selbst im größten Elan und mit ausgefeilter Text-Findigkeit sich nicht mehr in der Lage wähnen darf, zu ergreifen, was ihr im übrigen auch schon nicht mehr geboten wird. So zieht sich in absteigender Bewegung von einem zuende gehenden Mittelalter her eine Entwicklungslinie, ausgehend von einer Mystik, deren Seelenaufschwung bei Hildegard von Bingen, Meister Eckhart und Heinrich Seuse schon durch Sprachlosigkeit und exklusive Privatheit erkauft ist, zum Versuch einer Mathematisierung jenes gläubigen Aufschwungs ins Begriffs- und Mitteilslose, wie sie exemplarisch beim frühen Nikolaus von Kues durchgeführt wird; weiter zu einer Naturphilosophie, wie sie der zu Unrecht vergessene Raimundus Sebundus konzipiert, in dessen *Theologia naturalis* auf intuitive Weise im ‚Buch der Natur' nachzuvollziehen sein soll, was sich im

21 Vgl. dazu noch einmal H. Blumenberg, Die Legitimität der Neuzeit, a.a.O.

22 Vgl. dazu die hochmoderne Interpretation Michael Theunissens, der die mittelalterliche ‚Acedia' auf ein tieferliegendes Zeitproblem und dabei besonders auf die Unmöglichkeit zurückführt, Ewigkeit und Endlichkeit in ein synchronisierendes Entsprechungsverhältnis zu bringen. M. Theunissen, Vorentwürfe von Moderne. Antike Melancholie und die Acedia des Mittelalters, Berlin 1996.

Aufschwung der Seele und ihrer scholastischen Stützen schon nicht mehr ergreifen läßt[23]. Jene Linie endet entwicklungsgeschichtlich im 16. Jh. bei Montaigne und einer zur Haltung geronnenen generellen Skepsis, wie er sie innerhalb seiner Essays in dem zentralen Versuch einer *Apologie des Raimundus Sebundus* auch in theologischer und philosophischer Rücksicht gut begründet. Kernpunkt ist eine endgültig gewordene Glaubensschwäche, die nicht mehr der Scheu vor Mühen seitens des Gläubigen alleine geschuldet ist, sondern einer solchen, die sich ebenso sehr aus einer Scheu vor Mühen von göttlicher Seite her speist[24].

Ausgehen möchte ich also wie bei Kant so auch bei Luther von einer systematischen Parallele einer Überwindung eines dogmatischen Schlummers wie auch eines Skeptizismus aus Glaubensschwäche, eingerechnet selbstverständlich die jeweiligen Zuschnitte der historischen und entwicklungsgeschichtlichen Hintergründe. Und folgern möchte ich daraus eine vergleichbare, quasi transzendentale Wende Luthers in einer Abwendung von einer haltlos gewordenen Metaphysik auf objektiver Seite und einem empiristischen Zweifel am tieferen Sinn der Welttatsachen; und zugleich damit eine Zuwendung postulieren zu einer allem Sinngeschehen vorauszusetzenden Kausal- und Begriffsordnung, die damit zugleich als die Bedingung der Möglichkeit eines jeden Sinnverstehens erscheint.

Die Lehre von der Prädestination bringt eine solche Wende mit sich, weil sie bereits auf der ‚vertikalen' Achse der Verortung von Mensch und Welt (und Gott) dem Ausleger die ganze Verhandlungsbasis entzieht, auf der noch die Möglichkeit von metaphysischem Entwurf und skeptischem Gegenentwurf beruhte. Wenn einmal zugestanden ist, daß die Frage des Seelenheils nicht aushandelbar ist, sondern von Beginn der Zeiten an im Ergebnis längst feststeht, dann ist es vollkommen sinnlos, von der Seite des menschlichen Sub-

23 Vgl. R. Sabundus, Theologia Naturalis seu Liber Creaturarum, Stuttgart Bad-Cannstatt 1966 (Neudruck der Ausgabe von 1852); vgl. dort besonders den Prologus S. 26*–39*.

24 Eine solche Entwicklungslinie habe ich in der Monographie: Montaigne und die Moderne. Zu den philosophischen Grundlagen einer Epochenwende, Hamburg 1997, glaubhaft zu machen versucht.

jektes ausgehend Gott und der Welt Angebote zu machen, wie man sie beide denken muß, damit die Dinge zusammengenommen einen Sinn ergeben und man als Mensch und Seele darin einen sinnvollen Platz findet. Eine jede Metaphysik, die als ein solches Plazierungs-Angebot verstanden werden will und noch von offenen Enden in der Übersicht ausgeht, kommt demnach immer schon zu spät, wo das Wesentlichste, auf das es der menschlichen Seele ankommen muß, schon entschieden ist. Sie taugt nicht einmal mehr als eine Kosmetik, die noch zur Verschönerung der eigenen Situation beitragen kann, da es bei dem prinzipiellen Ja oder Nein auch keine Zwischentöne der Aussage mehr gibt, die sich wenigstens im Nachhinein noch irgendwie schöndeuten oder annehmbar machen ließen. Ja ist Ja und ein Nein ist Nein, tertium non datur.

Ebenso ist dann einsehbar auch von Gottes Seite nichts mehr bei der Auslegung seines Textes zuzugeben oder einzuräumen. Auch wenn der menschliche Prätendent ein Virtuose der Auslegung oder sogar der Verdrehung der Argumente wäre, da die Heilsordnung schon geschrieben ist, ist damit auch von Gottes Seite bereits alles entschieden, was metaphysisch für uns Menschen wertvoll ist und noch zu verhandeln wäre. Selbst wenn Gott wollte, könnte er nicht in einen Auslegungsdialog eintreten, der uns weiterhelfen würde. Kein Wunder, ob natürlich und äußerlich gedacht oder auch ‚nur‘ als solches einer inneren Konversion angenommen, keine Erleuchtung und keine Extase, kein logisch zwingendes Schließen und keine rhetorische Brillanz wäre mehr in der Lage, als irgendein relevantes Zeichen von der menschlichen Gegenseite auf Gottes besondere Gnade zurückgeführt zu werden. Es wäre im besten Falle bloß ein Superadditum zu Glauben und Wissen, das zu diesem jedoch substantiell nichts mehr beitragen könnte[25].

---

25 Auch wenn natürlich ausgehend von Calvins theologischer Zeichenlehre erstaunliche Wirkungen ausgehen können, sobald ein weltlicher Reichtum als ein solch äußeres Zeichen im Sinne des Protestantismus gewertet werden darf. Es darf dann davon ausgegangen werden, man habe angesichts eines solchen sich einstellenden Reichtums seine Berufung in seinem Beruf gefunden und sei damit tatsächlich an der Stelle angekommen, an der Gott unseren Platz in der Welt vorhergesehen hat und sei somit zuletzt

Die Drehung der Auslegungsachse von der vertikalen Ausrichtung kommunizierender Subjekte zu der vertikalen Achse eines mit sich kommunizierenden Textes kann man bereits, wie ich zumindest hier nahelegen möchte, auch mit einer transzendentalen Strategie gleichsetzen. Die Lehre von der Prädestination hat demnach nicht nur den Ausschluß klassischen metaphysischen Denkens zur Folge, insofern es diesem die Verhandlungsbasis für vernünftig oder verschmitzt miteinander umgehende Subjekte (konkret: dem Weltautor und dem Theologieprofessor) entzieht, sondern setzt auch zugleich einem jeden subjektiven Verstehen ein in es eingelassenes Schema voraus, das allem seinem Verstehen vorausgesetzt ist, im zeitlichen Sinne wie im logischen Sinne, beides verstanden als eine nicht mehr zu umgehende Form von Erkenntnisstruktur. Zeitlich ist die Prädestination früher als alles menschliche Überlegen, weil sie dem Plan vor der Erschaffung der Welt entsprungen ist; erkenntnislogisch ist die Prädestination vorauszusetzen, weil sie das Schema vorgibt, nach dem alle Abläufe in der Welt zu denken sind, so daß sie am Ende einer durchgängigen und konsistenten Heilsordnung entsprechen. Nun kann man natürlich zuallererst einwenden, daß die Prädestination zwar allem und jedem Ding in der Welt seinen Platz in der Kausalfolge der Weltereignisse zuweist, aber eine derart motivierte Zuweisung in Heilsangelegenheiten nicht einer Kantischen Erkenntnistheorie und deren transzendentalphilosophischen Vorgaben entspricht. Im einen Fall geht es nur um das Erkennen im Lichte der Heilsfrage, im anderen um Erkennen überhaupt, und dieses Erkennen überhaupt ist wiederum orientiert an naturwissenschaftlichen Einsichten. Das ist unbestritten, und dennoch darf man den transzendentalen Status der Lutherischen Vorsehungslehre dann als einen solchen begreifen, wenn aus der Sicht des Theologen es zumindest nichts Wichtigeres im Erkennen des Menschen geben konnte, als eben das, was sein Seelenheil angeht.

---

mit sich und Gott im Reinen. Max Webers These von einem Zusammenhang zwischen der protestantischen Ethik und dem Geist des Kapitalismus jedenfalls sieht darin ein entscheidendes Movens für geistesgeschichtliche Folgen, die für das Entstehen der Moderne grundlegend werden. Vgl. M. Weber, Die protestantische Ethik und der Geist des Kapitalismus, a.a.O.

Diese These von einem Apriori der menschlichen Erkenntnis ausgehend von der Prädestinationslehre und ihrer Heilsordnung läßt sich hermeneutisch folgendermaßen stützen. Zuerst darf daran erinnert werden, daß die Auseinandersetzung um die richtige Bibelauslegung von Luther in seiner Streitschrift *De servo arbitrio* von 1525 geführt wird, mit der er auf die von Erasmus von Rotterdam vorgegebene Position der Annahme eines freien Willens antwortet, wie sie in dessen wiederum gegen Luthers *Von der Freiheit eines Christenmenschen* gerichteten Diatribe *De libero arbitrio* untermauert wird. Der Humanist und Rhetoriker Erasmus hatte sich nicht zuletzt auch auf Betreiben des Papstes 1524 gegen die Rechtfertigungslehre Luthers gewandt und dabei die Freiheit des Willens als eine Wahlfreiheit (arbitrium) verstanden, die im Leben wie im Lesen der Bibel gleichermaßen wirksam sein können muß; im Leben, weil die gute Tat prinzipiell von Gott honoriert werden können muß, im Lesen der Bibel, weil in der höherstufigen (also über den Wortsinn hinausgehenden) Ausdeutung des Evangeliums es auch erlaubt sein muß, das persönliche Sinnanliegen im objektiv vorliegenden Text wiederzuerkennen. Jene Lektürefreiheit schien es ja zu sein, die sich der Humanismus gegenüber der Scholastik erst wieder hatte erkämpfen müssen und im Gefolge jener Freiheit eine Literatur neu auflegte, in der sich das Individuum mit seinen individuellen Sinnbedürfnissen wiederentdecken konnte.

Luther antwortet auf diese arbiträre Freiheitsunterstellung in seiner Schlußzusammenfassung von *De servo arbitio* ganz im Sinne seiner Prädestinationslehre: „Denn wenn wir glauben, es sei wahr, daß Gott alles vorherweiß und vorherordnet, dann kann er in seinem Vorherwissen und in seiner Vorherbestimmung weder getäuscht noch gehindert werden, dann kann auch nichts geschehen, wenn er es nicht selbst will. Das ist die Vernunft selbst gezwungen zuzugeben, die zugleich selbst bezeugt, daß es einen freien Willen weder im Menschen noch im Engel, noch in sonst einer Kreatur geben kann“[26]. Und so fällt auch auslegungstechnisch gleich jene Freiheit wieder weg, die

26 M. Luther, De servo arbitrio, Übersetzung: http://www.heiligenlexikon.de/Literatur/Martin_Luther_unfreier_Willen.htm. (Text ist ohne Seitenangabe) Lateinisches Original: Luthers Werke, hg. v. O. Clemen, Bd. 3, Berlin 1966, S. 291.

Erasmus so nachdrücklich im Sinne des Humanismus einforderte: daß es nach menschlichem Ermessen zugehen sollte, selbst dort, wo es um das Richten nach dem göttlichen Gesetz geht. Bisher war nur die Heilsgeschichte Christi wörtlich zu erschließen, weil es dort um Historisches und um Heils-Tatsachen ging, die keiner weiteren allegorischen und moralischen Ausdeutung bedurften, und daran knüpft Luther an, indem er aus den Heilstatsachen weiter auf die Deutungsfragen des Evangeliums im Ganzen schließt: „Denn was kann in der Schrift noch Erhabeneres verborgen sein, nachdem die Siegel aufgebrochen sind (Offb. 6, 1) und der Stein von der Grabestür gewälzt ist, jenes höchste Geheimnis verkündigt worden ist, daß Christus, der Sohn Gottes Mensch geworden, daß Gott dreifältig und doch einer sei, daß Christus für uns gelitten hat und ewiglich regieren werde. Ist das nicht in aller Welt bekannt und verkündigt? Nimm Christus fort aus der Schrift, was wirst Du weiter in ihr finden?“[27]. Über den Buchstabensinn hinaus garantiert nun in Luthers Augen das dort dem Leser offenbar Gewordene auch eine Einsicht in die Art und Weise, wie er jene Leidensgeschichte subjektiv nachvollziehen und auf seine eigene Person anwenden soll. Für solche Anpassungszwecke schien bislang eine allegorische oder auch tropologische Auslegung von Priesterseite erforderlich. Luther sieht dies anders und hält Erasmus vor: „Wir kommen jetzt zum Neuen Testament, wo wiederum eine Fülle von befehlenden Worten für jene elende Knechtschaft des freien Willens in Schlachtordnung aufgestellt wird und die Hilfstruppen der fleischlichen Vernunft herbeigerufen werden, nämlich die Folgerungen und Gleichnisse, so als ob Du gemalt oder im Traume den König der Fliegen umgeben von strohenen Lanzen und Schilden aus Heu gegen eine wirkliche und richtige Schlachtreihe von Kriegsmännern antreten sähest. So streiten die menschlichen Träume der Diatribe wider die Heerhaufen der göttlichen Worte“[28]. Oder mit

27 Ebd., Übersetzung erneut entnommen aus: http://www.heiligenlexikon.de/Literatur/Martin_Luther_unfreier_Willen.htm (Text ist ohne Seitenangabe); original: Luthers Werke, a.a.O., S. 101.

28 Ebd., Übersetzung: http://www.heiligenlexikon.de/Literatur/Martin_Luther_unfreier_Willen.htm (Text ist ohne Seitenangabe); original: Luthers Werke, a.a.O., S. 181.

weniger (seelenheils-)martialischer Rhetorik versehen: „Wir möchten vielmehr dafür uns aussprechen, daß weder eine Ableitung noch eine bildliche Bedeutung bei irgendeiner Schriftstelle zugelassen werde, wenn nicht der eindeutige Zusammenhang der Worte das erzwingt und der Widersinn der vor Augen liegenden Sache, die gegen [irgendeinen Artikel des Glaubens verstößt. Sondern überall muß man sich der schlichten, reinen und natürlichen Bedeutung der Worte anschließen, wie sie die Grammatik und der Sprachgebrauch fordert, den Gott unter den Menschen geschaffen hat – Wenn nun es irgend einem erlaubt sein soll, nach seiner Willkür Ableitungen und Bildworte in der Schrift zu erdichten, was wird dann die ganze Schrift anderes sein, als ein vom Winde hin und her bewegtes Rohr? Dann wird – gleich in welchem Glaubensartikel – fürwahr nichts Sicheres weder festgesetzt noch bewiesen werden können, mit dem Du nicht durch irgendeine Bildrede Deinen Spott treiben könntest. Man muß vielmehr jede Bildrede, welche die Schrift selber nicht erzwingt, meiden wie das allerkräftigste Gift“[29].

So folgert Luther aus jener Verinnerlichung des Sinngeschehens von einem Auslegungs-Dialog zwischen Mensch und Gott zu einer schriftinternen Angelegenheit – insofern die Bibel ‚sui ipsius interpres' wird – zugleich, daß der Mensch, der nun überhaupt den Sinn der Bibel verinnerlicht hat, sich a priori gar nicht mehr täuschen kann, wenn er die Notwendigkeit der göttlichen Vorsehung und seines Gesetzes eingesehen hat. Die Beseelung durch den Schriftsinn bewirkt, daß unterschieden wird zwischen einem Modus von Erkenntnis, der immer richtig sein muß, und einem Modus, in dem überhaupt nichts richtig erkannt wird, weil er nur in täuschenden Vereinzelungen und einem Chaos der Eindrücke besteht. Diese apriorische Wendung einer Unterscheidung von geboten und richtig im Unterschied zu falsch und damit nichtig wird zuerst moralisch gewendet angesprochen: „wenn Gott in uns wirkt, will und handelt (…) der durch den Geist Gottes gewandelte und freundlich einge-

29 Ebd., Übersetzung: http://www.heiligenlexikon.de/Literatur/Martin_Luther_unfreier_Willen.htm (Text ist ohne Seitenangabe); original: Luthers Werke, a.a.O., S. 194f.

blasene Wille wiederum aus reiner Lust und Neigung, so daß er durch nichts Entgegengesetztes in etwas anderes verwandelt werden, ja nicht einmal durch die Pforten der Hölle besiegt oder gezwungen werden kann. Sondern er fährt fort, das Gute zu wollen, gern zu haben und zu lieben, so wie er vorher das Böse wollte, gern hatte und liebte"[30]. Das Erkennen und folgerichtige Tun des Richtigen ist demnach nicht in sein Gegenteil mehr zu verkehren, während umgekehrt „der freie Wille" schon nach Augustinus „zu nichts fähig außer zum Sündigen"[31] sei. Wobei die ‚Sünde' wiederum in letzter Instanz nicht bedeutet, tatsächlich etwas zu tun, was in der Vorsehung nicht vorhergesehen wäre, sondern lediglich eine ‚Verstocktheit' gegenüber der durch die Schrift geoffenbarte Heilswahrheit bedeutet.

Die hermeneutische Forschung hat in der Aufarbeitung ihrer Vorgeschichte nach und nach verschiedene Akzente gesetzt, wie die Luthersche und die an ihn anschließende Hermeneutik bei Melanchton und Flacius in ihrem Beitrag für die Disziplin gewertet werden muß. Wie es Günter Frank und Stefan Meier-Oeser zuletzt zusammengefaßt haben, wurde als der „systematische Ort der Ausarbeitung hermeneutischer Theorien" angegeben die „protestantische Theologie (Dilthey), die Logik (Jaeger) oder die Rhetorik (Gadamer)". Neuere Forschungen hätten zudem auf die „Bedeutung der juristischen Auslegungskunst" hingewiesen und auf den Umstand, daß nur unter „Berücksichtigung aller genannten Disziplinen"[32] eine Rekonstruktion gelingen könne. Es bleibt zu ergänzen, daß jenes Zusammenspiel aller genannten Disziplinen zuletzt auf einen systematischen Kern zurückzuführen ist. Jener Kern besteht ganz offenbar darin, daß zum einen der Aspekt der juristischen Hermeneutik

30 Ebd., Übersetzung: http://www.heiligenlexikon.de/Literatur/Martin_Luther_unfreier_Willen.htm. (Text ist ohne Seitenangabe); original: Luthers Werke, a.a.O., S. 125f.

31 Ebd., Übersetzung: http://www.heiligenlexikon.de/Literatur/Martin_Luther_unfreier_Willen.htm (Text ist ohne Seitenangabe); original: Luthers Werke, a.a.O., S. 160.

32 G. Frank/St. Meier-Oeser, „Einleitung: Hermeneutik, Methodenlehre, Exegese. Zur Theorie der Interpretation in der Frühen Neuzeit", in: dies. (Hg.), Hermeneutik, Methodenlehre, Exegese. Zur Theorie der Interpretation in der Frühen Neuzeit, Stuttgart Bad-Cannstatt 2011, S. 10f.

in die theologische Frage nach der Implementierung eines göttlichen Gesetzes eingeht, die Rhetorik in die theologische Frage nach der Präsentation der göttlichen Verheißung, und die Logik, die Hasso Jaeger[33] im Anschluß an die mittelalterlichen Scholastik wichtig werden läßt, in die theologische Frage nach einer schlüssigen Evidenz von Gottes Gegenwart. Eine solche Rückführung von Rhetorik, Logik und Jurisprudenz auf protestantische Theologie soll jedoch nicht Dilthey recht geben in seiner Behauptung, sie hätte die „normative Selbständigkeit der Schrift"[34] als erste erwiesen. Vielmehr soll sie den Gedanken stützen, daß in der frühen Neuzeit bereits eine generelle Hermeneutik ansetzt, die im Grunde schon nur noch von einer transzendentalen Form der Weltordnung ausgeht. Erscheint doch die Heilsordnung, die mit Luther letztverbindlich für alles Sinnverstehen werden soll, selbst als eine Bedingung der Möglichkeit dafür, daß der Mensch überhaupt einen Zugang zur Welt, wie sie wirklich ist, gewinnen kann. Und es wundert dann auch nicht so sehr, daß die Logik in diese Hermeneutik anläßlich der Frage der Konsistenz und der Kohärenz der in der Schrift vorkommenden Kategorien eingeht, die Rhetorik in die Frage, was der Mensch hoffen darf und wie ein Reich der Zwecke aussehen müßte, und die Jurisprudenz schließlich in der Frage zum Zuge kommt, wie man eine Anwendung der Gesetze gerecht und billig zugleich denken kann. So ist die hermeneutische Schriftkritik in der Lesart der protestantischen Theologie durchaus eine *Kritik der reinen Vernunft*, insofern die sophistischen Spekulation aus dem Begriff gegeißelt werden und an deren Statt auf einen empirischen Rückbezug des Wortsinnes auf die heilsgeschichtlichen Tatsachen als Voraussetzung jedes hermeneutisch haltbaren Sinnes bestanden wird; sie ist zugleich eine *Kritik der praktischen Vernunft*, insofern eine Projektion finaler Bestzustände mittels einer moralisch ausgerichteten Vernunft verheißen wird, und sie ist zuletzt auch eine *Kritik der Urteilskraft*, in der das

---

33 H.-E.H. Jaeger, „Studien zur Frühgeschichte der Hermeneutik", in: Archiv für Begriffsgeschichte 18 (1974), S. 35–84.

34 W. Dilthey, Weltanschauung und Analyse des Menschen seit Renaissance und Reformation, (8. Auflage), Stuttgart/Göttingen 1969, S. 119.

juristische Können angesichts von Auslegungsfragen allgemeiner Gesetze bezogen auf partikulare Angelegenheiten selbst noch einmal thematisiert und funktionell ausdifferenziert wird. Natürlich wissen wir schon lange, wieviel an protestantischer Theologie und Hermeneutik in die Kantische Konzeption der drei Kritiken eingegangen ist[35]. Aus den genannten systematischen Gründen scheint es jedoch auch nicht ohne Pointe, den Umkehrschluß zu wagen: daß die transzendentale Denkfigur, auf die Bedingungen der Möglichkeit allen Verstehens zurückzureflektieren angesichts (theoretisch) unhaltbarer Erkenntniszustände, schon wesentlich früher einsetzt – nämlich dort, wo die Texte beginnen, nur noch sich selbst auszulegen.

Wer wie Blumenberg die Metapherngeschichte ernst nimmt und sogar annimmt, daß die Epochen durch die ‚Umbesetzungen' in dieser Bild-Sphäre ihre Zäsuren erhalten, der wird schließlich in der Umbesetzung einer antiken Vorstellung des Textes als *Körper* zu der modernen Vorstellung vom *Skopus* eines Textes geneigt sein, dem Wechsel zweier ‚absoluter' Metaphern beizuwohnen. Die Vorstellung vom Text als Körper geht ursprünglich auf Platon zurück (*Phaidros* 264c), und er legt dieser Zuschreibung eine Analogie zugrunde, in der der Text sich zum Sinn verhält wie der Körper zu seiner Seele. Der Sinn des Ganzen ist dann anzusetzen erstens wie die Komposition eines Körpers aus Körper-Teilen, bestehend aus einem ‚corpus', das durch ein Gelenk, lateinisch ‚articulus', rhetorisch und inhaltlich also durch ‚Artikel', mit den Körperteilen ‚partes' verbunden ist; zweitens durch einen tieferen Sinn des Textes, der den Textkörper übersteigt und nach Analogie einer Formung durch Beseelung verstanden werden muß. Solange der Text als ‚corpus' mit Artikeln und Teilen verstanden wird, geht es dem Interpreten immer noch darum, durch den Text, verstanden als Körper, zum Sinn des Textes als dessen Seele durchzudringen. Es bleibt also beim hermeneutischen

35 Vgl. W. Schultz, Kant als Philosoph des Protestantismus, Hamburg-Bergstedt 1960; F. Lötzsch, Vernunft und Religion im Denken Kants. Lutherisches Erbe bei Immanuel Kant, Köln/Wien 1976; E. Terray, Une passion allemande: Luther, Kant, Schiller, Hölderlin, Kleist, Paris, 1994; S. Andersen, Macht aus Liebe. Zur Rekonstruktion einer lutherischen politischen Ethik, Berlin u.a. 2010

Konstruktions- bzw. Rekonstruktionsschema, das funktional anhand der biologischen Ausdifferenzierung eines Wesensgedankens metaphorisch gefaßt wird.

Anders ist die Lage, sobald der Skopus-Begriff ins Spiel kommt. In der landläufigen Übersetzung wird er im Zusammenhang mit der Hermeneutik als die Hauptintention eines Textes gefaßt. Dem Text wird also eine Absicht unterstellt, und so scheint der Anschluß an die Metapher vom Text als eines sinnbegabten corpus mit einer Seele noch vorhanden, insofern eben die Hauptintention als das organisierende Prinzip des gesamten Textes verstanden wird. Jedoch lohnt auch eine Erinnerung an die Herkunft des Wortes. Skopus stammt vom griechischen ‚skopos' und dies wiederum ist abgeleitet vom Wortstamm ‚skopeo' bzw. ‚skeptomai'. Skopos meint so bereits von subjektiver Seite her eine distanzierte Betrachtung, Kontrolle, Überwachung, von objektiver Seite den Endpunkt eines Prozesses, den Ort, wo man hinwill, die Markierung, die man dort erreichen will[36]. So legt die Bestimmung der Textintention als Skopus bereits metaphorisch nahe, daß mit seiner Voraussetzung der Interpret nicht in der gleichen Weise mehr involviert sein kann wie bei der Suche nach der beseelenden Einheit des Textes oder auch dem wahren Gedanken seines Schöpfers. Vielmehr erscheint die Bestimmung des Skopus eine äußerliche Näherung an den Text zu bedeuten, die diesen wesentlich nüchterner in seiner bloßen Funktionsweise, der Kontrolle seiner Argumentation und somit zuletzt seiner Prozeßlogik fassen will. Eine solche Umstellung vom biologisch-organischen zum apparatetechnischen Verständnis des Textes findet sich bereits bei Melanchthon. In seinen ‚Elementa rhetorices' bemerkt er zum Stichwort „skopus": „Bei jeder Äußerung, bei allen Aufgabestellungen, ist es das wichtigste, den Zweck zu erkennen, d.h. welcher Nutzen von einer Rede zu erwarten ist. Denn jede Rede wird entweder auf das Unterrichten (über einen Sachverhalt) hin angelegt, oder hat über die

36 Liddell-Scott übersetzt: „one that watches", spezifischer noch und am häufigsten in der Ilias Homers: „*lookout-man, watcher*, stationed in some high place (skopia) to overlook a country, esp. in war (Il, 2.792)", Liddell&Scott, Greek-English Lexicon, Oxford 1990, S. 1614.

Erkenntnis hinaus einen anderen Zweck, nämlich dazu aufzufordern, daß etwas geschieht". Und in einer Fußnote zum Skopus-Begriff fügt Melanchthon hinzu: „Decimator S. 48 erläutert diesen Skopus als die »zentrale propositio« der Rede, d.h. die Behauptung, die die Rede als ganze beweisen oder glaubhaft machen will"[37]. Es mag sein, daß auch die hier vorgestellte Metaphernanalyse anachronistisch verfährt, insofern sie die heutige Inanspruchnahme des Skopus-Begriffs für computergenerierte grammatische und semantische Analysen rückprojiziert auf noch vage hermeneutische Anfänge. Dennoch scheint mir die Funktionsbestimmung Melanchthons bereits in diese Richtung zu weisen, wenn er (zumindest an dieser Stelle) nicht die uns erst einmal verborgene Autorintention eines Textes in den Vordergrund stellt, sondern nur theoretisch und didaktisch an das äußere Abbilden von Tatsachen und praktisch an den Nutzen eines Textes denkt, der sich dadurch äußert, „daß etwas geschieht". Ebenso ist die epistemologische Präzisierung des Skopus-Begriffs in der Fußnote dazu geeignet, wiederum nur das anonyme Schließen oder eine andere Form der Evidenzsteigerung anzusprechen.

Ist es zulässig, für das folgende auch diese Metapherngeschichte als Evidenzsteigerung in Anspruch zu nehmen, dann wäre mit der neuen Vorstellung vom Skopus eines Textes, der die Rede vom corpus funktional umbesetzt, jedenfalls ein weiteres ‚rhetorisches Element' benannt, das von der Hermeneutik als einer prozeßinversen Rhetorik wegführt – und hinführt zu einer Vorstellung, in der nicht mehr die menschlichen Akteure den Textsinn konstruktiv hervorbringen und rekonstruktiv erfassen, sondern nur noch die Texte selbst. Und dies, indem die Bestimmung eines Skopus ein Regelverfahren der Abbildung und der Projektion beweistechnischer oder nutzentechnischer Folgen generiert, aus dem heraus der Text selbst ersichtlich macht, zu welchem Ende er von sich aus strebt. Und derjenige, der die Bestimmung des Skopus vorzunehmen hat, versteht sich demnach als ein distanzierter Beobachter, dem die Wahrheit des

---

37 Ph. Melanchthon, Elementa rhetorices, hg. v. V. Wels, (2. Auflage), Potsdam 2011, S. 37, zugänglich unter: http://opus.kobv.de/ubp/volltexte/2011/5144/pdf/elementarhetorices.pdf.

auszulegenden Textes nicht mehr so zu Herzen gehen kann wie dem Interpreten, der sich in ihm noch irgendwie wiederfinden wollte. Vielleicht ist dies auch der eigentliche Unterschied, der Luther und Melanchthon abgesehen von spezifischen dogmatischen Differenzen einander wesentlich verschieden macht: zwar plädieren beide dafür, daß der heilige Text aus sich selbst verständlich werden muß, doch ist es bei Luther das Vertrauen auf die Heilswirkung der Schrift, die an sich eben keine Kunst braucht, sobald sie nur verinnerlicht ist, während Melanchthon jene hermeneutische Distanz zum Text bereits einnimmt aus der Haltung des Professionellen heraus, der aus sehr sachlichen Gründen eine Identifikation mit einem ‚tieferen' Textsinn vermeidet oder, sollte sie sich doch einstellen, ins Private verschiebt.

Zweite Phase: Schleiermacher und Hegel

Die zweite Phase der Hinentwicklung von einer sinnstiftenden Rhetorik zu einer autonomen Hermeneutik vollzieht sich als Vollendung der ersten Phase. Systematisch ist dies so zu verstehen, daß nach dem Wegfall der Autorität des Autor-Subjektes nun auch die Autorität des Deutungs-Subjektes prekär wird. Daß es hier überhaupt zwei Phasen gibt und nicht das Deutungs-Subjekt als der Rezipient des tieferen Textsinnes zusammen mit dem Autor-Subjekt als dessen Produzenten in Frage gestellt wird, hat damit zu tun, daß die Vorstellung von einer gottgleichen Autorität bei der Erst-Konzeption des Textsinnes weiter anhält, in der frühen Neuzeit, während der Hochzeit des Rationalismus und auch noch während der Anfangsphase der Aufklärung. Wie schon angesprochen, braucht ein seit Descartes auf sich gestelltes ‚ego' zur Versicherung seiner Weltkontakte noch eine Rückversicherung bei einem Subjekt, bei dem anders als bei endlichen Subjekten eine Täuschungsabsicht wie auch eine Täuschungsanfälligkeit vollkommen ausgeschlossen ist. Weil aus der Welt noch keine verläßliche Rückmeldung über Wahrheit und Falschheit unserer Annahmen zu erwarten ist, ist die hermeneutische Orientierung an einem Subjekt nötig, das sich in seiner Konzeption der Dinge nicht vertun kann. Mit dem Aufkommen des naturwissenschaftlichen Paradigmas einerseits und der transzendentalen Wende der Philosophie andererseits wird jene Vorbildfunktion jedoch, systematisch gesehen, überflüssig.

Schon im Verlaufe des 17. und des 18. Jh.s hatte sich eine solche Vernachlässigung abgezeichnet in der Art und Weise, wie zwiespältig und aushilfsweise auf Gott in der Philosophie zurückgegriffen wurde. Es begann damit, daß seine Beglaubigungsfunktion nur noch in Ausnahmefällen beansprucht wurde und er im Zeichen des ‚Okkasionalismus' z.B. von Malebranche nur noch sporadisch für eine fehlende Synchronisierung der Dingwelt und der Denkwelt herangezogen wurde. Jene metaphysische Leiharbeit wurde selbst noch einmal prekär, als mit Leibniz selbst die sporadische Inanspruchnahme göttlichen Notariats menschlicher Erkenntnis extra beglaubigt werden mußte, warf man doch Gott vor, er habe dem Menschen bei aller vorgetäuschten Mithilfe bei der Inventur seiner Welttatsachen dennoch und von vornherein schon das Beste vorenthalten. Die ‚Theodicée' war so der Entlastungsprozeß, in dem Gott im besten Falle noch ein Bagatelldelikt vorgeworfen werden konnte, insofern er von den schlechten Möglichkeiten der Weltkonzeption noch die beste ausgewählt hatte – und nur der leise Verdacht blieb bestehen, er habe sich in seiner metaphysischen Mathematik womöglich zu unseren Ungunsten verrechnet. Dies befriedigte Aufklärer wie Voltaire wiederum nicht und gab diesem Anlaß, einen prinzipiellen Vertrauensverlust festzustellen; einen Verlust, der dann durch äußere Großereignisse wie das Erdbeben von Lissabon 1755 endgültig erschien und im weiteren Verlauf der französischen Aufklärung durch literarische Respektlosigkeiten quittiert wurde wie jene, die Diderot im Spott über das unnötig devote Verhalten von *Jacques le fataliste et son maître* ausgoß. Der große Meister als der Autor jenes ‚grand rouleau', auf dem die Weltgeschicke und der Weltenlauf vorhergesehen und vorgeschrieben werden sollte, wird im Verlauf der Geschichte – wie der kleine weltliche Meister, zu dessen Rolle sich der Aristokrat berufen fühlt – selbst zum Knecht einer Geschichte, die er doch eigentlich selbst geschrieben und vorherbestimmt haben sollte. Seine metaphysische Zuarbeit ist damit endgültig beendet, insofern Gott – ungeschickterweise offenbar – in seinen Zeit-Verträgen mit der Welt eine Ausstiegsklausel vorgesehen hatte, die nun von den weltlichen Auftraggebern gerne und zuletzt wohl auch gegen seinen Willen in Anspruch genommen wird. Und am Ende einer solchermaßen literarischen Verabschiedung folgt auch der Gang in die philosophische Bedeutungslosigkeit gegen Ende des 18. Jh.s auf dem Fuße.

Der Grund dafür ist systematisch wiederum mit der transzendentalen Wende der Philosophie zu verstehen, die mit Kant bekanntlich den Versuch macht, die neuen Sicherheits-Standards der naturwissenschaftlichen Erkenntnis seit Newton auf die Philosophie zu übertragen. Sie muß dann, anstatt eine klassischen Metaphysik zu sein, eine kritische Erkenntnistheorie werden. Metaphysisch haltbar ist demnach nicht mehr die Frage, was wir *objektiv* vor aller Erfahrung – und damit metaphysisch – als Weltbestand und Weltwesen voraussetzen dürfen, sondern nur noch, was wir *subjektiv* vor aller Erfahrung – und damit nur als Vorbereitung für eine jede künftige Metaphysik – als eine zwangsläufig anzunehmende Weltform und Prozeßform dieser Welt anzusetzen haben. Die formale und kritische Betrachtung, die die inhaltliche und metaphysische Betrachtung ablöst, fragt nur noch nach den logischen und kategorialen Formen, die jede Welterkenntnis notwendig annehmen muß, um überhaupt den Status einer objektiven Erkenntnis für sich in Anspruch nehmen zu dürfen. Und jene logischen und kategorialen Formen findet Kant inhaltlich ausgehend von der formalen Urteilslogik des Aristoteles (oder genauer ausgehend von dem, was in der schulmäßigen Überlieferung des Rationalismus als solche ausgegeben wurde) und überträgt deren Objektivität garantierende Syntheseleistung auf die Funktionen von Begriffen, die in einem grundlegenden Sinne die Mannigfaltigkeit empirischer Eindrücke zu einer einsehbaren Einheit zusammenfügen und sie in solcher begrifflichen Organisation damit allererst verständlich machen. Diese Begriffe, die Kant als Kategorien faßt, sind formal zu identifizieren nicht mehr mit dem empirisch nachweisbaren Denken eines Einzelsubjektes, sie sind also nicht mehr Teil einer Psychologie, sondern Teil einer überindividuellen Gesamtstruktur verständigen Wissens, die Kant ausgehend von der prinzipiellen Vernunftbegabung des Menschen bei allen Individuen voraussetzt. Ausgearbeitet in einer *Kritik der reinen Vernunft* wird somit einerseits der Abschied von allen objektiven metaphysischen Verbindlichkeiten vollzogen, andererseits eine Entlastung des neuzeitlichen Subjektes anvisiert, insofern dieses in all seiner psychologischen Endlichkeit nicht mehr gottgleich gedacht werden muß, um einen Zugang zur Wahrheit metaphysisch gesicherter Objektivität zu erhalten. Alleine verbindlich und objektivitätsstiftend ist nun die erkenntnisermöglichende Begriffs- und Urteilsstruktur, die jede psychologisch vollzogene Einsicht apriori schon gegengezeichnet haben muß, um überhaupt als eine solche gelten zu dürfen. Nur in der überindividuellen Sphäre der Begriffe und der ihrer Anwendung geschuldeten Verzeitlichung in Schemate ist überhaupt noch eine Sphäre apriorischer Wahrheit auszumachen.

Aus dieser transzendentalen Wende folgt unmittelbar eine hermeneutische Umstellung in deren besonderer Ausrichtung auf die tiefere, eigentliche oder letzte Wahrheit dessen, was im Text tatsächlich gemeint ist. Sie zeigt sich darin, daß nun nicht mehr ein Autor einen Text konstruiert, der Interpret den Text rekonstruiert, ausgehend von den dazu supponierten Gedanken des Autors. Umgekehrt ist es vielmehr so, daß der Text den Autor konstruiert und im Verständnis des Textes der Interpret konstruiert wird dadurch, daß er glaubt, die Gedanken des Autors im Text nachzuvollziehen. Eine Stelle aus der *Kritik der reinen Vernunft* macht diese Grundverkehrung der hermeneutischen Ausgangslage deutlich: „Ich merke nur an, daß es gar nichts Ungewöhnliches sei, sowohl im gemeinen Gespräche, als in Schriften, durch die Vergleichung der Gedanken, welche ein Verfasser über seinen Gegenstand äußert, ihn sogar besser zu verstehen, als er sich selbst verstand, indem er seinen Begriff nicht genugsam bestimmte“[38]. Was maßgeblich ist für das Verständnis dessen, was gemeint ist in einem Text oder einer Rede, ist folglich nicht das, was der Autor von Text oder Rede als einen solchen Sinn bewußt vor Augen hat oder auch bewußt konzipiert, sondern das, was sich aus dem Geschriebenen oder Gesagten selbst ergibt, insofern durch die „Vergleichung der Gedanken“ besser verständlich wird, was gemeint ist, als dadurch, daß der Autor einfach sagt, was er wirklich denkt. Es geschieht so dem Autor, daß er „seinen Begriff nicht genugsam bestimmte“, was man dann bemerkt, wenn man dem Begriff und seiner horizontalen Vernetzung mit anderen Begriffen mehr zutraut als

38 I. Kant, Kritik der reinen Vernunft, A 314/B370.

der vertikalen Rückführung auf eine subjektive Konzeption desselben. Und daß es sich hierbei nicht einfach nur um eine Ausnahmesituation des Verstehens handelt, in der ein unaufmerksamer Autor nur nicht ‚clare et distincte' vor Augen hat, was er wirklich meint, läßt Kant durchblicken darin, „daß es gar nichts Ungewöhnliches sei", den Autor besser zu verstehen als er es selbst vermag. Wie es die Hermeneutik seit der transzendentalen Wende faßt, ist es vielmehr der Normalfall des Verstehens, daß der Text oder die Rede klüger als der Autor ist, weil er nun systematisch als der Ausgangspunkt allen Sinngeschehens begriffen wird.

Freilich scheint bei Kant dennoch das Erbe des Rationalismus durch, und man kann dementsprechend vermuten, Kant habe vor allem eine Klärung der Gedanken in der besonderen Hinsicht ihrer logischen Konsistenz und Kohärenz vor Augen. Bis heute ist die Kantphilologie ein so unendliches Geschäft geworden und wird es auch bleiben, weil besonders die analytisch geschulten Philosophen wie Kant selbst noch von der Vorstellung ausgehen, das ganze Oeuvre sei in sich ein logisch-systematisch geschlossenes Gebilde, das in sich keine echte entwicklungsgeschichtliche Veränderung kennt. Es wird zu dem allen vor Augen liegenden Puzzle, wenn man versucht, die sich immer wieder leicht verschiebenden Bedeutungen, wie sie aus der Kantischen Definitionsmaschine der Kritiken herauskommen, in einem gemeinsamen logisch-systematischen Rahmen zur Deckung zu bringen. Immer steht etwas bedeutungsmäßig über an der einen Stelle, wenn man das Stück aus einer anderen Stelle herausnimmt, auch wenn es inhaltlich ganz ähnlich erscheint und man noch von Kant ermutigt annehmen sollte, daß es sich auch im neuen Kontext noch ohne die sanfte Gewalt eines nachsichtigen ‚principle of charity' in den neuen Kontext einfügen läßt.

Schleiermachers Wende der Hermeneutik zu einer Auslegungs-Wissenschaft

Das Manko eines ‚analytischen Kants' für die Frage der Hermeneutik wurde von den Frühidealisten schnell erkannt (nicht zuletzt wohl in der ständigen Detailverwirrung, die sich einstellt, wenn man es wirklich ganz genau wissen will, was Kant denn an einer Stelle im Vergleich zu einer anderen wirklich und letztlich meint), und es verwundert nicht, daß Friedrich Schleiermacher die zitierte Wendung von Kant schließlich zu einem Hauptsatz der Hermeneutik machen konnte, der über Gadamer und Ricœur bis heute gilt. So heißt es in Schleiermachers Kompilation *Hermeneutik und Kritik* zur wesentlichen Funktionsbestimmung der Hermeneutik: „Die Aufgabe ist auch so auszudrücken, ›die Rede zuerst ebensogut und dann besser zu verstehen als ihr Urheber.‹“[39]. Was sich in der Wiederholung der Wendung vom Besser-Verstehen-des-Autors-als-sich-selbst verändert hat, ist jedoch ein wesentlicher Punkt. Über die Kantische Einsicht hinaus, daß es der Begriffsrahmen oder allgemeiner gesprochen der Denkrahmen ist, der maßgeblich für den wahren Gehalt einer Rede sein muß, kommt nun bei Schleiermacher und den ihm folgenden der Gedanke hinzu, daß jener Denkrahmen kein statisches Gebilde ist, das sich nach dem Vorbild des Rationalismus als eine gedanklich starre (transzendentale) Weltstruktur zu erkennen gibt und die sich als dekodierbar erweist in logisch-mathematischen Zeichen; vielmehr ist es die neue Evidenz der Zeit, daß die für die Sinnkonstitution verantwortlich zu machenden ‚conceptual schemes', wie sie später von W.V.O. Quine genannt werden, prinzipiell einer historischen Veränderung unterliegen. Das hermeneutische Besser-Verstehen ergibt sich demnach nicht mehr (nur) daraus, daß eine logisch-semantische Klärung stattfindet, die einen Text so kohärent macht, daß der Autor schlüssigerweise auch gemeint haben kann, was er tatsächlich gesagt oder geschrieben hat. Über eine solche formale Klärung hinaus kommt nun auch der inhaltliche Aspekt mit ins Spiel, daß man von historisch wechselnden Kontexten ausgeht, in deren Zusammenhang das einmal Gesagte oder Geschriebene in einem neuen Lichte erscheint. Das Besser-Verstehen ergibt sich demnach auch daraus, daß nicht nur der bestehende Text in sich konsistent und kohärent gemacht wird, also durch einen Vergleich mit sich selbst, sondern dadurch, daß er in einer neuen Deutung konsistenter

39 Fr. Schleiermacher, Hermeneutik und Kritik, hg. v. M. Frank, Frankfurt am Main 1977, S. 94.

und kohärenter erscheint, indem er mit einem anderen Text verglichen wird, der ihm zum neuen Kontext seiner Bedeutung wird. Der hermeneutische Zirkel bedeutet nicht mehr ein Wechselverhältnis zwischen Autor und Interpret, deren Vermittlung durch einen vorliegenden Text oder eine Wechselrede geschieht; der hermeneutische Zirkel spannt sich vielmehr zwischen einem Text und einem historischen Kontext auf, die wechselseitig aufeinander bezogen werden müssen: „Der Sprachschatz und die Geschichte des Zeitalters eines Verfassers verhalten sich wie das Ganze, aus welchem seine Schriften als das Einzelne müssen verstanden werden, und jenes wieder aus ihnen“[40].

Jene Wende im Verständnis des hermeneutischen Zirkels von einem verständigen Wechselverhältnis von Autor und Interpret zu einem Wechselspiel der Deutung von Text und Kontext ist das eigentliche und systematische Verdienst Schleiermachers. Wobei zu betonen bleibt, daß sich mit Schleiermacher diese Wende exemplarisch erst vollzieht, und nicht bereits vollzogen ist. Das dürfte auch der Grund dafür sein, warum sich immer wieder und trefflich darüber streiten läßt, auf welche Seite der Barriere die Hermeneutik Schleiermachers in Wahrheit gehört. Jene Hermeneutik, die in der zweiten Hälfte des 20. Jh.s konsequent auf eine Vertextung allen Sinnverständnisses gesetzt hat, hat mit Gadamer[41] und Ricœur[42] an der Spitze gefunden, Schleiermacher gehöre noch einer romantischen Fraktion der Innerlichkeit an, die das Textverstehen auf eine Empathie von Autor und Interpret zurückführen wollte, gestützt auch durch die romantische Inanspruchnahme Diltheys[43]. Umgekehrt wurde bspw. Manfred Frank nicht müde zu betonen, wie (post)modern Schleiermacher in seiner Hermeneutik bereits ist, und der Ausweis solcher Modernität findet sich in den zahlreichen Par-

40 Ebd., S. 95.

41 Vgl. H.-G. Gadamer, Wahrheit und Methode, 6. Auflage, Tübingen 1990, S. 191.

42 Vgl. P. Ricœur, Vom Text zur Person. Hermeneutische Aufsätze (1970–1999, Hamburg 2005, S. 99.

43 Vgl. W. Dilthey, Leben Schleiermachers; in: Schleiermachers System als Philosophie, Bd. 14, Halbband 1, Göttingen 1966.

allelen, die sich zwischen Schleiermacher und den Frühromantikern (nachvoll)ziehen lassen. So erschließt sich das Romantische in der Hermeneutik nicht als eine Versenkung der Methode in die Irrationalität des gegenseitigen Einfühlens, vielmehr sind in der dort gerade nicht bis zur Sprache vordringenden Subjektivität des Verständnisses schon die Bruchlinien vorgezeichnet, die einen methodisch generierten und normierten Sinn durchziehen und schließlich, anarchisch gestimmt, auch unterminieren, zuletzt und eigentlich verstanden ‚dekonstruieren'. So empfindet Frank das Schleiermachersche „Divinationstheorem" nicht als ein methodisches Skandalon, wie Gadamer und Ricœur, sondern im Gegenteil als die methodische Erinnerung daran, daß es in letzter Instanz der Wahrheitssuche nicht um Gründe, sondern um Abgründe geht, nicht um Kohärenzen, sondern um Verschiebungen, oder um die Erinnerung an „die fast vergessene Einsicht", daß „die Universalität semiologischer Systeme (...) jene Lücke der ‚différance' nicht schließt, in welcher nach Derrida so etwas wie Sinn und Bedeutung sich allererst bilden"[44].

Aus dem Abstand betrachtet, den wir heute zu der Geschichte der Hermeneutik im 20. Jh. selbst wieder haben können, erscheint auch diese hermeneutisch-dekonstruktive Kontroverse um das eigentliche Wesen eines Gründervaters weniger besorgniserregend als den damaligen Parteien des Streites. Denn die unterstellte Romantik Schleiermachers muß nicht als eine vorausweisende Lösung eines hermeneutischen Grundproblems verstanden werden, die dann in all ihrer nachzuvollziehenden Irrationalität zu geißeln oder aber zu feiern ist. Vielmehr kann jene Romantik entwicklungsgeschichtlich noch als eine Aufgabe und damit als eine Reminiszenz früherer methodischer Voraussetzungen verstanden werden, die methodisch eben noch nicht bis an die letzte hermeneutische Konsequenz unter den neuen, nachkantischen Verstehensbedingungen gebracht wurde.

Spezifischer gesprochen bedeutet Schleiermachers romantische Anleihe in seiner Auslegungskunst soviel wie den Umstand, daß er die sich neu erschließenden Perspektiven einer textbezogenen und

---

44 M. Frank, „Einleitung" zu: Schleiermacher, Hermeneutik und Kritik, in: Schleiermacher, Hermeneutik und Kritik, a.a.O., S. 51.

sich dabei historisch ausdifferenzierenden Hermeneutik noch im ‚alten' Vokabular einer autorbezogenen und gedankenrekonstruierenden Lektürepraxis wiederzugeben versuchte.

So unterscheidet Schleiermacher grundsätzlich zwei Achsen, um die sich die Interpretation dreht: Die eine Achse ist die „grammatische", die andere ist die „psychologische"[45], oder wie Schleiermacher anfangs sagte, die „technische"[46], womit er das ‚Poietische' bei der Verfertigung von Rede und Text wiedergeben will.

Die grammatische Seite des Verstehens kümmert sich um jene Voraussetzungen der Sprache, die allen Sprechern gemeinsam sein müssen, insofern sie sich aus der Syntax und den analytischen Zusammenhängen der Wortbedeutungen ergeben. Im Hintergrund steht hier noch die rationalistische und dabei besonders die Leibnizsche Vorstellung von Hermeneutik als einer möglichen ‚mathesis universalis' und eines damit verbundenen ‚calculus ratiocinator': „Das Geschäft, die Rede in Beziehung auf die Sprache zu verstehen, kann gewissermaßen mechanisiert, also auf einen Calculus zurückgeführt werden. Denn sind Schwierigkeiten da, so kann man diese als unbekannte Größen ansehen. Die Sache wird mathematisch, ist also mechanisiert, da ich sie auf einen Calculus gebracht habe"[47]. Hieran schließt sich eine „objektiv geschichtlich(e)" Perspektive an, in der man einsieht, „wie sich die Rede in der Gesamtheit der Sprache und das in ihr eingeschlossene Wissen als ein Erzeugnis der Sprache verhält"[48]. Was in unserem Zusammenhang wiederum nichts anderes bedeutet, als daß sich hier die Sprache in mechanischer und damit quasi kybernetischer Form eines Kalküls selbst fortschreibt. Quasi kybernetisch, weil die Aufhellung der dunklen Textstellen, gefaßt als eine Form des Ausrechnens „unbekannte(r) Größen" wiederum eingespeist wird in das Gesamtkalkül, das die Sprache im Ganzen ausmachen soll. Dieses grammatische ‚Ausrechnen' nennt Schleiermacher als eine objektive Rückwirkung der hermeneutisch aufgeklär-

45 Schleiermacher, a.a.O., S. 79.
46 Ebd., S. 170.
47 Ebd., S. 79.
48 Ebd., S. 94.

ten Rede auf die Sprache im Ganzen ein „objektiv divinatorisch(es)" Verfahren. Jenes neue Gesamtkalkül soll wiederum eine Neuberechnung dunkler Stellen initiieren, die dann wiederum im Feedbackverfahren zu einer Neukalibrierung der mathematischen Maschine der Aufhellung führen, und so weiter ohne absehbares Ende.

Die psychologische Interpretation geht dagegen auf das „Individuelle"[49] des Verstehens zurück, das „nicht dem Kalkül unterworfen" sein soll. Jenes Individuelle kann in seiner äußersten Zuspitzung als der Nachvollzug dessen verstanden werden, „wie die Rede als Tatsache im Gemüt gegeben ist"[50] – das ist der „subjektiv geschichtliche" Zugang der Interpretation. Eine „subjektiv divinatorisch(e)" Ahnung braucht es dazuhin, um abzusehen, „wie die darin enthaltenen Gedanken noch weiter in dem Redenden und auf ihn fortwirken werden". Die Kombination einer subjektiv geschichtlichen und einer subjektiv divinatorischen Herangehensweise hat wiederum einen vergleichbaren Effekt zur Folge wie die objektiv geschichtliche Betrachtungsweise mit einem objektiv divinatorischen Vorgehen: sie macht die Hermeneutik zu einer „Aufgabe", die „eine unendliche ist, weil es ein Unendliches der Vergangenheit und Zukunft ist, was wir in dem Moment der Rede sehen wollen. Daher ist auch diese Kunst ebenfalls einer Begeisterung fähig wie jede andere. In dem Maße, als eine Schrift diese Begeisterung nicht erregt, ist sie unbedeutend".

Zweierlei ist in der systematischen Rücksicht wiederum aufschlußreich: Auf der einen Seite wiederholt Schleiermacher die rhetorischen und poetischen Gemeinplätze, wie sie seit der Antike Gültigkeit haben, insofern die Rhetorik einen objektiven Teil der Logik beinhaltet, die Poetik einen subjektiven Teil einer tieferen Inspiration. Das Rhetorische wie das Poetische soll dabei gleichermaßen dazu geeignet sein, den Rückweg zu den Gedanken und tieferen Stimmungen des Autors zu finden mittels einer Rekonstruktion der Rede am ersten Ort ihrer Entstehung. Dementsprechend postuliert Schleiermacher vor den oben wiedergegebenen Erläuterungen ganz allgemein: „Die Kunst kann ihre Regeln nur aus einer positiven

49 Ebd., S. 80.
50 Ebd., S. 94.

Formel entwickeln und diese ist ‚das *geschichtliche* und *divinatorische* (*profetische*) *objektive* und *subjektive Nachkonstruieren der gegebenen Rede*“[51].

Auf der anderen Seite ist das Entscheidende einer Hermeneutik, die sich nach solchen Auslegungsregeln konsequent richtet, daß sie ihre Wahrheit weder in der grammatischen und logischen Klärung der Argumentationsstrukturen, noch in der psychologischen Einsicht in die Seelenzustände des Verfassers hat, sondern ganz offenbar nur noch dort, wo das „Nachkonstruieren“ selbst zum Hauptinhalt der Hermeneutik wird. Kein objektivierbares ‚Ergon‘ ist das Ziel der Auslegung, das entweder als das wahre Verständnis der Gedanken in ihrem logisch-objektiven Nachvollzug oder als das subjektiv-atmosphärische Nachempfinden der sie begleitenden Vorstellungen erscheint, es ist vielmehr der Prozeß der Auslegung selbst. Jener Prozeß ist systematisch so anzusetzen, daß er nach Schleiermacher gerade nur aus einem Wechselverhältnis und einer wechselseitigen Beeinflussung der zuvor objektivierenden Verfahren der Hermeneutik entsteht. Hermeneutik wird nun zwar immer noch verstanden als das Dekomponieren eines Vorgangs der Komposition einer Rede oder eines Textes, jedoch ist das Dekomponieren in der Zwischenzeit zum Selbstzweck geworden, nicht zuletzt auch deshalb, weil im Dekomponieren wiederum ein produktives Element der Weiterentwicklung steckt und somit Dekomponieren selbst zu einer Form der Komposition geworden ist.

Zum Selbstzweck wird das „Nachkonstruieren“ demnach, sobald man den Verständnisprozeß noch einmal in seinen wesentlichen Einzelschritten unter Schleiermachers neuen Voraussetzungen nachvollzieht: Zuerst geht er klassischerweise von dem objektivierenden Rückgang auf die subjektiven Ausgangsbedingungen der Komposition von Rede und Text aus; dazu kommen die üblichen komparativen und divinatorischen Verfahren eines internen Textabgleichs mit vergleichbaren Stellen und eines empathischen Einvernehmens mit dem Autor zum Einsatz. Ein solcher hermeneutischer Nachvollzug endet aber objektiverweise nun nicht mehr bei der Wahrheit der

51 Ebd., S. 93.

Urkonzeption oder der Urinspiration von Text und Rede am systematischen Ort, den der Autor einnimmt; der Nachvollzug endet vielmehr an einer anderen Stelle, die Schleiermacher einerseits die „objektiv divinatorisch(e)" Fortentwicklung genannt hat, insofern sie in der Ahnung besteht, „wie die Rede selbst ein Entwicklungspunkt für die Sprache werden wird"[52] und demnach die Sprache selbst verändert, die hermeneutisch hätte als objektiv beständig rekonstruiert werden müssen; und an einer Stelle, die Schleiermacher andererseits als die „subjektiv divinatorische" Komponente verstanden hat, die für die Fortwirkung des Gedankens im Autor verantwortlich ist und damit wiederum den als objektiv beständig zu fassenden Urzustand des ideengebenden Autors selbst verändert. So kommt es, daß die Hermeneutik in ihren Umkehrschlüssen zu Rhetorik und Poetik nicht mehr bei der Sprache und dem Subjekt endet, bei dem „objektiv geschichtlich" der Kreationsprozeß einmal begonnen hatte, selbst und gerade dann, wenn der Hermeneut regeltechnisch alles richtig gemacht hat. Vielmehr endet sie im Nachkonstruieren objektiv bei der Annahme eines Subjektes, das als solches ursprünglich gar nicht bestanden hat. So kommt es schließlich zu dem Paradox, daß der Ausleger „die Rede zuerst ebensogut und dann besser zu verstehen" hat „als ihr Urheber", da er bei seinem Verständnis von Rede und Text einen Autor rekonstruiert, der bereits klüger oder verständiger nachvollzieht oder wenigstens bewußter einsieht, was er meint, in dem, was er sagt oder schreibt. Spielt man den Gedanken bis zum Ende durch, dann ist wiederum klar, daß der hermeneutisch verbesserte Autor, der klüger ist als der historische „Urheber" der Rede, selbst nicht einfach als ein tatsächliches Subjekt verstanden werden darf, das nun an Stelle des tatsächlichen Urhebers tritt, der sich schlechter versteht als er es als ein Hermeneut seiner selbst im Grunde eigentlich könnte. Denn wer sollte dieses neue Subjekt sein? Der Ausleger, der sich durch seine Deutungskunst als klüger denn der Autor erweist, kann selbst nicht dieses neue Autorsubjekt abgeben, denn bei aller tieferen Einsicht in die vom Autor gemeinte Sache ist er eben doch nicht der Autor selbst. Es drohte

52 Ebd., S. 94.

sogleich ein hermeneutischer Plagiatsverdacht, sobald diese Grenze zwischen Kommentator und Autor verwischt würde. Ein virtuelles Autorsubjekt dagegen anzunehmen, das mit dem Autor identisch und doch zugleich nicht identisch mit ihm ist, weil es klüger als er selbst zu sein hat, hieße wiederum, dem Paradox nur einen anderen Namen zu geben. So bleibt am Ende dieses Gedankenspiels lediglich, das Surplus an Klugheit, das im Kommentar gegenüber der tatsächlichen Autorintention zur Sprache kommt, gar keinem Subjekt selbst mehr zuzuschreiben, und selbstverständlich auch keinem objektiv zu veranschlagenden Text- oder Redebestand, sondern dem Prozeß der Auslegung selbst. Schleiermacher hat zum Behufe einer solchen Umwidmung immer wieder und unablässig darauf hingewiesen, daß alle Ausdifferenzierung in eine objektive Nachkonstruktion des Text- und Redesinnes wie auch in dessen subjektiven Nachvollzug zuletzt nur darauf aussein darf, in wechselseitiger Durchdringung zum Auffinden einer letzten Wahrheit zu taugen. Schon bei der Grundunterscheidung zwischen den Momenten einer grammatischen und einer psychologischen Auslegung besteht Schleiermacher auf einem prinzipiellen „Ineinandersein“[53]. Ein Über- oder Unterordnungsverhältnis läßt sich damit mühelos von beiden Seiten her glaubhaft machen: „Die psychologische“ Interpretation „ist die höhere, wenn man die Sprache nur als das Mittel betrachtet, wodurch der einzelne Mensch seine Gedanken mitteilt; die grammatische ist dann bloß Hinwegräumung der vorläufigen Schwierigkeiten“. Dagegen ist die „grammatische (...) die höhere, wenn man die Sprache insofern betrachtet, als sie das Denken aller Einzelnen bedingt, den einzelnen Menschen aber nur als den Ort für die Sprache und seine Rede nur als das, worin sich diese offenbart. Alsdann wird die psychologische völlig untergeordnet wie das Dasein des einzelnen Menschen überhaupt“. Und Schleiermacher schließt mit der Möglichkeit eines solchen Perspektivenwechsels: „aus dieser Duplizität folgt von selbst die vollkommene Gleichheit“. Weder kann es also sein, daß ein Autor-Subjekt aus sich heraus eine Sprache entwirft und sie mit einem gültigen Sinn versieht, noch ist es in den Augen Schleiermachers richtig

53 Ebd., S. 79.

anzunehmen, daß aus dem Bestand einer Sprache bereits durch Text-Inkarnation Sprachsubjekte entstehen. Eine „Duplizität" und zuletzt auch die „Gleichheit" beider Hinsichten ist nur dann gegeben, wenn eine Sprache produktiv wie ein Autor-Subjekt sein kann und somit zu einer individuellen Fortschreibung ihres Bestandes beiträgt. Wie auch umgekehrt ein Autor auch nur dann wirklich produktiv sein kann, wenn es ihm gelingt, durch seine Sprachschöpfung zur allgemeinen Veränderung des Sinnbestandes in einer Sprache beizutragen. Besonders dann, wenn die Auslegungsgeschichte zuletzt selbst als der primäre und eigentliche Autor des Sinngeschehens erscheint, aus dem heraus die psychologische Sphäre des vormaligen Autor-Subjektes und die grammatische Sphäre der Sprache nur dessen analytische und phasenspezifische Extrapolationen sind.

Ist dies alles einmal vorausgesetzt, wird auch klar, daß die Hermeneutik nun endgültig den Status einer Hilfswissenschaft hinter sich gelassen hat. Denn ihr Rekonstruktionsverfahren ist nicht mehr abhängig von einem ihr vorausgegangenen Konstruktionsverfahren, sie ist vielmehr selbst beides in einem. Sie kommt demnach auch nicht mehr nur sporadisch und als Hilfsmittel zum Einsatz, dann, wenn die rhetorische Umsetzung von Sinn in Sprache nicht leicht einsichtig ist. Geht man nämlich von einer solchen Umsetzung aus, die es zum besseren Sinnverständnis hermeneutisch rückgängig zu machen gilt, dann ist bei der Produktivität der hermeneutischen Auslegung selbst nun davon auszugehen, daß es überhaupt und ständig nur Mißverständnisse bei der rhetorischen Sinnbegabung von Rede und Text gibt. Das Mißverstehen wird zum Normalfall, sobald das Autor-Subjekt schon im Akt des Niederschreibens oder Aussprechens sinnhafter Gedanken sich selbst nicht recht versteht, weil die Gedanken schon beim Verfassen der Rede sich selbst wieder weiterentwickelt haben. So wird die Hermeneutik für Schleiermacher zur „strengere(n) Praxis", weil sie davon ausgeht, „daß sich das Mißverstehen von selbst ergibt und das Verstehen auf jedem Punkt muß gewollt und gesucht werden"[54].

54 Ebd., S. 92.

Hegels Wende der Hermeneutik zur absoluten Wissenschaft

Mit Schleiermacher entwickelt sich die Hermeneutik von einer Kunst zur Vermeidung von sporadischen Mißverständnissen zu einer generellen Wissenschaft des Auslegens selbst. Mit Hegel wird schließlich jene generelle Wissenschaft des Auslegens noch einmal weiterentwickelt und im Anspruch gesteigert zu einer Auslegung von Wissenschaft überhaupt – einer Auslegung von Wissenschaft, mit deren Hilfe zuletzt alles nur denkbare Verstehen und Begreifen in einer unüberbietbaren Eigen-‚Logik' der Interpretation fundiert wird.

Dieser Entwicklungsschritt wird möglich, indem Hegel alles Kunstvolle und Subjektgebundene schließlich aus der Hermeneutik herausnimmt und die philosophische Aufmerksamkeit ganz auf jene Sinngenese lenkt, die als begrifflicher Konstruktions- und Rekonstruktionsprozeß bislang zwischen Werk und Autor bzw. zwischen Werk und Interpret als einem Stellevertreter des Autors vermittelt hat. Weder der kunstvoll kalkulierende Nachvollzug in einer grammatischen Behandlung von Texten und Reden, noch eine psychologische Herangehensweise mittels einer Introspektion oder Divination reichen demnach aus, um das neue Wesen der Hermeneutik zu fassen.

Wohl wissend, daß Hegel in der nachfolgend zitierten Passage nicht speziell von einer neuen Hermeneutik redet, sondern vielmehr von dem neuen Wesen der Philosophie, daß es ihm auch deshalb nicht um eine spezielle Textanalyse, sondern um das Denken schlechthin geht, sei er trotzdem hier in die disziplinäre Pflicht genommen – denn unumgänglich scheint, daß eine Hermeneutik mit solch generellem Anspruch, wie ihn Schleiermacher bereits formuliert hat, zwangsläufig das denkende Verstehen insgesamt betrifft, und umgekehrt Hegels Neubestimmung der Philosophie sich bruchlos in einer generalisierten Hermeneutik wiederfindet, sobald einmal das Denken in Begriffen als grundlegend für eine jede Form sinnvoller Äußerung angesetzt wird. Zuletzt entnehme ich die Lizenz, Hegel zu einem Hermeneutiker zu machen, auch der neuen Lage, in der wir uns hermeneutisch heute selbst befinden. Der ‚linguistic turn', in dessen Gefolge so viel Wert auf eine Unterscheidung zwischen Denken, Bewußtsein und Text gelegt wurde, erscheint nach dem supponierten Ende einer Vorherrschaft der Codes selbst als nicht mehr denn eine weitere Phase in einer generellen Entwicklung, in der die vom ‚linguistic turn' vorausgesetzte Vertextung der Welt nur eine Spielart unter anderen war und entgegen ihrer Selbststilisierung keine vollkommen neue hermeneutische Ausgangslage geschaffen hat. Dazu aber im nächsten Kapitel mehr.

Wenn es vorläufig also erlaubt sein sollte, Hegel mit seiner generellen Rede von dem neuen Wesen der Philosophie auch eine Aussage über das neue Wesen der Hermeneutik treffen zu lassen, dann ist der „wesentliche Gesichtspunkt" nun jener, wie Hegel in der Vorrede zur ersten Ausgabe der *Wissenschaft der Logik* sagt, „daß es überhaupt um einen neuen Begriff wissenschaftlicher Behandlung zu tun ist. Die Philosophie, indem sie Wissenschaft sein soll, kann (...) hierzu ihre Methode nicht von einer untergeordneten Wissenschaft, wie die Mathematik ist, borgen, sowenig als es bei kategorischen Versicherungen innerer Anschauung bewenden lassen oder sich des Raisonnements aus Gründen der äußeren Reflexion bedienen. Sondern es kann nur *die Natur des Inhalts* sein, welche sich im wissenschaftlichen Erkennen *bewegt*, indem zugleich diese *eigene Reflexion* des Inhalts es ist, *welche seine Bestimmung* selbst erst setzt und *erzeugt*"[55].

Man kann die „äußere Reflexion", die der Hermeneutik Schleiermachers offenbar noch anhaftet, wenn er beim rationalistischen ‚Calculus' und bei „innerer Anschauung" eine methodische Unterstützung sucht, durchaus mit dem Anwendungsbezug in Verbindung bringen, aus dem heraus Schleiermacher argumentiert. Hier wäre es dann die Praxis des Altphilologen und Platon-Übersetzers einerseits, des Theologen und Bibel-Übersetzers andererseits, die jene Anleihen bei der Hermeneutik als einer Kunst immer noch mit sich brächten.

Hegel jedoch ist sich sicher, auch jene hermeneutischen Sinnbezüge nicht aus dem Auge zu verlieren, indem er den Anwendungsbezug des Auslegers von den äußeren Gegenständen abzieht und einer konsequenten Selbstanwendung zuschreibt, in der es nur noch darum geht, wie sich das Verstehen von Anfang an wie auch in seinem letzten Ende selbst versteht: „Die reine Wissenschaft", erklärt Hegel in der Einleitung zu seiner *Wissenschaft der Logik*, „setzt somit

55 G.W.F. Hegel, Wissenschaft der Logik I, a.a.O., S. 16.

die Befreiung von dem Gegensatze des Bewußtseins voraus", und mit jenem „Gegensatze des Bewußtseins" meint Hegel eben das Schema der Aufmerksamkeit, in dem sich ein endliches Subjekt, das ein Text-Ausleger notwendig sein muß, auf ein endliches Objekt bezieht, das ein historischer oder heiliger Text ebenfalls sein muß. Die reine Wissenschaft „enthält *den Gedanken, insofern er ebensosehr die Sache an sich selbst ist*, oder *die Sache an sich selbst*, insofern sie *ebensosehr der reine Gedanke ist*. Als *Wissenschaft* ist die Wahrheit das reine sich entwickelnde Selbstbewußtsein und hat die Gestalt des Selbsts, daß *das an und für sich Seiende gewußter Begriff, der Begriff als solcher aber das an und für sich Seiende ist*. Dieses objektive Denken ist denn der *Inhalt* der reinen Wissenschaft. Sie ist daher so wenig formell, sie entbehrt so wenig der Materie zu einer wirklichen und wahren Erkenntnis, daß ihr Inhalt vielmehr allein das absolute Wahre oder, wenn man sich noch des Worts Materie bedienen wollte, die wahrhafte Materie ist – eine Materie aber, der die Form nichts Äußerliches ist, da diese Materie vielmehr der reine Gedanke, somit die absolute Form selbst ist. Die Logik ist sonach als das System der reinen Vernunft, als das Reich des reinen Gedankens zu fassen. *Dieses Reich ist die Wahrheit, wie sie ohne Hülle an und für sich selbst ist.* Man kann sich deswegen ausdrücken, daß dieser Inhalt *die Darstellung Gottes* ist, *wie er in seinem ewigen Wesen vor der Erschaffung der Natur und eines endlichen Geistes ist*"[56]. So betreibt die *Wissenschaft der Logik* also nach Hegels Selbsteinschätzung auch das hermeneutische Geschäft des Theologen wie auch des Philologen und Platon-Übersetzers, insofern die Begriffs-Logik Hegels nach eigener Aussage eine Reformulierung der Ideenlehre bieten will, oder genauer: dessen, was eigentlich mit ihr von Platon[57] gemeint war, wie ja auch die Logik Einsicht in die Gedanken Gottes vor der Erschaffung der Welt bietet, also hinter den Textsinn ausgreift, eben auf das Wesen der Sache selbst.

---

56 Ebd., S. 43f.

57 Vgl. G.W.F. Hegel, Wissenschaft der Logik II., in: ders., Werke in zwanzig Bänden, a.a.O., Bd. 6, S. 557.

Der Weg der Hermeneutik von der Auslegungs-Kunst zur *Wissenschaft der Logik* als deren wahrhafte Auslegung ist demnach mit Hegel vollendet, wenn alle äußerlichen Impulse der Fortschreibung von Kommentaren zu bestehenden Texten und somit alle historischen und kontingenten Einflüsse, die Schleiermacher noch an der Biographie und den weiteren Lebensumständen eines Autors festgemacht hatte, wenn also jene subjektiven wie objektiven Äußerlichkeiten belanglos werden angesichts einer in sich folgerichtigen Entwicklung jener kommentierenden Fortschreibung aufeinander folgender Sinnvermutung selbst. Nennen wir mit Hegel die Folgerichtigkeit der kommentierenden Sinnfortschreibung ihre Logik, dann ist die Struktur dieser Logik ein Entwicklungsgesetz, das sich weder aus einem Dialog von Autor und Interpret im Medium ihres Textverständnisses ergibt, noch aus dem Verhältnis von Interpret und einem Text, dessen Autor durch rückerschließendes Textverstehen greifbar würde (ein ferner Gott, ein mythischer Platon), vielmehr ergibt es sich überhaupt nicht mehr aus einem Wechselspiel zwischen einem Text und seiner Auslegung. Versteht man Hegels Rede von dem sich „entwickelnde(n) Selbstbewußtsein", das die „Sache an sich selbst" ebensosehr wie „der reine Gedanke" ist, in seiner ganzen Radikalität, dann haben wir es hermeneutisch gesehen zuletzt nur noch mit einer sinnstiftenden Aufeinanderfolge von Kommentaren zu tun, deren zugrundeliegender Text nichts anderes ist als ihre eigene und sinnvoll verstandene Aufeinanderfolge. Die Kommentare in ihrer Aufeinanderfolge kommentieren damit gar nichts mehr, was ihnen sinnvoll vorausgesetzt wäre, sie haben keine externe Quelle, aus der sie schöpfen, keinen Klassiker, den sie auslegen. Nur im (logischen) Rückbezug auf ihre eigene (logische) Selbstbezüglichkeit besteht ihr ganzer Sinn, und jener Sinn ist dann erfaßt, wenn in der Reihe der quellenlos gewordenen Kommentare schließlich ein Punkt erreicht ist, an dem ein Kommentar final werden kann, indem er die Entwicklungslogik dieses selbstbezüglichen Kommentierens tatsächlich selbst und als solches angemessen kommentiert. Rückblickend verstanden haben so alle vorangegangenen Kommentare nur dies gewollt, nämlich ihre eigene logische Entwicklungstendenz zu fassen; doch nur der letzte hat es auf dem logischen Niveau einer Begriffslogik allererst richtig erfaßt. Und jener finale Kommentar allen Kommentierens der Kommentare ist selbstverständlich die Hegelsche *Logik*, in der die historische wie systematische Eigenbewegung der ihnen zugrundeliegenden logischen Begriffe an ihr Ende kommt. So kann sie eine *„Darstellung Gottes"* sein, *„wie er in seinem ewigen Wesen vor der Erschaffung der Natur und eines endlichen Geistes ist"*, und doch mit dieser logischen und überzeitlichen Feststellung nichts anderes artikulieren als das logische Entwicklungsgesetz, das aller historischen Abfolge systematisch zugrunde liegt.

Und so schließt sich am Ende auch systematisch ein historischer Kreis der Entwicklung, der von Luther und Melanchthon zu Schleiermacher und Hegel und zurück führt. Auch der heilige Text ist schließlich nur dann vollkommen aus sich selbst heraus verständlich und ‚sui ipsius interpres', wenn alle seine heiligen Inhalte auf nichts anderes mehr zurückdeuten als eine Prädestination im Gewande einer Heilsgeschichte, deren formal zu verstehende Logik in der Auswahl von Auserwählten am Ende vollkommen unabhängig von allen menschlichen Sinngebungen und hermeneutischen Aneignungen der biblischen Geschichten zu denken ist. Und hat man die Heilsgeschichte in ihrer formalen Notwendigkeit verstanden, wie sie in der Darstellung Gottes in seinem ewigen Wesen vor der Erschaffung der Natur und eines endlichen Geistes für alle endlichen Geister und die Natur erscheint, dann ist wiederum einsichtig, warum der ‚literalis sensus' genügen muß. Denn in den Testamenten irgendeinen die Seele erlösenden Inhalt zu vermuten, der über die bloße Feststellung der Existenz eines göttlichen Gesetzes einerseits und der Versicherung der göttlichen Gnade andererseits hinausgehen sollte, hieße die evangelische Botschaft vollkommen mißzuverstehen. So könnte auch Luther im Rückblick verstanden werden als ein solcher Hermeneut, der die Summe aus dem auslegerischen Abarbeiten der Interpreten an den biblischen Geschichten zieht, indem er deren gegenseitige Relativierung und Negierung nutzt, um ein dahinterliegendes formales Entwicklungsgesetz zu erkennen. Und jenes formale Entwicklungsgesetz wäre kein anderes als jenes, das in der Bibel schon von Anfang an inhaltlich ausgesprochen war, insofern sie eine exemplarische Leidensgeschichte erzählt, die schließlich in der paradoxen Erlösung durch göttliche Gnade endet.

C. Zur Gegenwart der Hermeneutik: oder: von der Rückbindung der Texte an die Lebenswelt

Wenn von der Gegenwart der Hermeneutik die Rede ist, kann man nach der Vorgabe der Unterüberschrift schon absehen, daß diese Gegenwart zweigeteilt sein muß: In einer ersten Phase geht es im wesentlichen darum, eine früh einsetzende Enttäuschung über das Schleiermacher- und Hegelerbe zu kompensieren, eine Enttäuschung, die sich aus der Nichterfüllung der hermeneutischen Hoffnungen auf ein besseres Verständnis der Welt ergeben haben; in einer zweiten Phase, an deren Beginn wir jetzt stehen, stehen wir vor der umgekehrten Situation, daß uns also eine längst verloren geglaubte Hoffnung auf ein besseres Verständnis der Welt nun in Erfüllung geht, zu einem Zeitpunkt in der Theorieentwicklung, an dem wegen der Tiefe der Enttäuschung und der Nachhaltigkeit der Verzweiflung an den Paradoxien und Absurditäten der Welt, wie sie Hobsbawms ‚Zeitalter der Extreme' im 20. Jh. ausagiert hat, niemand wirklich mehr damit rechnen konnte, und wie die bisherige Rezeption einer auf Kulturkritik eingeschworenen Intelligenz es nahelegt, auch niemand wirklich rechnen will. Auch hier sei vorausschickend versichert, daß nicht einfach das alte Spiel von Kulturoptimismus und Kulturpessimismus weiterbetrieben wird; die Veränderung zum Besseren, wenn man sie denn so nennen will, hat zuletzt den unendlich nüchternen Charakter, den schon der späte Wittgenstein als die einzig verbliebene Möglichkeit beschrieben hatte, wie man aus einer verzweifelt gestimmten Philosophie wieder herausfindet: nämlich dadurch, daß die bisherigen, unlösbaren Probleme einfach als solche nicht mehr erscheinen, und ihr Zurücksinken in Selbstverständlichkeiten weder mit einem lösenden Eingriff unsererseits zu tun hat noch mit einer heroischen Abschiedsgeste, die ebenfalls unsere Zutat wäre; sondern, wie auch in unserem Falle, alleine dadurch, daß wir aus der bislang vorausgesetzten Knechtschaft einer anonymen *Herrschaft der Zeichen* entlassen werden, indem die Codes schon jetzt und künftig noch mehr zu einer so ‚dichten Beschreibung' unserer Lebenswirklichkeit taugen können, daß sie diese nicht mehr in dem üblichen kulturkritischen Sinne normieren, verzerren und entstellen müssen. Die Verbesserung, wenn man es denn so nennen will, geht nie so weit, daß nun irgendwelche Utopien eingelöst würden, die man einstmals mit dem Aufkommen der neuen Medien verbunden hat, noch taugen die gegenwärtig sich vollziehenden Veränderungen dazu, alte romantische Gegenwelten zum modernen Medienzeitalter zu befeuern[58]. Die Verbesserung ist bislang noch gar nichts mehr als der Umstand, daß nun wieder eine gewisse Normalität im Spiegel lebensweltlicher Routinen, Üblichkeiten und zwischenmenschlicher Gemeinsamkeit auf allen anspruchsvollen Niveaus wahrscheinlich wird; und diese Rückkehr von Normalität ist wiederum kein Anlaß zu expliziter Feier oder gar zu einer sich nun anbahnenden Extase der Erlösung; bestenfalls kann man die Erfahrung, die wir zur Zeit machen, vergleichen mit einem Schmerz, der nachgelassen hat, so, daß man wie sonst immer eigentlich weitermachen kann, ohne daß man jedoch damit schon substantiell besser dastünde als zuvor und ohne, daß das Nachlassen und Verschwinden des Schmerzes überhaupt bemerkt worden sein muß, geschweige denn hätte reflektiert werden müssen. Hierzu aber später noch einmal mehr.

Wie es zu der früh einsetzenden Enttäuschung über das Schleiermacher- und Hegelerbe kam, wurde schon im Zusammenhang der Entstehung von Kulturkritik angesprochen. Ausgangspunkt ist eine Erwartungshaltung, die mit der Hegelschen Hermeneutik der Weltläufe verbunden ist, insofern sie diese logisch nachvollzieht und zuletzt mit der Notwendigkeit einer Wissenschaft auch verstanden haben will. Hegel schließt seine *Logik* mit der Aussicht, daß es ganz zum Schluß der hermeneutischen Entwicklung des Begriffs zu einem Umschlag kommt, einem letzten entscheidenden Umschlag – in seinen dialektischen termini technici gesprochen: „Indem die Idee sich nämlich als absolute *Einheit* des reinen Begriffs und seiner Realität setzt, somit in die Unmittelbarkeit des *Seins* zusammennimmt, so ist

58 Einen guten und ersten Überblick bietet K. Bruns/R. Reichert (Hg.), Neue Medien. Texte zur digitalen Kultur und Kommunikation, Bielefeld 2007.

sie als die *Totalität* in dieser Form – *Natur*“[59]. Man muß sich das so vorstellen, um es noch einmal zu rekapitulieren, daß die Hegelsche Hermeneutik unseres Weltverständnisses – darum geht es ja der *Logik* als einer Ontologie – alle inhaltlichen Positionen durchläuft und diese auf ihr formales Entwicklungsgesetz hin durchleuchtet und sie damit darüber aufklärt, daß nicht in ihrem jeweils aktuellen Welterfassen ihre wahre Leistung liegt, sondern in ihrer Wirkung auf eine nachfolgende Verbesserung dieser von ihr bereits anvisierten Welterfassung. Im Zuge dieser Durchleuchtung alles Inhaltlichen auf dessen formales Entwicklungsgesetz reichert sich der Fortschreibungsprozeß so lange mit weiteren wesentlichen Inhalten an, bis ein Maximum erreicht ist und nur die Reflexion auf das eigene Entwicklungsgesetz als deren inhaltliche Vollendung denkbar ist. Auf diese Vollendung hin, in der sich Form und Inhalt, Begriff und Sache endgültig miteinander ‚versöhnt' zeigen, weil das eine in dem anderen und das andere in dem einen ‚aufgehoben' erscheint, folgt entwicklungs-logisch gesehen der anzitierte Umschlag, in dem mit einem Male alle im dialektischen Prozeß aufgehobenen Inhalte aus der vollendeten Idee wieder entlassen werden – indem sie nach ihrer begrifflichen Durchdringung und größtmöglichen Ausdifferenzierung als Realität greifbar werden. „Die reine Idee, in welcher die Bestimmtheit oder Realität des Begriffes selbst zum Begriffe erhoben ist, ist vielmehr absolute *Befreiung*, für welche keine unmittelbare Bestimmung mehr ist, die nicht ebenso *gesetzt* und der Begriff ist; in dieser Freiheit findet daher kein Übergang statt; das einfache Sein, zu dem sich die Idee bestimmt, bleibt ihr vollkommen durchsichtig und ist der in seiner Bestimmung bei sich selbst bleibende Begriff. Das Übergehen ist also hier vielmehr so zu fassen, daß die Idee sich selbst *frei entläßt*, ihrer absolut sicher und in sich ruhend“. Die „Totalität“, die ganz am Ende aus dem Begriff entlassen wird und jetzt als „Natur“ erscheint, wird demnach so entlassen, daß sie die vorangegangene langwierige gedankliche Durchordnung und versöhnliche Aufhebung ihrer Inhalte gerade nicht hinter sich läßt, sondern vielmehr in Form eines geistigen ‚Gesamtkunstwerkes' aus sich entläßt. Die „Totalität“, als die nun die aus dem Begriff entlas-

59 G.W.F. Hegel, Wissenschaft der Logik II, a.a.O., S. 573.

sene Natur erscheint, stellt diese Natur als eine vom Geist gerichtete wie auch als eine vom Geist versöhnte vor, sie ist die Natur, wie sie uns erscheint, wenn man die Entwicklungsgeschichte der Logik als eine begriffliche Heilsgeschichte begreift, an deren Ende eine Welt steht, die von Gesetz und Gnade gleichermaßen gerichtet und erlöst ist. Der Umschlagpunkt ist aber so zu denken, als finde hier eine Art Apokalypse statt, in der mit einem Male und vollkommen enthüllt wird, was zuvor langwierig und immer latent verborgen erscheinen mußte: eine Welt, in der alles an seinem gerechten und vorhergesehenen Platze ist – freilich, das gehört zur Hegelschen Aufklärung, ist jene Welt eine weltliche Welt, keine übersinnliche, der Geist ist ebenfalls säkularisiert zu denken, als Weltgeist, nicht als heiliger Geist.

Ausgehend von einer solchen Erwartungshaltung, die eine gerichtete und versöhnte Welt am Ende aller begrifflichen Aufklärung erwartet, hatte die Kulturkritik ihre folgenreiche Trennung in ‚gelungen' und ‚nicht gelungen' vollzogen: Als gelungen durfte die Etablierung aufgeklärter Standards für die Staatslehre gelten, wie sie zumindest in den Verfassungen unserer modernen Demokratien nicht mehr zu überbieten zu sein scheinen; als nicht gelungen mußte die Ordnung des Gesellschaftlichen, Ökonomischen und Kulturellen gelten, insofern hier gerade erst der Beginn dialektischer Verwerfungen und Brüche abzusehen war, von deren Aufhebung die Hegelsche versöhnende Logik des Weltgeistes jedoch hätte bereits ausgehen müssen.

Zur historischen Trennungslinie zwischen Hermeneutik und Dekonstruktion

In der Groß- und Grobübersicht bieten sich nun der Hermeneutik ausgehend von der klassischen Phase der Hermeneutik folgende Optionen. Zuerst kann versucht werden, das Hegelsche Programm einer säkularen Versöhnung von der Weltgeschichte auf die Sozialgeschichte zu übertragen – das hat Marx versucht. Gilt diese Option spätestens nach dem Ausbleiben einer Weltrevolution, derer es zu ihrer Vollendung bedurft hätte, als überholt, ist folgende methodische Zweiteilung naheliegend: Erstens kann versucht werden, das

Hegelsche Programm zu retten, insofern zwar auf eine letzte Revolution und damit auf alles Heilsgeschichtliche verzichtet wird, in dem ein finaler Umschlag alles zu richten vermag; dafür aber zumindest noch an der methodischen Hinführung zu einem solchen Ende festgehalten wird, indem es nach wie vor gilt, noch auf den propädeutischen Stand einer *Phänomenologie des Geistes* zurückgehend, alles so zu bewerten, als sei es wenigstens auf dem Wege zu einer vollkommenen Durchdringung. Jene Option führt klarerweise zu Gadamers Konzeption der Wirkungsgeschichte und ihrem Lob einer ‚schlechten Unendlichkeit'. Die Wirkungsgeschichte ist demnach eine Art Als-ob-*Phänomenologie des Geistes*, die so vorgeht, als ob es in jedem Schritt der Traditionsfortschreibung noch darauf ankommt, zu einem übergreifenden Gesamtverständnis des jeweiligen klassischen Stoffes zu kommen, jedoch es bei der bloßen Aussicht auf eine solche Durchdringung bewenden läßt, ohne jenes Bewendenlassen zugleich als einen echten Verlust zu empfinden. Daß der Stein zu jeder Zeit mühsamst und erneut wieder den Berg heraufgerollt werden muß, erscheint so immer noch im Rahmen einer hermeneutischen Aufbruchsbewegung, auch wenn zu Gadamers Redaktionszeit von *Wahrheit und Methode* längst schon Albert Camus' *Mythos des Sisyphos* jene letztverbliebene Aufbruchsmotivation mit einem Abbruchunternehmen aller hermeneutischen Hoffnung konterkariert hatte.

Die andere Option geht ihrerseits von solcherlei Resthegelianismus aus und arbeitet ihre skeptischen Einwände noch einmal an diesem Rumpfmodell von Hermeneutik als Dialektik ab. Dann, mit vielfachen Berufungsmöglichkeiten wiederum auf die bereits vorhandene Hegelkritik seitens Marx', Nietzsches und Freuds, bleibt die Option einer Akzentverkehrung: wo die Hermeneutik ihre Hegel nachtrauernde Wirkungsgeschichte unter dem Gesichtspunkt möglicher Assoziation divergenter Auslegungsschemata konzipiert, versteht die Dekonstruktion dieselbe Wirkungsgeschichte unter der Maxime einer jene Assoziation einerseits aufnehmenden, andererseits aber zugleich überbietenden Dissoziation. Sie geht also von dem hermeneutisch restaurierten Restvertrauen aus, um es dann noch einmal in einer neuerlichen Aufbruchsbewegung in Frage zu stellen. Adorno konnte auf diese Weise nochmals im Geiste des 20. Jh.s die Wendung von Hegel zu Marx nachvollziehen, und der

Blickwinkel, unter dem dies geschah, war idealistisch – seine grundsätzliche Rückberufung auf Kant als dem Vater des modernen kritischen Denkens die dazugehörige Formsache. Anders hat sich der linksrheinische Zweig einer kritischen Theorie in der Tradition des 19. Jh.s verortet. Hier wird die Berufung auf die Marx-, Nietzsche- und Freud-Tradition zwar nicht weniger stark betont, dafür will man sich jedoch überhaupt nicht mehr idealistisch verstehen, sondern realistisch – wenn es für die vorliegenden Übersichtszwecke erlaubt ist, diese ursprünglich literaturgeschichtliche Kategorie für einen Moment in dem weitere Sinne ihrer kulturellen Gesamtwirkung zu verstehen. So scheint die zu leistende Dissoziation einer vorauszusetzenden Assoziation nicht mehr nur hermeneutische Verwandtschaftsbeziehungen zu diskreditieren, um damit den elitären Dünkel eines ‚ancien régime' eines rechtsrheinisch noch immer gepflegten Geistesadels zu blamieren; es gilt darüber hinaus und überhaupt, der ganzen Kultursphäre als solcher eine Vorstellung von der Wirklichkeit entgegenzusetzen, die in ihrer Wahrheit viel handfester und so geartet ist, daß man sich in ihr grundsätzlich an irgendeiner Form echter und harter Tatsachen stoßen kann. Letztes und methodisches Vorbild für einen solchen Realismus ist die Physik, in deren Lichte die immer geistloser erscheinenden Kulturentwicklungen schließlich ihre beste Verfalls-Analyse finden. Anstatt der Geistesgesetze, wie sie in der Kant-Hegel-Marx-Tradition als einer sich sinnvoll zu ihrem Ende fortbewegenden Geschichtsdialektik ausformuliert sind, geht es darum, die Entropiegesetze nachzuvollziehen, die dann zur Dekadenzbewegung des ausgehenden 19. Jh. ebensogut passen (sollen) wie zu den Dekadenztendenzen des ausgehenden 20. Jh.s. Latent ist in diesem Perspektivenwechsel auch ein religionskritisches Erbe mit enthalten, insofern die finalen Versöhnungstendenzen der Hegel-Marxschen Dialektik und ihrer rechtsrheinischen Erben immer noch ein entscheidendes Moment evangelischer Gnade mit sich tragen. Schon die katholische Form eines selbstbewußten Wirtschaftens mit solchen Hoffnungen scheint den linksrheinischen Dekonstruktivisten ehrlicher, erst recht der radikalen französischen Aufklärung, wie sie spätestens seit Voltaire überhaupt nichts mehr von den rechtsrheinisch gepflegten Aussichten auf die beste aller Welten (am Anfang und Ende einer Weltgeschichte) wissen will.

Die Methodenanleitung einer solchen linksrheinischen Aufklärung muß demnach den rechtsrheinischen Resthoffnungen dadurch entgegentreten, daß sie jede Form konstruktiven Denkens ausgehend von geistigen Gesetzmäßigkeiten ablehnt und demgegenüber kritisch verfährt, indem sie die soziale Sphäre als ein physikalisches Experimentierfeld betrachtet. Paradigmatisch kann man Émile Zolas literarische Methodenüberlegungen dazu im Zusammenhang eines „roman experimental"[60] verstehen. Es geht dem Schriftsteller nur noch darum, jede Form einer planvoll ausgedachten Geschichte mit all ihren wünschenswerten oder auch zu befürchtenden Entwicklungen hintanzustellen und an Stelle dessen nur noch ein Experiment durchzuführen. Und dieses Experiment besteht lediglich darin, von einer gegebenen sozialen Lage auszugehen, wie sie exemplarisch für die jeweilige Gegenwart gelten kann, und in einem solchermaßen überschaubaren Setting nachzuvollziehen, was mit den einzelnen Figuren und Elementen im Laufe ihrer sozialgeschichtlichen Fortentwicklung geschieht. Der geistigen *Konstruktion* des Schriftstellers oder ‚Geschichtsautors' wird so die realistische *Dekonstruktion* der Wirklichkeit entgegengehalten, das heißt: Grundsätzlich werden erstens die auktorialen Konstruktionsgesetze mit den realen und quasi-physikalischen Naturgesetzen sozialer Entwicklung konfrontiert und zugleich konterkariert; zweitens werden die *Mythen des Alltags*, die für das ausgehende 19. Jh. wie das ausgehende 20. Jh. mit Vorliebe in den Moralvorstellungen der Zeit gesehen wurden, entwertet und entzaubert[61]; drittens werden die Geschichten selbst in ihrem notwendigen Ausgang nicht als Vollendung eines den irdischen Wechselfällen angepaßten Planes verstanden, sondern umgekehrt erscheinen die zu rapportierenden Geschichten selbst nun als das Betreiben und das nüchterne Protokoll einer Dekonstruktion sozialer Gebilde, deren menschengemachter Zusammenhang sich beständig weiter auflöst und sich noch in den Augen des beobachtenden Autors dekonstruieren läßt solange, bis die Elemente

60 E. Zola, Le Roman expérimental, Paris 1880.

61 Vgl. natürlich Roland Barthes, Mythen des Alltags, vollständige Ausgabe v. Horst Brühmann, Berlin 2010.

einzeln und unverbunden in ihrer ganzen anarchischen Grundanlage zurückbleiben. Geistige Verwirrung ist der Endpunkt sozialer Entropie, und alle Figuren des Experimentes, die sich nicht schon im Bewußtsein dieses notwendigen Scheiterns aller versöhnlichen Vorstellungen eines ‚happy ending' in die Einzelheiten der Geschichte verloren haben, bleiben bis aufs erzählerische Mark zerstört zurück. Dekonstruktion erweist sich so als ein komplexes Methodenprogramm, das ausgehend vom Realismus des 19. Jh.s einem jeden Idealismus des 19. Jh. und seiner Erben entgegengesetzt wird und damit die Dekonstruktion sowohl des konstruktiven Denkens als auch einer Wirklichkeit, die im Bewußtsein noch von solchen Gedanken durchdrungen ist, leistet.

Und obwohl die Kritik an einer immer noch vertrauensseligen Hermeneutik linksrheinisch wie rechtsrheinisch dieselben Ahnenreihe besitzt, die mit Marx, Nietzsche und Freud immer gültig benannt ist, ist klar, daß sie diese in ihrem entgegengesetzten kritischen Ansatz dennoch ganz unterschiedlich bewerten muß. Marx ist so für die einen der Theoretiker eines Klassenkampfes, der zur Versöhnung der Produzenten mit der Welt und sich selbst führt, für die anderen der Theoretiker, der verstanden hat, wie alle Sinnerwartungen der modernen arbeitenden Individuen im Getriebe anonymer Massenproduktionsverhältnisse zerrieben werden; Nietzsche ist für die einen der Autor, der am Ende aller Kritik noch ein evangelisches „ecce homo" ausstoßen konnte, für die anderen ist er der Prophet, dessen Verheißung nur noch in einer nicht mehr wieder gutzumachenden Verwirrung und dem Niedergang aller Moralvorstellungen und -Kodierungen bestehen kann; Freud schließlich ist der Analytiker, der für die einen zuletzt die Wiederherstellung der seelischen Gesundheit einzelner und zuletzt auch das „Unbehagen in der Kultur"[62] beheben wollte, für die anderen ist er der Analytiker, der die menschliche Seele nach dem Vorbild eines Automaten verstanden hat, so daß die Frage, ob jener Automat in seinen Funktionen oder Dysfunktionen als gesund oder krank anzusehen ist, bereits vollkommen anachronistisch erscheint. Heidegger schließlich, der

62 S. Freud, Das Unbehagen in der Kultur, Wien 1930.

der Dekonstruktion einmal als Freund, der kritischen Theorie fast immer als Feind erscheint, ist zum einen der Theoretiker, der den technischen Gestell-Charakter der abendländischen Kultur durchschaut und die Parole von dessen ‚Verwindung' ausgegeben hat, ein andermal der Praktiker, der sich eines „Jargons der Eigentlichkeit"[63] bedient, um die Sozialunverträglichkeit und den politischen Konservatismus seiner Modernekritik zu verbergen und zu tarnen.

Die Rückgewinnung hermeneutischen Weltvertrauens und Selbstvertrauens an der Schwelle zu einer neuen Zeit

Die Trennungslinie zwischen Hermeneutik und Dekonstruktion ist demnach zurückzuverfolgen bis in die zweite Hälfte des 19. Jhs., in der stilbildend auch für den Ausgang des 20. Jh.s das hermeneutische Erbe Schleiermachers und Hegels kritisch ernüchtert oder zumindest nur noch mit erheblichen Abstrichen angenommen wird. Wie es sich nun im Lichte der anstehenden Veränderungen in der hermeneutischen Gesamtsituation zeigt, ist dabei besonders die Vertrauensfrage neu stellen und neu zu beantworten. Bereits in den 1970er Jahren war von Paul Ricœur und in dessen Rückblick auf theologische Hintergründe auch noch der zeitgenössischen Verstehenslehre jene hellsichtige Taufe vollzogen worden, die der einen, dekonstruktiven Ausrichtung der Hermeneutik das Label einer „Hermeneutik des Verdachts"[64] anhing, während eine oppositionelle konstruktive Hermeneutik, wie sie in Gadamers Verbindung von *Wahrheit* und *Methode* offenbar wird, noch ohne Bezeichnung blieb. Jene Auslassung soll sogleich gutgemacht werden, insofern diese Verbindung als eine „Hermeneutik des Vertrauens"[65] gekennzeichnet wird.

---

63 Vgl. Th. W. Adorno, Jargon der Eigentlichkeit. Zur deutschen Ideologie, Frankfurt am Main 1964.

64 P. Ricœur: „Philosophische und theologische Hermeneutik", in: ders./E. Jüngel, Metapher. Zur Hermeneutik religiöser Sprache, München 1974, S. 24–45, hier S. 44.

65 Mit dieser Bezeichnung wie auch mit den folgenden Überlegungen nehme ich Gedanken auf, die ich in einem Essay mit dem gleichnamigen Titel wie

Bei einer solchen Kennzeichnung und zugleich Opposition zwischen einer *Hermeneutik des Vertrauens* und einer *Hermeneutik des Verdachts* oder auch des *Mißtrauens* sei noch einmal wiederholt, daß beide Hermeneutiken bei aller kritischen Gegenüberstellung und der sich daraus motivierenden Schulstreitigkeiten dennoch gleichermaßen und beide zusammen einem grundsätzlichen Vertrauensverlust geschuldet sind, wie er sich mit dem Ende der Relevanz einer idealistischen oder auch materialistischen Geschichtsmetaphysik Hegels und Marx' abgezeichnet hatte. Nur weil die ‚Totalität' der menschlichen Lebensverhältnisse nicht mehr offen- und bereitstand für eine begriffliche Durchdringung und Aufklärung, mußte man sich in einem Kulturexil einrichten, in dem es dann den Vorgängerstreit zwischen Marx und Hegel unter den eben referierten Zeit- und Mentalitätsunterschieden auszutragen galt. Die Hermeneutik, in die wir nach dem Kriege hineinsozialisiert wurden, ist so gesehen von Anfang an nicht nur eine selbstbewußte Nachfolgerin einer antiken Kunst und klassischen Auslegungs-Disziplin gewesen, sondern zugleich immer eine sich selbst zurücknehmende Erbin eines größeren Anspruchs und damit zugleich Ausdruck eines ‚faute de mieux': Man verlegte die Auseinandersetzung um die wesentlichen Dinge in jene weltferne Sphäre, in der man vom Anfang der Disziplin an nur Deutungsfragen behandelte, und die ehemalige Größe und Relevanz der Philosophie, um die es ursprünglich ging, blieb auf dieser Ebene allein noch in der Vehemenz der Polemik erhalten, mit der aller Deutungsstreit zwischen den damaligen geistespolitischen Lagern ausgetragen wurde.

Die in diesem Buch vorgestellte These geht nun prospektiv davon aus, daß der Hermeneutik als einer Auslegungskunst aufgrund der genannten Zeittendenzen wieder eine wesentlich stärkere und größere Rolle bei der Weltdeutung zukommen muß. Und jene Tendenzen deuten sich dementsprechend retrospektiv bereits darin an, daß

---

die vorliegende Monographie in der Zeitschrift *Philosophische Rundschau* veröffentlicht habe. Vgl.: „Zur Zukunft der Hermeneutik", in: Philosophische Rundschau, Band 57, Heft 2 (2010), S. 125–153.

wir schon seit mindestens einem Jahrzehnt einer Annäherung von Hermeneutik und Dekonstruktion beiwohnen, die man nach aller Schärfe der Auseinandersetzung als erstaunlich verstehen darf; die im Lichte eines beiden bevorstehenden Paradigmenwechsels und angesichts eines Endes der *Vorherrschaft der Codes* aber durchaus verständlich zu sein scheinen. Drei Motivationen einer sich abzeichnenden Konvergenz seien in diesem Lichte kurz angesprochen:

1.) eine historische Komponente, die mit dem Wegfall bisheriger geistespolitischer Rücksichtnahmen zu tun hat (Restauration und Kritik)
2.) eine systematische Komponente, die mit einem Wegfall methodenspezifischer Polemik zu tun hat (Wahrheit und Methode)
3.) eine historisch-systematische Komponente, die mit dem Wegfall der Konkurrenz neuer medialer Aprioris zu tun hat (Text und Bild)

Was daraus folgt, wenn in diesen Hinsichten historisch wie systematisch die bisherigen Konkurrenzen der vergangenen 50 Jahre nach und nach irrelevant werden, ist:

1.) die Rückgewinnung eines hermeneutischen Anwendungsfeldes in der Weite von Politik und Geschichte (Rückkehr der ‚*großen Erzählung*' – Geschichte der Philosophie und Geschichtsphilosophie)
2.) die Rückgewinnung einer hermeneutischen Zuständigkeit in einer neuen Breite der Wissenschaft (Fortbildung einer *geisteswissenschaftlichen Methodologie* auch mit naturwissenschaftlicher Relevanz)
3.) die Rückgewinnung von Begründungsansprüchen, die mit der Bildung eines belastbaren Aprioris der Welt- und Selbstverständigung zu tun hat (Ausbildung neuer Formen einer *Kritik menschlichen Verstehens*: z.B. in einer Revision der Vorstellung vom ‚kollektiven Gedächtnis' als einer neuen Verbindung von Netzstrukturen mit Hirnstrukturen und einer neuen Verbindung von Verstehen und Behalten)

Oder, um es auf die eine Formel Hegels zu bringen, in der Nachfrage dessen, womit es Philosophie zu tun haben muß: *„ihre Zeit in Gedanken erfaßt"*[66] zu sehen.

Zu 1.) Eine neue historische Komponente, die mit dem Wegfall bisheriger geistespolitischer Rücksichtnahmen zu tun hat, ist dort abzusehen, wo Erinnerungen an eine äußere politische wie historische Konstellation das Zutrauen an die Kraft der Welterschließung der Philosophie fraglich machen mußten oder vollkommen unmöglich erscheinen ließen. Eine solche Rücksichtnahme war zweifellos gegeben während einer Nachkriegszeit, in der die Geisteswissenschaft nicht mehr nur als Belastungszeuge zur tiefergehenden Aufklärung der Gründe für den weltpolitischen Fehllauf herangezogen wurde, sondern ganz wesentlich sich selbst einen Platz auf der Anklagebank zuweisen mußte. Horkheimers und Adornos im amerikanischen Exil geborene Formel von einer *Dialektik der Aufklärung* macht dies exemplarisch deutlich, insofern selbst die beste Aufklärung innerhalb der Schultradition nicht mehr allein in der Opferperspektive dargestellt werden konnte – in dem Sinne, daß die sprichwörtlichen ‚kapitalistischen' und ‚imperialistischen Kräfte' einfach diese Aufklärung bislang nur nachhaltig verhindert hätten –, sondern umgekehrt so, daß die Aufklärung *über* die Dialektik der Weltgeschichte selbst zur Partei *in* dieser Dialektik werden mußte, ihr also unterworfen war, an genau der Stelle, an der sie über sie (und im Nachhinein also auch über sich selbst) hätte aufklären müssen. Die Folgen eines solchen blinden Flecks in der Selbstwahrnehmung der Aufklärung waren katastrophal genug, um mit dem Gang einer Ideologiegeschichte in Verbindung gebracht zu werden, die zuletzt auch in den Scheußlichkeiten des Stalinismus endete. Um nichts weniger prekär sieht komplementär dazu die Lage aus, in der sich Gadamer Anfang der 1960er wiederfindet bei seinem Versuch, die Geisteswissenschaften auf ein neues methodologisches Fundament zu stellen. Zwar ist es richtig, wie gegen die nachfolgenden Überlegungen schon eingewandt

66 G.W.F. Hegel, Grundlinien der Philosophie des Rechts, in: ders., Werke in zwanzig Bänden, a.a.O., Bd. 7, S. 26.

wurde, daß Gadamer sich selbst für einen unpolitischen Menschen hielt und er selbst seine Methodenüberlegungen gerade nur aus seinem Seminaralltag herausgearbeitet haben wollte; jedoch erscheint es mir gerade hermeneutisch legitim, den Autor hier besser zu verstehen als er selbst es getan hat, insofern schon jene explizite Politikferne als das Resultat einer Vorsicht gewertet werden darf, die mit den unrühmlichen Erfahrungen seines Lehrers Heideggers während dessen Rektorratszeit in Freiburg 1933 und 1934 zu tun hat, ebenso wie auch mit Gadamers eigenen Mühen, von der Vereinnahmung der Geisteswissenschaft durch die Propaganda des Nationalsozialismus so weit wie möglich unbehelligt zu bleiben[67]. So mag richtig sein, daß eine explizite Motivation, die Geisteswissenschaften mit Hilfe einer neuen Methodologie auf ideologisch unverdächtige und politikferne Grundlagen zu stellen, an keiner Stelle explizit von Gadamer selbst so angesprochen wird; der Umstand, daß dies nicht geschieht, jedoch in keiner Weise etwas an der historischen Folgerichtigkeit einer apolitischen und überhistorischen Ausrichtung ändert – vor den bekannten biographischen Hintergründen darf man das Ungesagte wohl doch beim Wort nehmen. Gadamer jedenfalls will ein methodisches Korrektiv für jede Form existentieller Wahrheitsvermutung festschreiben – hat doch der Existentialismus seinen eigenen blinden Fleck offenbar gerade darin gehabt, im Namen einer emphatisch empfundenen und auch so ausgedrückten Wahrheit einen Bruch mit den bestehenden Wissenschaftsverhältnissen herbeiführen zu wollen, die nach Gadamers Einsicht zuletzt nur zum Bruch mit der Grundintention der eigenen Traditition und ihrer traditionellen Wahrheitsverpflichtung geführt hat. Im Grunde handelt es sich auch hier um eine im Nachhinein festgestellte, besondere Dialektik der Aufklärung, einer Aufklärung über den Umschlag einer hermeneutischen Wahrheitsvermutung in ihr Gegenteil, sobald ihr existentieller und subjektiver Aufklärungsanspruch für eine historisch einzulösende Münze genommen wurde.

67 Vgl. zu diesem Punkt das vielsagende Stichwort „Ohnmachtergreifung“ und seine Hintergründe bei Jean Grondin, Gadamer – eine Biographie, Tübingen 1999, S. 176ff.

Als das Resultat einer Geschichtslektion verstanden ging es der Kritischen Theorie wie auch der Hermeneutik darum, zuerst einmal überhaupt und konsequent Abstand zu halten zu einer jeden möglichen direkten Einmischung in politikgestaltende Belange. Die Hermeneutik versuchte dies, indem sie sich auf eine akademische und zuletzt literarische Position zurückzog, also sich im Bücherwesen und Bücherlesen ihr Zuhause gab; und die kritische Theorie, indem sie sich eine Einmischung nach dem Kantischen Vorbild nur als eine moralische Kritik von außerhalb vorstellen konnte – noch bei Habermas brauchte es bis in die 1990er Jahre, also bis in die Zeit nach der Wende, bis seiner als Diskursethik konzipierten Kritik schließlich von ihm und anderen mehr zugetraut wurde als die Bildung einer außerparlamentarischen Opposition, und selbst in der dann erfolgenden Ausweitung der Geltungsansprüche auf das Feld des Rechts und der Rechtsetzung blieb es erst recht noch bei dem Bestehen auf einer nur negativen Einspruchs- bzw. damit kritischen Regelungsfunktion.

Zwar konnte auch nach der so vollzogenen Abkehr von direkten Formen möglicher Einmischung im Nachkriegsdeutschland noch die Bildung aufgeklärter Gemeinschaften als das Ziel einer *Dialektik der Aufklärung* wie auch von *Wahrheit und Methode* gelten. Jedoch handelt es sich bei diesen neu zu bildenden oder auch zu reaktivierenden Gemeinschaften um solche, die den Vertrauensverlust in ihre Weltbezüge dadurch kompensieren müssen, daß sie ihre Gemeinschaft nur noch als eine solche verstehen können, die sie nicht so sehr in der Gegenwart als vielmehr über die Zeiten hinweg wahrhaft pflegen können. Wer sich im Sinne Gadamers der Hermeneutik als Methode verschreibt, gewinnt ein Vertrauen zu anderen durch eine kritische Gegenlektüre lange zuvor bereits kommentierter Texte, und in jener Gegenlektüre offenbart sich zum einen und unmittelbar eine auslegerische Selbstständigkeit eines jeden Einzelnen, die es in einem urliberalen Sinne tolerant einfach festzustellen gilt. Und erst in einem zweiten Schritt, nachdem die ersten Eitelkeiten der Selbstbehauptung einer neuen Zeit gegenüber jenen ihrer Vorgängerepochen überwunden sind, stellt sich dann eine tiefergehende Anfreundung mit dem Alten ein, indem man einsieht – klüger geworden durch die Zeit und fortgeschrittene Lebenserfahrung oder durch die Lektüre von *Wahrheit und Methode* –, daß sich trotz der divergenten Bemühungen und bei allem Streit um die Sache sich doch unbemerkt ein tieferes Einverständnis in der literarischen Sorge um die Sache selbst eingestellt hat. So kommt es zu einem Restpolitikum einer Gemeinschaftsstiftung, das man aus einem rhetorisch geführten Streit um das bessere öffentliche Verständnis eines gemeinsamen Sachanliegens mit Aristoteles gerade noch fassen kann; aber jenes Restpolitikum ist eben eines, das die Beteiligten nur über die Zeiten hinweg miteinander verbindet und so zu Brieffreunden macht. Und die Kritiker der These mögen es mir nachsehen, aber der Umstand, daß Gadamer den europäischen Humanismus zum Vorbild seines neuen Traditionsverständnisses der Hermeneutik gewählt hat, hat entscheidend mit dem Umstand zu tun, daß sich schon der Humanismus in der frühen Neuzeit als die Wiederaufnahme einer historisch verschütteten Freundschaftsbeziehung über den Kulturbruch eines als barbarisch angesehenen Mittelalters hinweg verstehen wollte.

Die Gründungsgeschichte der ersten Frankfurter Schule mit ihren Gründerfiguren Horkheimer und Adorno darf man übersichtshalber und im historischen Abstand betrachtet in ähnlicher Weise stilisieren. Es waren bei Adorno natürlich nicht die bibliophilen Angebote, die zur Brieffreundschaft über die Zeiten hinweg anregten, hierfür war der Raritätensammler Walter Benjamin wohl eher empfänglich gewesen – vielmehr schien Adorno das angemessene Vorbild seiner eigenen Position in der Musik wiederzufinden, bekanntlich in einer Musik, die sich alle üblichen Gefälligkeiten des massenhaften Mitmachenkönnens methodisch versagte und damit wiederum erst im Bruch mit den bisherigen ‚Erzählkonventionen' des Genres und unter konsequenter Nutzung des dissonanten Potentials musikalischer 12-Ton-Sprache zu einer glaubhaften Eigenständigkeit musikalischer Stimmführung kam. Umgekehrt zeigt sich in einer solchen Re- und Gegenlektüre der musikalischen Literaturgeschichte zugleich auch wiederum und erst im geduldigen Ausbuchstabieren oder auch -musizieren der älteren Ansätze eine tiefere Gemeinsamkeit, die in den methodisch aufgebrochenen Dissonanzen zugleich eine tiefere Harmonie des musikalischen Gedankens über die Zeit hinweg offenbart. Adornos Vorbild konnte für ihn kein anderes sein als jenes der späten Beethovenschen Streichquartette, als der Keimzelle aller echten modernen Musik, die in sich bereits jene tiefere Harmonie über die noch kommenden und dann wieder abzuarbeitenden Brüche mit der aufkommenden Romantik hörbar machen konnte[68]. Über jenen Kulturbruch einer konsumabel und süffig gewordenen Musik mit ihren Reminiszenzen an ein volkstümliches Mittelalter bis hin zu ihrer ideologischen Reinform der Massennormierung in der Marschmusik hinweg mußte sich demnach ein historisches Quartett bilden können, ein nach musikalischem, und nach dem späten Beethoven sowohl titanischen als auch zugleich reflexiv zurückgenommenen Vorbild auszubildendes Theoriequartett. Unnötig noch zu erwähnen, daß im Rahmen einer kritischen Theorie die ersten drei Quartettplätze von den Klassikern der kritischen Moderne Kant, Hegel und Marx besetzt werden mußten, der letzte Platz, der die Dissonanz und Harmonie zugleich perfekt machen sollte, konnte ganz offenbar nur Adorno selbst zukommen. Und daß seine persönlichen Ambitionen nicht bei der Könnerschaft auf einem Streichinstrument lag, sondern am Klavier, unterstreicht womöglich nur den Anspruch, auf dem vielstimmigen Tasteninstrument die Beiträge der anderen selbst aufnehmen und noch einmal in ihrer in sich gebrochenen Gesamtharmonie übersichtlich engführen zu können.

Eine letzte Geschichte, wenn man so will, zugleich ein Satyrspiel der neueren Philosophiegeschichte, bleibt im Rahmen der theoretischen Beherzigung einer *Dialektik der Aufklärung* nachzutragen. Und es ist vermutlich zeitgeschichtlich zugleich der wichtigste Beitrag, insofern er die Bewußtseinsbildung in den Nullerjahren des 21. Jh.s erheblich beeinflußt hat – auch wenn sich die Schule die Ironie eines solchen Beitrags noch selbst nicht recht eingestehen will. So war es im Nachhinein gesprochen die postmoderne Variante einer kritischen Theorie, aus der gesellschaftspolitischen Verlegenheit der Frankfurter Schule eine Ressource zu machen – im neidvollen Seitenblick auf die linksrheinischen Lizenzen in der Gesellschaftspolitik, die sich dort seit Sartre die Intellektuellen mit ihrem intakten Nachkriegsselbstbewußtsein nehmen konnten.

---

68 Vgl. Th.W. Adorno, Beethoven. Philosophie der Musik, Frankfurt am Main 1993.

Die grenzüberschreitende Anpassungsleistung sieht in ihren Grundzügen wie folgt aus: Die Zurückhaltung des Liberalismus in Sachen gesellschaftliches Engagement wird zurückgenommen, jedoch mit dem festen Vorsatz, dem gesellschaftskritischen und liberalen Grundgedanken dadurch keinen Abbruch zu tun. Das heißt in der Praxis: Die Gemeinschaft, die hier mit einer neuen Theorie unterfüttert herausgebildet werden soll, ist eine Gesellschaft, die sich selbst als urliberal versteht, dabei aber vollkommen apolitisch bleibt. Mit der kritischen Theorie gemeinsam hat sie ihre Wendung gegen die Normierungs-Zwänge des Spätkapitalismus und damit gegen die anhaltende Macht der Märkte; über die kritische Theorie hinaus will sie jedoch ein positives Gesellschaftsideal in der freien Entfaltung künstlerischen Potenzen sehen – was der Geisteshaltung nach 1968 ganz gut entgegenkommt, insofern man noch nach einer philosophischen Formel suchen durfte, die es erlaubte, auch in der Theorie nun ‚tausend Blumen blühen zu lassen'. Die Wendung des Liberalismus vom Kritischen zum Heiteren, vom (machtpolitisch) Zynischen zum (theoriepolitisch) Kynischen war mit Sloterdijks *Kritik der zynischen Vernunft* dann in den 1980er Jahren auch programmatisch vollzogen. Das Vorbild, das über den Kulturbruch der dunklen Jahre des 20. Jh.s in einer historischen Klammer wiederum hinweghelfen sollte, war absehbar die Künstler-Bohème des ausgehenden 19. Jh., in der sich jeder von den Modernezwängen der Gesellschaft befreit fühlen durfte, sobald sie oder er in der Lage war, durch eine Selbststilisierung zum Künstler sich zugleich unanfechtbar gegenüber den marktförmigen Alltagsroutinen und ihren Normierungs-Anmaßungen zu machen. Die Segnungen einer ‚affluent society', die im Laufe der 1970er Jahre besonders spürbar wurden, sollten schließlich auch noch zu einer Demokratisierung der Bohème-Bewegung führen – jeder konnte mit der nun zur Verfügung stehenden Freizeit seine Selbsterhaltungsenergien zur freieren Produktgestaltung seiner selbst nutzen –, und unter solchen postmodernen Vorzeichen schien das Beste aus literarischer Hermeneutik und kritischer Theorie aufgenommen und zugleich mit den etablierten französischen Freiheiten einer anarchisch agierenden Dekonstruktion in einen zwanglosen Einklang zu bringen.

Was es uns heute allerdings schwer macht, diesen Einklang ohne Momente eines tieferen Mißklangs wahrzunehmen, sind zwei bewußtseinsprägende Ereignisse der Nuller-Jahre, an denen sich jenes postmodern heitere Harmoniestreben brechen mußte – und zwar aus systematischen Gründen, nicht einfach und wie es die Theorie leichter verkraftet hätte, einer Konjunktur geschuldet. Zum einen war es der *Terrorismus*, wie er 2001 die große ‚Bühne' erreicht hatte, und nun auch von der Philosophie zuletzt ein Kriterium dafür verlangte, wie über alle liberale Lizenz zur Selbstbestimmung hinaus die Stilisierung eines Selbst als Kunstwerk und zugleich als Bombe noch einmal kritisierbar sein würde. Kurt Flasch hatte damals hellsichtig in einer Talkrunde mit Sloterdijk diesem vorgehalten, eine Philosophie mit nur einem Prinzip – jenem einer bedingungslosen künstlerischen Selbstentfaltung jenseits aller sonstigen gesellschaftlichen und moralischen Zwänge – tue sich immer schwer, damit gesellschaftlich unliebsame Tendenzen zu kritisieren, läßt sich doch damit nahezu alles begründen – es fehlte also ein zweites Kriterium. Sloterdijk hatte gehofft, dieses in einer Verbindung von *Zorn und Zeit* auf psychologischer Ebene wenigstens namhaft machen zu können in einem Freudschen Fehllauf libidinöser Energien: Terror wurde so zum Produkt einer Regression, die anstatt zu einer freien Entfaltung der künstlerischen Energien im objektiven Kunstwerk nur zum subjektiven Umkehrschub künstlerischer Energieströme führte und deshalb in blinder (Selbst-)Zerstörung enden mußte. Würde man den kreativen psychischen Energien den Weg ins Freie versperren, würden die entstehenden Druckverhältnisse zum Attentat auf sich selbst führen – und in einem energetisch derart aufgeladenen Selbstmord gerade wegen des darin verbliebenen Universalitätsanspruchs der ursprünglich künstlerischen Potenzen viele andere, und aus dieser pervertierten Sicht der Dinge am besten sogar alle anderen zugleich mit sich in den Tod reißen.

Zum anderen war es die dramatische und dazuhin heute nochmals sich zurückmeldende Krise der *Finanzmärkte* von 2008, die für das Theoriefundament einer heiter gestimmten Postmoderne zu einer atmosphärischen Belastung wurde, der sie offenbar nicht mehr weiter würde standhalten können. Die gedankliche Verbindung stellt sich her, wenn man einerseits die kulturelle Opposition der Postmoderne zur Realwirtschaft und ihrer arbeits- und investitionsintensiven Zwangsverhältnisse zum Ausgangspunkt nimmt, die künstlerische

Form einer von allen Alltagszwängen entlasteten Selbsterfindung dagegen als deren erstrebenswerten Endpunkt ansieht. An diesem Endpunkt steht Nietzsches geniale Analogie zwischen Kunst und Leben, die er einst dem Treiben der ersten und damals staunenerregenden Luxusmärkte abschaute und auf eine den Künstler motivierende Glückssuche jenseits der traditionellen Subsistenzwirtschaft und ihrer bürgerlichen Anmutungen und Zumutungen übertrug – gerade weil das Leben im Luxus der reinen Selbstentfaltung doch so ungeheuerliche Effekte und Gewinne versprach wie die spekulative Vermehrung künstlerischen Kapitals in Ausstellungen und Auktionen.

Das Problem, das heute entsteht, angesichts der Krisen und dem Vertrauensschwund in die gegenwärtige Finanzwirtschaft, kann man leicht einsehen, wenn man, wie es momentan und allgemein geschieht, doch schließlich spürt, daß nun eine historische Gegenrechnung aufgemacht wird. Diese sieht so aus, daß das, was einst als eine Bewegung der künstlerisch erheiterten Lebensreform gestartet war, in aller Opposition zum bürgerlichen Leben und dessen Formen der arbeitsbelastenden Lebensfristung, von Anfang an kein kulturelles Moment der Opposition und der liberalen Kritik gewesen war. Vielmehr erscheint sie heute nur als die verklärende Ausspiegelung einer anderen Form der systematischen Bewirtschaftung eben derselben endlichen und ernüchternden Lebensbedürfnisse. Das postmodern und damit künstlerisch gestimmte Aufbegehren gegen die Wirtschaftsmacht des Spätkapitalismus hat zuletzt nur noch tiefer in dessen eigentliche Zwänge hineingeführt, nicht zuletzt, weil anzunehmen ist, daß es von Anfang an bereits nichts anderes gewesen sein mag als dessen naiver Agent, der im guten Glauben an die eigene Dissidenz und das Bestehen auf seinem Nicht-mehr-mitmachen-Wollen gerade die zu vermeidende Kapitalisierung des Lebens schließlich vollenden half. Wenn man so will, dann haben die aktuellen Finanzkrisen das Prinzip postmodernen Wirtschaftens mit sich und der Welt nur noch zur Kenntlichkeit entstellt.

Wie schwer sich eine Postmoderne tut, die sich in ihren Manifesten immer systemfremd gegeben hat, jene neuerliche Lektion einer *Dialektik der Aufklärung* einzusehen und auch einzugestehen, zeigen die jüngeren Veröffentlichungen von Norbert Bolz und Joseph Vogl besonders deutlich. War es doch Norbert Bolz, der Anfang der Nuller-Jahre noch unsere postmoderne Kultur mit der Titel-Metapher einer *Blindflug(es) mit Zuschauer*[69] beschreiben konnte und damit auf eine Kantische Formel von ästhetischer Erhabenheit anspielte, die sich einstellt, wenn wir als Zuschauer einem dramatischen Unglück beiwohnen, jedoch so, daß wir in keiner Weise betroffen sind, sondern die Untergangsszene aus der Distanz mitverfolgen, wie es das literarische Vorbild der Antike, des Schiffbruchs in wilder See vom sicheren Ufer aus betrachtet, das Kant natürlich vor Augen hat, will. Hans Blumenberg hat aus der Kantischen Vorstellung in den 1990er Jahren eine Modernebetrachtung abgeleitet, die ausgehend von den dramatischen Erfahrungen des 20. Jh.s die Rolle der Philosophie schließlich als jene bestimmte, die den *Schiffbruch mit Zuschauer*[70] wenigstens noch aus geisteswissenschaftlicher Distanz gesehen erträglich machen sollte. Bolz dagegen sieht Anfang des darauffolgenden neuen Jahrzehntes die Pointe der Formel schon nur noch darin, daß wir nun selbst und allesamt postmoderne Passagiere eines Moderneunternehmens sind, an dessen Steuer kein menschlicher Pilot mehr sitzt. Vielmehr gehören wir nur noch zum erweiterten Kabinenpersonal, indem wir Richtungsänderungen vermelden, aber nicht mehr verursachen, oder wir sind überhaupt nur die Zuschauer jenes zivilisatorischen „Blindflugs“. Wir würden uns lächerlich machen, wenn wir den Selbststeuerungskräften dieser Moderne plötzlich mißtrauten – denn nur für diesen Fall sei noch vorgesehen, daß tatsächlich ein Untergang droht, ganz ähnlich den Zeichentrickfiguren, die noch lange über das Ende vom festen Boden hinaus und schon über dem Abgrund gehen, jedoch erst dann abrupt in die Tiefe stürzen, wenn sie die Leere unter sich selbst als eine solche wahrnehmen. So konnte Bolz also in übertragenem Sinne den Markt- und Medienmechanismen noch so blind vertrauen, daß er die Postmoderne als eine Reise unter Führung eines „Autopiloten“ im Flugzeug erklärte und sich über die Nachfragen der damals womöglich schon besorgten Leser amüsierte, wie man sich diese Metapher

---

69 N. Bolz, Blindflug mit Zuschauer, München 2004.
70 H. Blumenberg, Schiffbruch mit Zuschauer, Frankfurt am Main 1993.

zuende zu denken habe, wenn doch ein Flugzeug nicht ewig in der Luft bleiben könne und auch einmal wieder festen Grund unter den Rädern braucht und wir demnach den gesellschaftlichen und ökonomischen Selbststeuerungskräften – bei konsequenter Abwesenheit menschlicher Agenten und ihrer eigenartigen Klugheit – offenbar nicht unendlich trauen dürften. Nur wenige sechs Jahre später beschreibt Joseph Vogl nun den Blindflug der Finanzmärkte mit der Einsicht, daß die flüchtigen Kapitalbewegungen zuletzt einem ontologischen „Gespenst"[71] gleichen und Werte darstellen, die es so und in Wirklichkeit gar nie gab. Und man demnach nun gerade den offenbar ebenso gespenstisch abhanden gekommenen Autopiloten blamieren muß, nachdem man einsehen mußte, daß das Cockpit offenbar einfach immer schon und nichts anderes als leer war. So wird zuletzt freilich nicht nur der Interpretierte, sondern auch der Interpret zum Gespenst.

Als Fazit bleibt festzuhalten, daß hier auf eine *Dialektik der Aufklärung*, wie sie von der kritischen Theorie und der Hermeneutik in der Nachkriegszeit noch selbst zu leisten war, eine *Aufklärung der Dialektik* folgt, wie sie eine sich als unmittelbare Erbin beider Strömungen verstehende Postmoderne jüngst bereits über sich ergehen lassen mußte. Und in diesem neuerlichen Stellungswechsel der Aufklärung hätte sich eine von der Philosophie eigentlich aufzuklärende Wirklichkeit wiederum als klüger erwiesen denn ihre postmodern zeitgemäße Selbstbeschreibung. Mein Plädoyer geht demnach dahin, jene *Aufklärung der Dialektik* der Postmoderne als einen Ansatz zu verstehen, einer Philosophie zu trauen, die sich nicht mehr vornimmt als eine solche *Aufklärung der Dialektik* historisch sinnvoll und systematisch möglichst anspruchsvoll nachzuvollziehen.

Zu 2.) Eine systematische Komponente, die mit einem Wegfall methodenspezifischer Polemik zu tun hat, kommt bei einer Zukunftsausrichtung der Hermeneutik ins Spiel, wenn man die Theorie-Tendenzen der 1960er und 1970er Jahre einerseits, die

71 J. Vogl, Das Gespenst des Kapitals, Zürich (3. Auflage) 2011.

Akzentverschiebung in der Wissenschaftspraxis andererseits neu durchdenkt.

Die groben Linien lassen sich meines Erachtens folgendermaßen zurückverfolgen. Gadamer hatte die Lektion Diltheys übernommen, daß es anders als noch zu Hochzeiten des deutschen Idealismus keine Gesamtzuständigkeit mehr geben könne einer Verstehenslehre für geisteswissenschaftliche und naturwissenschaftliche Belange gleichermaßen. Der Siegeszug und der Alleinvertretungsanspruch der Naturwissenschaften in Sachen Wahrheitsfindung sei hinzunehmen, alles was es noch hochzuhalten gelte, wäre nur noch das Bestehen auf einer eigenen Methodologie. So gesehen ist *Wahrheit und Methode* immer noch die bereichsspezifische *Kritik des Verstehens*, die Dilthey bereits leisten wollte, und die Kombination der Titelworte wiederholt wenigstens auf geistweswissenschaftlicher Ebene den Anspruch auf Objektivität, der bei aller vorauszusetzenden Subjektivität, Horizontalität und Historizität der Herangehensweise überhaupt nur und dennoch zu behaupten ist.

War Anfang der 1960er Jahre damit die Anspruchslage von Seiten der Geisteswissenschaften erst einmal in der bereits traditionellen Bescheidenheit geklärt, wurde dennoch aufmerksam registriert, wie von der Wissenschaftstheorie der Gegenseite sich exakt verstehender Wissenschaften eine Annäherung denkbar wurde. Zum einen war es ein Verstehensmoment, das Eingang in die Wissenschaftstheorie fand, indem der historische Kontext der Forschung als solcher nun präsent wurde im Nachvollzug der Fortschritte in der Wissenschaftsgeschichte. Die Quellen für einen solchen geschichtssensiblen Nachvollzug liegen in der Wissenschaftssoziologie Karl Mannheims und Ludwig Flecks wie auch im Existentialismus Heideggers. Thomas Kuhn führte diese Stränge an dem Punkt zusammen, an dem er noch dem idealistischen Geschichtsmodell Marxens und Hegels folgend zwischen Phasen der Normalwissenschaft und solchen revolutionärer Wissenschaft unterschied und nun den mit ihm berühmt gewordenen ‚Paradigmenwechsel' nicht mehr einer objektiven Logik der Problemlösung zuschrieb, sondern für die Annahme oder Ablehnung eines neuen Erklärungsmodells vielmehr soziale Faktoren der betroffenen Wissenschaftsgemeinde und damit zugleich deren weitergehende Einbettung in kulturelle und religiöse Kontexte verantwortlich machte[72]. Die Frage nach der Motivation eines Fortschrittes in der exakten Wissenschaft war damit nicht mehr auf eine verbesserte Problemlösung zurückzuführen, so daß jenes Modell hätte den Vorzug bekommen müssen, das die wissenschaftlich besten Erträge verspricht, sondern auf eine verbesserte Akzeptanz, die sich einzig aus einem weiterreichenden Paradigmenwechsel einer Gesamtorientierung verstehen ließ, wie sie in Heideggers Darstellung von der „Zeit des Weltbildes"[73] vorausgesetzt wurde.

Zum anderen war es ein Verstehensmoment, das Eingang in die Wissenschaftstheorie von der dazugehörigen Gegenseite fand, indem nun nicht mehr die äußeren und historischen Einflüsse auf eine methodisch voranschreitende Problemlösungsgeschichte neu bewertet wurden, sondern aus der *Logik der Forschung* selbst Zweideutigkeiten folgten, die eine Öffnung der methodischen Wahrheitssicherung für Momente einer klugen Weiterbestimmung unumgänglich erscheinen ließen. Hierbei ist natürlich der Autor der *Logik der Forschung* an erster Stelle zu nennen, insofern er dem strikten Methodenideal des logischen Positivismus Carnaps, Schlicks und anderer mehr mit einer theoretischen Volte begegnete: Was bedeutet es für den logischen Positivismus, wenn sein eigener Wahrheitsanspruch noch einmal auf seine eigenen Voraussetzungen der Wahrheitsfindung hin befragt werden muß? Dann, so folgerte Karl Popper, würde Carnaps *logische(r) Aufbau der Welt* immer prekär bleiben, weil an der Basis seiner Datenerfassung niemals genug Daten erfaßt werden könnten, damit die gesetzesförmigen Allgemeinaussagen verifiziert wären. Schließlich können logisch gesehen eben Allgemeinsätze nur von der Totalität aller möglichen Ereignisse als solche in ihrer Wahrheit gerechtfertigt werden. Übrig bleibt für den sicheren Gang des wissenschaftlichen Fortschritts nur eine mögliche Falsifikation, und hier treffen sich, wenn man so will, die Kuhnsche historische Beschreibung eines Forschritts durch ganz generelle Negationen des

72 Th. Kuhn, Die Struktur wissenschaftlicher Revolutionen, a.a.O., sowie ders., Die Entstehung des Neuen, Frankfurt am Main 1977.

73 M. Heidegger, „Die Zeit des Weltbildes", in ders., Holzwege, a.a.O., S. 69–104.

Bisherigen mit der Popperschen Feststellung, daß die logisch gesicherten Ergebnisse nur in der Verabschiedung falsifizierter Vorgaben liegen können. Einen weiteren Theorieschritt zur Öffnung der Wissenschaftstheorie für hermeneutische Ausgestaltung hat dann Paul Feyerabend vollzogen, indem er Poppers Falsifikationsthese noch einmal sich auf sich selbst beziehen ließ. Die These von der Falsifikation ist allein letztgültig und objektiv zu beurteilen, wenn sie selbst falsch ist. Wenn sie aber selbst falsch ist, dann gilt wiederum: aus der Falschheit einer solchen Annahme folgt gar nichts Bestimmtes mehr. Wenn sie jedoch wahr sein sollte, dann ist ihre Wahrheit nicht objektiv und letztgültig nachzuweisen, wenn aber wiederum der Zweifel bleibt, dann gilt die Maxime, daß im Zweifel eben auch für den Angeklagten (die falsifizierten Thesen) entschieden werden darf. Aus einem solchen recht einfachen Raisonnement folgt dann für Feyerabend das ‚anything goes', das seine Wissenschaftstheorie der Postmoderne geöffnet hat[74].

All dies ist hinlänglich bekannt und auch nur zur Erinnerung kurz anzitiert, weil sich natürlich die eigentliche Veränderung, die für einen Wegfall der methodenspezifischen Polemik seitens der Hermeneutik angesetzt werden muß, im Rücken dieser sich über Jahrzehnte erstreckenden Annäherung vollzogen hat. Schön wäre es an dieser Stelle, man könnte in gleicher Weise wie oben auch die Wende der Wissenschaftstheorie zu der neuen Leitwissenschaft Biologie, wie sie sich im Laufe der vergangenen 20 Jahre herausgebildet hat, einfach belegen. Daß dem nicht so ist, hat zum einen damit zu tun, daß die klassische Wissenschaftstheorie immer noch ihre Verwurzelung im 19. und frühen 20. Jh. nicht überwunden hat und deshalb immer noch den Physikalismus als eine nach wie vor gültige Rahmengesetzgebung mitvollzieht. So ist es erstaunlich, daß selbst die neuen Wissenschaftstheorie-Erwartungen an die Fortschritte der Naturwissenschaften immer noch unter dem alten Stichwort einer physisch-metaphysischen Einheitswissenschaft diskutiert wer-

74 Vgl. P. Feyerabend, Method. Outline of an anarchistic Theory of Knowledge, London 1975.

den[75]. Verantwortlich dafür könnte sein, daß überhaupt unter dem Einfluß der anglo-amerikanischen Wissenschafts-Kultur-Debatte zuletzt weltanschauliche Widerstände einer Neuzentrierung der Wissenschaftstheorie um die Spitzenforschungsphänomene Gentechnik und Hirnforschung herum entgegenstehen und dabei, wie es Joachim Schummer zuletzt vermutet, auch religiöse Hinsichten eine verzerrende Wirkung haben können[76]. Verantwortlich dafür mag jedoch auch sein, daß der methodische Kern des neuen biologischen Paradigmas, das es mit Kuhn auszubilden gälte, als solcher selbst zu heterogen erscheint, weil sich in ihm eine Vielzahl bislang sehr divergenter Theorie-Designs durchdringen. Fragen der Statistik und der Stochastik, der Informatik, Kybernetik und Robotik, der Chemie und der Elektronik, und damit natürlich auch noch der Physik gehen ebenso darin ein wie die ‚weicheren' Disziplinen der Psychologie und der Psychiatrie, der Phänomenologie und der Philosophie des Geistes, der Empathieforschung, der Sprachforschung, besonders der Linguistik und ihren Unterteilungen in grammatisches und semantisches Verständnis, der Musikwissenschaft, der Kunstgeschichte und der Literaturwissenschaft, um nur die wichtigsten zu nennen. Denn überall, wovor man mit Blick auf eine bestehende Disziplin einen Bindestrich setzen kann und davor noch einmal die Vorsilbe ‚Neuro', ohne daß es dabei einen entscheidenden Widerspruch gäbe (und von wem soll der schließlich kommen?), ist die Chance auf Teilnahme und künftige Teilhabe am absehbaren Fortschritt eröffnet. Zuletzt kann man davon ausgehen, daß alles Wissen, das wir genetisch verkörpern und synaptisch verarbeiten, irgend etwas zu tun haben muß mit der Art und Weise, wie es generiert und memoriert wird. Vulgo: Was irgendwie hineinkommt muß zuletzt und schließlich auch irgendwie wieder herauskommen können. Und so hängt es zuletzt noch mit der Präzisierung dieses Irgendwie zusammen, wo in Zukunft das Zentrum eines solchen neu- und neuro-ausgerichteten

---

75 Vgl. B. Falkenburg (Hg.), Natur – Technik – Kultur: Philosophie im interdisziplinären Dialog, Paderborn 2007.

76 Vgl. J. Schummer, Das Gotteshandwerk. Die künstliche Herstellung von Leben im Labor, Berlin 2011.

Wissenskosmos anzusetzen ist, ob überhaupt von einem echten solchen Zentrum ausgegangen werden kann und nicht vielmehr, wie es sich zur Zeit nahelegt, komplexe Netzstrukturen die bisherige Zentrumslosigkeit kompensieren. Es wird schließlich zu überlegen sein, ob mit der Vorstellung, die Biologie müßte in die Bresche der offenen Frage nach der neuen Leitwissenschaft springen, selbst schon mehr als nur ein vorläufiger Notbehelf bei der Beantwortung der Frage gefunden ist. Sicher ist nur, daß es sich angesichts der Vielfalt der beteiligten Disziplinen eben entschieden nicht mehr um eine postmoderne Spielart der Dekonstruktion einer Frage nach der Einheit der Wissenschaft handelt, sondern umgekehrt mindestens eine funktionale und gegenseitige Abhängigkeit der Disziplinen bei der Analyse des Lebens in Genen und Hirnen vorausgesetzt werden darf. Schließlich müssen die genannten Disziplinen ganz einfach mit Blick auf die anstehende Sacharbeit kooperieren, und damit konterkarieren oder dekonstruieren sie sich schon nicht mehr gegenseitig. Und unsicher bleibt damit vorläufig auch, ob in der Tat die Wissenschaftstheorie zuletzt stilmäßig und wie noch ausgehend vom Physikalismus tatsächlich der abendländischen Tradition einer Metaphysik verhaftet bleibt und demnach die neue Einheitswissenschaft so etwas wie eine Metabiologie zur Grundlage haben müßte. Auch mit solchen Vorstellungen wurde zwar schon im Anschluß an Varela und Maturana umgegangen, in der Hoffnung, die Luhmannsche Systemtheorie als eine nüchterne Verwaltungsangelegenheit auch zum theoretischen Bruch mit unseren abendländischen Mythen des Lebens einzusetzen. Sloterdijk wird nicht müde, in dieser Weise von einer kommenden Metabiologie zu reden, die freilich theoriegeschichtlich schon wieder längst vergangen erscheint.

Zu 3.) Eine historisch-systematische Komponente, die mit dem Wegfall der Konkurrenz neuer medialer Aprioris zu tun hat, legt sich nach dem Kurzreferat einer neuen wissenschaftstheoretischen Ausgangslage bereits nahe, da ja in dieser Diskussion schon die bisherige Konkurrenz der Disziplinen in eine neue sachliche Disziplin konkurrierender Ansätze eingebunden wurde. Und erst recht gilt es, eine solche Öffnung zu neuer Kooperation auch medial nachvollziehen – besonders dort, wo es zuletzt wieder angesichts der offenen

Zentrumsfrage um die philosophische Anwartschaft auf ein neues mediales Apriori unserer Weltbetrachtung geht.

Die Hermeneutik, wie sie von Gadamer in *Wahrheit und Methode* begründet wurde, hatte sich nicht zuletzt im Kielwasser des Strukturalismus voll und ganz in der Zeichenebene ihrer Operationen verständigt und sich damit im literarischen Sinne des Verstehens auf die Vertextung aller Wahrheit eingeschworen. Gegen die These von einer notwendigen Vertextung von Wahrheit hatte seit dem Beginn der 1990er Jahre die Bildtheorie entscheidende Einwände erhoben. Der methodische Hebel dazu lag in einer Übertragung des hermeneutischen Kerninstrumentariums, als das der hermeneutische Zirkel gelten darf, auf neue mediale Zusammenhänge, nicht ohne die Ahnung, daß sich in einer solchen Übertragung der Kernmethodologie in eine andere Form der Wahrheitserscheinung womöglich noch deutlicher und besser zeigte, was in dem Zirkelgedanken an intuitiver Einsicht eigentlich liegt.

So war ursprünglich der hermeneutische Zirkel einmal von Heidegger so benannt worden, um seine „ontologische Differenz“[77] methodisch auszubuchstabieren, das heißt sie in ihrer Verstehensdynamik nachvollziehbar zu machen. Ontologische Differenz bedeutet den Unterschied von „Sein und Seiendem“, das Seiende ist dabei der Gegenstand, der innerhalb eines angesetzten Verstehensrahmens als solcher verstanden wird, das Sein, das dem Gegenstand zukommt, verdankt sich wesentlich eben den Voraussetzungen jenes Verstehensrahmens, in dem der Gegenstand erst als ein Gegenstand erfaßt werden kann. Ich rede an dieser Stelle der Kommentierung absichtlich so diffus von Verstehensrahmen in Verbindung mit der Vorstellung von Sein, und nicht präziser von Begriffsrahmen oder ‚conceptual scheme‘ oder ähnlich sprachlich fundierten Rahmenvorstellungen mehr, weil Heidegger in *Sein und Zeit* noch ein praktisches Begreifen der Dinge, also ein „Erschließen“ ihrer Bedeutung innerhalb praktischer Kontexte oder ein „Entdecken“ innerhalb so ausgelegter Verstehensräume, als fundamental ansieht. Das macht

77 M. Heidegger, Gesamtausgabe, Band 24: Grundprobleme der Phänomenologie, Frankfurt am Main 1975, S. 22.

nicht zuletzt den Reiz seiner frühen Fundamentalontologie aus. Der hermeneutische Zirkel ist so zu verstehen, daß für Heidegger alles darauf ankommt, in einer genuinen Weise einen Zugang zum Sein zu bekommen, also Eingang in die Sphäre einer sinnvollen Auslegung von Gegenständen in der Welt zu erlangen, um dann innerhalb einer solchen Auslegungssphäre die Dinge als so oder so geartet zu verstehen. Zirkulär ist diese Bewegung deshalb, weil es wiederum an dem besonderen Verständnis der Dinge hängt, in welchem größeren Verständnisrahmen sie als solche allererst wahrgenommen werden. Sein und Seiendes sind hier wie Henne und Ei. Es braucht immer das eine, damit daraus das andere hervorgeht und umgekehrt, und es braucht dazuhin also auch noch eine zeitliche Fortschreibung dieses Zirkels. Technischer gesprochen braucht es eine Ontologie, damit daraus ein Dingverständnis erwächst, und es braucht ein Dingverständnis, damit daraus eine Ontologie werden kann. Der Eingang in den Zirkel ist für Heidegger, wie gesagt, zuerst nur lebenspraktisch zu denken, wir werden in eine bereits ausgelegte Welt erst einmal und voraussetzungslos ‚geworfen', später wird dieser positive Einsatz durch die wiederum voraussetzungslose Annahme eines metaphysisch anzunehmenden Ereignisses seinsgeschichtlich eingeklammert. Der Ausgang aus dem Zirkel erscheint dementsprechend ebensosehr zuerst einmal lebenspraktisch konzipiert, insofern ein subjektiver ‚Entwurf' für eine neue Rahmensinngebung sorgt, später wiederum erscheint jener subjektive Wurf auch nur als ein individueller Nachvollzug einer weiterreichenden Sinnverschiebung im Ganzen.

Wem das alles noch zu abstrakt und zu technisch klingt, der denke noch einmal an die Frage, wie wir nach Heidegger ‚zunächst und zumeist' mit den Dingen in der Welt in Berührung kommen und mit ihnen sozialisiert werden. Wir begegnen ihnen im Rahmen einer bestimmten Praxis, in die wir ‚geworfen' werden, so wie jeder von uns bestimmte Handhabungen und Gebrauchsweisen der Dinge zuerst einmal nicht selbst wählt, sondern einfach durch Nachmachen und Einüben übernimmt. Die Umgangsformen mit den Dingen, also genauer die Art und Weise, wie man sie handhabt und wozu man sie gebraucht, geben den Dingen in der Welt ihren Sinn oder bestimmen das ‚Sein', das ihren Wesenkern ausmacht. Die Ontologie von *Sein und Zeit* ist somit grundpraktisch zu verstehen.

Zirkulär wird jene praktische Seinsbestimmung, sobald mit dem generellen Know-how des Umgangs mit Dingen aller Art ein Seinsrahmen aufgespannt wird, jener Rahmen als solcher aber wiederum nur sinngebend sein kann, solange und in dem Maße, wie sich die Dinge der Welt in seinem Zusammenhang verstehen, deuten und zuletzt immer handhaben lassen. Aus dem konkreten Umgang folgt die allgemeinere Vorgabe, aus der allgemeineren Vorgabe wiederum die Möglichkeit eines konkreten Umgangs. Eine Öffnung des Zirkels bedeutet für Heidegger der Vorstellung von subjektivem ‚Entwurf' und objektivem ‚Ereignis' entsprechend, daß im Grunde nicht der bestehende Zirkel fortgeschrieben und verändert wird, sondern vielmehr nur ein neuer Zirkel des Verstehens aufgespannt wird. Wir sind, wenn man es ontologisch zurückwendet, dann bereits in einer neuen Welt.

Von diesem Konzept eines lebenspraktischen Weltverständnisses ausgehend hatte die Hermeneutik Gadamers zurückgeschlossen auf die traditionelle Bedeutung eines hermeneutischen Zirkels, wie er seit Schleiermacher kanonisch wurde, und jene zirkuläre Verstehensbewegung im Weltverständnis des Großen und Ganzen der Ontologie anschließend wieder zurückübertragen auf die Binnenverhältnisse der Texte, wo sie dann als das Wechselspiel der Beeinflussung von Text und Kontext wieder neu interpretiert werden mußten. Der Kontext als das allgemein sinngebende Moment im Zirkel hatte im Durchgang durch die Heideggersche Seinsgeschichte der Hermeneutik eine Art ontologische Aufwertung erfahren, insofern ihm nun die Reminiszenz an eine allem zugrundeliegende Hintergrundsmetaphysik zukam, der Text dagegen einen Anflug von Verdinglichung, insofern er eben nur noch ein neu zu verstehender Gegenstand unter anderen sein konnte.

Die Bildtheorie, wie sie mit Gottfried Boehm[78], W.J.T. Mitchell[79] und ihren vielen Mitstreitern Anfang der 1990er Jahre zu einer eigenständigen hermeneutischen Theorie ausgebaut wurde, knüpft nun

78 G. Boehm, „Die Wiederkehr der Bilder", in. ders.: Was ist ein Bild, München 1994, S. 11–38.

79 W.J.T. Mitchell: *Bildtheorie*, Frankfurt am Main 2008, S. 101.

erneut an die Heideggersche Grundfassung eines hermeneutischen Zirkels an, indem sie schon ihre termini technici mit der Erinnerung an die ontologische Urformel ausformuliert und reflektiert: Boehm spricht bewußt von einer „ikonische(n) Differenz“[80] als der methodischen Grundlage seiner neuen Wissenschaft. Anstatt wie die Vorgänger noch umstandslos von Verstehensrahmen und Ding, Text und Kontext zu sprechen, wird hier die immer latent vorhandene Hintergrundsmetaphorik selbst thematisiert und damit zugleich sinnstiftend in den Vordergrund gerückt. Was nämlich den Kern der „ikonische(n) Differenz“ ausmacht ist nichts anderes als die Unterscheidung im Bild eines Vordergrundes, und damit ist gemeint der dargestellte Gegenstand, und eines Hintergrundes, der weit mehr denn nur als ein bloßes Setting verstanden werden darf und somit zugleich phänomenologisch anspruchsvoller als der sinnstiftende Horizont der Darstellung gefaßt ist. Vordergrund und Hintergrund im Bild bilden in ihrem tieferen Verständnis nicht einfach nur verschiedene Gegenstände ab, sondern vielmehr den Unterschied zwischen dem dargestellten Gegenstand und der Darstellung selbst, wie sie aus dem allgemeinsten Verständnis-Hintergrund heraus wirkend und agierend erscheint und bildlich gesprochen als die besondere Form der Vorstellung des Gegenstandes überhaupt erst die Grundaussage des Bildes ermöglicht. Die ikonische Differenz ist damit keine Differenz der Dinge, auch nicht nur eine Differenz von bildlichem Vordergrund und Hintergrund, sondern jene Differenz, die im Rahmen der letzteren Unterscheidung überhaupt erst eine Differenz ausmacht. Nur weil mit dem Hintergrund ein Bedeutungsrahmen abgesteckt wird, der thematisch immer im Hintergrund bleibt, ist im Vordergrund eine Aussage in Form einer bildlichen Darstellung eines vordergründigen Gegenstandes und Themas möglich. Recht verstanden ist der Hintergrund also die Bedingung der Möglichkeit einer Unterscheidung von Vordergrund und Hintergrund, womit der Hintergrund bildtheoretisch jetzt eben noch hermeneutisch hintergründiger wird, als es die Kunstgeschichte bislang annehmen wollte.

80 Boehm, a.a.O., S. 29.

Freilich ist nicht zu übersehen, daß der einmal angestoßene Medienwechsel vom Text zum Bild noch nicht das letzte Wort sein würde, wenn die dahinterstehende Maxime jene ist, das Hintergründige und immer Ungesagte anschaulich und damit evident zu machen. Denn es ist absehbar, daß auch das Medium Bild entlang der Zeitachse wie auch der Raumachse in seiner Sinngebung von Hintergründen ausgeht, die sich jenseits des zweidimensionalen und statischen Rahmens der klassischen Bildkunst verbergen. Der Film bringt so trivialerweise mit der Animation der Bilder zugleich auch Sinnpotenzen ins Spiel, die im Vergangenen und im Zukünftigen liegen, die Skulptur erschließt ebenso trivialerweise Hintergründe, die sich uns erst im beweglichen Ausloten der Raumtiefe eröffnen können. Gerade noch nicht trivialerweise überrascht das 3D-Kino mit Anmutungen, die in der Kombination des Skulpturalen mit dem Erzählerischen wiederum einen Zugewinn an Tiefe des Erlebens erhoffen lassen und damit zugleich neue Möglichkeiten der Reflexion auf die medialen Hintergründe jener neuen Sinndimension noch im Kinobesuch selbst zulassen – schon die ersten Produktionen seit James Camerons *Avatar* waren durchaus raffiniert genug angelegt, um sich selbst in der neuen Erlebnisqualität zu kommentieren.

Hermeneutisch interessant wird es in dieser Kombination von Medienwechsel und einer damit verbundenen Erschließung einer neuer Hintergründigkeit unserer Weltbezüge schließlich dann, wenn damit nicht einfach nur ein Überbietungswettbewerb neu befeuert wird und die Potenzen eines neuen Mediums als jenen des alten überlegen dargestellt werden – was im übrigen reflexhaft die zugehörige Gegenbehauptung der Vertreter der als überholt dargestellten Medien hervorruft. Ein erster Kommentar zum neuen 3D-Kino in einem öffentlich rechtlichen Kulturradio wollte sogleich bemerkt haben, daß nicht nur das alte 2D-Kino mindestens genausoviel Aussagekraft besessen habe wie das neue dreidimensionale, es wurde auch gleich noch als ein ceterum censeo hinzugefügt, das wahre und unüberbotene Kino sei immer noch jenes der Schwarz-Weiß-Bilder mit ihrer unnachahmlichen Körnigkeit – was ja im Übrigen durchaus sein kann. Der Erfolg des Films *The Artist* gibt dem auf seine Weise recht. Heute jedoch kann ein gestandener Musiker wie Sir Simon Rattle aber auch unumwunden zugeben, daß er die Musik seiner Berliner Philharmoniker, die im 3D-Modus bei der Arbeit aufgenommen wurden, selbst anders hört, nachdem er die räumliche Komponente des Sehens bei der Filmrezeption mit hinzunehmen darf und damit seinerseits die gebotene Musik mit neuen Seh- und Höreindrücken wahrnimmt. Die Zögerlichkeit, das Hintergründige in der medialen Erweiterung unserer Wahrnehmungs-Horizonte zuzulassen oder wenigstens einzuräumen ist freilich nicht nur ein Merkmal der öffentlich-rechtlichen Behandlung des Themas. Auch akademisch tut man sich bekanntlich schwer, mit dem fälligen Wechsel der medialen Standpunkte immer mitzuhalten. Schon die Wende vom Text zum Bild wird von vielen im Strukturalismus und Poststrukturalismus sozialisierten Forschern – und es sind mehr, als man vermuten wollte, wenn man den universitären Lehrbetrieb als Maßstab nimmt – als mehr oder weniger irrelevant abgetan.

Hermeneutisch interessant wird die Kombination neuer Medien mit dem Versprechen einer Steigerung der Auslegungsdichte jedoch erst dann, wenn zuletzt über ein Medium dichtester Beschreibung[81] nachgedacht wird, das bereits nicht mehr nur als eine neue Form der Kanalisierung von Daten verstanden wird, gemäß dem medialen Credo seit Shannon und Weaver, sondern als deren Bedingung der Möglichkeit. Jenes Medium dichtester Beschreibung wäre so denkbar, daß es überhaupt nur die Außengrenzen dessen markiert, was

81 Der Terminus der dichten Beschreibung stammt bekanntlich aus der Soziologie bzw. Anthropologie Clifford Geertz‘ und meint dort eine hermeneutische Herangehensweise der Beschreibung, in der es nicht alleine mehr darum geht, daß vom Forscher soziale Fakten zu einer anschließend fälligen Generalisierung gesammelt werden, sondern umgekehrt und damit im Ausgang der Betrachtung bereits der theoretische Standpunkt des faktensammelnden Forschers selbst mit reflektiert wird. Das Mitbedenken des Forscherstandpunktens soll zugleich als eine Form der Annäherung an die Eigenart der zu analysierenden Kultur verstanden werden können, da eine kontextsensible Herangehensweise eben einen Rahmen der Betrachtung wählt, der einer zu analysierenden Kultur möglichst nahe kommt und einer Beschreibung der Tatsachen um so näher, je dichter sie im Rahmen dieser Beschreibung miteinander und sinnvoll vernetzt werden können. Vgl. Clifford Geertz, Dichte Beschreibung. Beiträge zum Verstehen kultureller Systeme. Suhrkamp, Frankfurt am Main 2003.

überhaupt sinnvoll angenommen werden kann und daß es so gesehen gar kein Medium neben anderen mehr sein kann. Vielmehr muß es in seiner Voraussetzung alle medialen Dimensionierungen in sich einschließen so, daß es sozusagen das Außen aller Kanäle bildet, ohne deshalb selbst schon im technischen Abseits und damit in diesem Zusammenhang zugleich im hermeneutisch Unabsehbaren zu enden. Heidegger, auf den die Inspiration der Bildtheorie zurückgeht, hatte in der Tat mit der „Sorge"[82] und der Sorgestruktur aller praktischen Besorgungen des Daseins ein solches ‚Medium' vor den Medien im Auge. Merleau-Ponty hatte dem Gedanken mit der Körper- oder besser und mit Husserl gesprochen der Leibzentrierung aller menschlichen Praxis eine linksrheinische Variante angeboten, Jakob von Uexküll mit seiner Umweltbeziehung des Menschen im Vergleich zu jenen der Tiere eine anschlußfähige Anthropologie vorgelegt. Zu fragen wird demnach sein, wenn also in der Suche nach dem zutiefst Hintergründigen der Text-, Bild- und Medientheorie über das Mediale selbst und erneut hinausgedacht werden darf, wo ein solches ‚Medium' vor dem Medium, ein 0-Medium am Bedeutungsboden aller weiteren medienvermittelten Sinngebung, heute zeitgemäß anzusetzen ist. Wer so fragt, will schon nicht mehr wie bisher ein Apriori im Medium finden – das sich dann durch andere Medien-Aprioris überbieten oder wenigstens in Frage stellen ließe, sondern ein Apriori der Medien selbst.

82 M. Heidegger, Sein und Zeit, a.a.O., S. 180ff.

VI. ZUR ZUKUNFT DER HERMENEUTIK

Bleibt zum Schluß noch, die Perspektiven auszuziehen, die sich aus diesem Wegfall der bisherigen historischen wie systematischen Rücksichten der Hermeneutik als ein neues Anforderungsprofil ergeben.

Die historische Sichtung der neuen Situation, in der sich die Hermeneutik heute befindet, ging von einem strategischen Stellungs-Wechsel aus: War es vor 50 Jahren noch so, daß auch die Hermeneutik ihre Schlüsse aus einer allgemein durchlebten *Dialektik der Aufklärung* ziehen mußte, stehen wir heute vor der umgekehrten historischen Voraussetzung – insofern es gilt, eine *Aufklärung der Dialektik* zu leisten, die sich in den vergangenen 20 Jahren durch eben jene historischen Revolutionen und Veränderungen vollzogen hat, die von der stichwortgebenden Philosophie gerade nicht selbst angestoßen wurden. Und um gleich noch einmal Einwänden die Spitze zu nehmen, die auf die Forderung einer Wiederkehr idealistischen und zuletzt utopischen Geschichtsdenkens schließen, sei versichert, daß jene Veränderungen gerade nichts mit einem spektakulären Anbruch irgendeines goldenen neuen Zeitalters zu tun haben, sondern vielmehr nur mit dem nüchternen Nachvollzug eines Wegfalls wesentlicher Anlässe bisheriger Kulturkritik. Wenn man sich dabei auf Kants, Hegels und Marxens Geschichtsdialektik tatsächlich berufen will, dann schon nicht mehr an dem Punkt, an dem sich das revolutionäre Ereignis eines Umschlages zum Besseren aus einem Begriff deduzieren ließe; vielmehr ist die weltorientierte Überlegung ernst zu nehmen, daß nach einem langwierigen Prozeß technischer und medialer Kodierung unserer sozialen Lebenswelt offenbar eine Sättigung eingesetzt hat, die es eben jener technisch-medialen Modellierung an ihrem Ende erlaubt, uns wieder zu einer Form von Normalität zurückkehren zu lassen. Und jene Normalität ist an sich kein neuer und unerhörter Zustand mehr, der die Moderne zu einem menschheitsgeschichtlichen Höhenflug veranlassen könnte: Weder ist mit ihm im klassischen Sinne von Kants

„ewigem Frieden" zu rechnen, noch mit Marxens „freier Produzentengemeinschaft", noch auch nur mit einer momentanen Rettung der Welt durch ihre Stilisierung zum Kunstwerk wie bei Heidegger oder durch ihre literarisch-evangelische Brechung wie bei Benjamin und so weiter bis zur herrschaftsfreien Herrschaft der Frankfurter Diskursethik. Die Normalität, von der heute ganz offenbar wieder ausgegangen werden darf, hat überhaupt nichts damit zu tun, daß eine am Boden liegende Wirklichkeit auf die Höhe des Begriffs gebracht wird, welcher Begriff dies auch immer sei; umgekehrt hat sie dagegen viel damit zu tun, daß der Begriff zurück auf den Boden einer Wirklichkeit gebracht wird, deren Haftung er im Laufe seiner Weiterentwicklung und autonom verlaufenden Ausdifferenzierung einstweilen verloren hatte. Und so beschränkt sich die Anleihe bei Hegel zuletzt darauf, seinen finalen Gedanken vom Entlassen der Wirklichkeit aus dem Begriff ernst zu nehmen, an einer Stelle, an der es dann wieder um so handgreifliche Dinge geht wie jene eines Alltags, in dem wir uns ‚zunächst und zumeist' ganz sachorientiert wiederfinden können. Nur in diesem Sinne kann es dann als erstaunlich angesehen werden, daß die Klagen der Kulturkritik über die Verzerrung unserer Wahrnehmung durch ihre mediale Codierung überholt erscheinen, wenn die technische Codierung sich schließlich von sich aus als fähig erweist, alle Dimensionen unserer Wahrnehmung durchaus annehmbar wiederzugeben, und es ebenso mit der Verzerrung unserer Kommunikation durch den medialen Zuschnitt ihrer Kanäle steht, der Politik durch die Eindimensionalität ihrer Medien, unserer handwerklichen Fähigkeiten durch die Komplexität und die Umständlichkeit der Utensilien, der Arbeit durch ihre Rationalisierung und wieder und so weiter bis hin zu den Foulcaultschen ‚Graswurzeln' unserer Formen basaler Bedürfnisbefriedigung. Indem wir zu einer solchen Normalität zurückkehren, in der die Technik und die Medien von ihrer kulturkritischen Prominenz zurücktreten und sich in den Hintergrund des Selbstverständlichen und Unauffälligen einfügen, das sie jetzt mit anderen Üblichkeiten unserer Lebenswelt teilen, ist noch gar nichts gewonnen, was die Menschheit im Sinne der Moderne auf ein neues oder gar finales Gedankenniveau hebt. Es ist vielmehr nur der Anfang gemacht dafür, einmal unbehelligt von den Zivilisationskritiken, wie sie seit Rousseau den Stachel im

Fleische der Aufklärung bilden, sich erneut um die eigentlichen und grundlegenden Fragen menschlichen gegenseitigen Verstehens und Zusammenlebens zu kümmern. Es ist, wenn man so will, eine neue Chance und Notwendigkeit zugleich, die hermeneutische Ursituation in einer neuen Klarheit zu sehen. Und zuletzt ist in dem historischen Umstand, indem wir heute in der Tat eine neue Aussicht auf Klarheit haben können, schließlich doch noch etwas systematisch Neues enthalten, sonst wären ja auch schon die Mühen Hegels im geduldigen Durchgang durch alle Formen und Systeme kultureller Eigen-Logik seinerzeit praktisch gesehen umsonst gewesen. Denn es ist natürlich nicht umsonst gewesen, die Formen technischer und medialer Durchdringung unserer Lebenswelt in ihren verschiedenen Stufen und Erscheinungen phänomenologisch und kritisch zugleich durchzugehen, wenn man dadurch am Ende erst wirklich verstehen kann, wie sich das scheinbar Naturwüchsige technisch-funktional und medial rekonstruieren läßt, und wie umgekehrt die technisch-mediale Funktionalisierung wiederum am Ende ihrer Perfektion naturwüchsige Züge annimmt. Nicht nur werden Mißverständnisse dadurch vermieden, Tendenzen eines Fehllaufs der Entwicklung vorschnell zu verabsolutieren, sondern auch genuine Einsichten möglich, wie man sich den Kern dessen vorstellen muß, was Heidegger sich einst als das Wesen eines modernen ‚Daseins' dachte, das in der Erinnerung an die Sinnerwartungen eines vormodernen Daseins nicht zugleich melancholisch werden muß.

Ist einer Verwechslung mit idealistischen Vorbildern und deren überzogener Anspruchshaltung bei der jetzt zu leistenden *Aufklärung der Dialektik* einmal vorgebeugt, muß dementsprechend von der Hermeneutik in der Zukunft folgendes geleistet werden: Sie muß zuallererst in ihrer Kerndisziplin einer *Geschichte der Philosophie* neue Maßstäbe setzen. Diese Maßstäbe sind dann etabliert, wenn ein Grundvertrauen in den neuerlichen Nachvollzug einer Fortentwicklung der Philosophie eingefordert werden kann, ausgehend von der Evidenz einer sich gegenwärtig vollziehenden Zäsur. Die Frage, wie dann im Lichte der aktuellen Veränderungen tatsächlich eine neue formale Einheit der sich anbietenden inhaltlichen Vorgaben der Geschichte hergestellt werden kann, darf selbstverständlich als offen gelten. Der Vorschlag, der hier gemacht wird und zu dem der vorliegende Essay eine erste, Übersicht schaffende Skizze versucht, nimmt seine Hauptanleihe methodisch immer noch bei dem Konzept einer Wirkungsgeschichte – einer Wirkungsgeschichte freilich, die nicht mehr alleine als der Versuch einer *nachholenden* Stiftung einer Einheit der Deutung mit dem Blick allein auf Vergangenes verstanden wird. Vielmehr befinden wir uns in der außerordentlichen hermeneutischen Situation, in der es gilt, zukunftsorientiert zu denken und dementsprechend eine *vorausdeutende* Stiftung von Einheit zu konzipieren. Die hermeneutische Fortschreibung der Deutungsgeschichte geht also nicht mehr primär vom Bruch bestehender Auffassungen durch neu einsetzende Fremdcodierung einer zugrundeliegenden Intention aus, sondern ebensosehr umgekehrt von der Wiederaneignung einer angemessenen Codierung ausgehend von einer nachvollziehbar fortlaufenden Intention. Nicht mehr werden Verständigungs-Brüche nachdeutend überspielt, sondern vorausdeutend minimiert. Hermeneutik ist damit auch nicht mehr das Instrument eines ‚faute de mieux', ein Analgetikum der Moderne angesichts einer fortlaufenden technischen Sprachverwirrung, sondern eine echte philosophische Stütze bei der Frage, wie die Philosophie in Form einer analog verstandenen Wirkungsgeschichte nicht nur für die Vergangenheit, sondern eben auch für eine mögliche Zukunft, am Ende auch wieder in neuer Weise zu einer aktuellen Deutung ihrer selbst kommt.

Ist mit einer *Geschichte der Philosophie* zugleich eine neue methodische Grundlage erarbeitet, um eine *Aufklärung der Dialektik* in ihrer neuen historischen Umgebung zu leisten, muß jene *Geschichte der Philosophie* durch eine *Geschichtsphilosophie* ergänzt werden. Hierbei gilt es, die methodischen Voraussetzungen zu überprüfen anhand der systematischen Rekonstruktion historischer Entwicklungen. Was noch so abstrakt klingt im Anforderungsprofil bedeutet jedoch konkret nichts anderes, als daß am Leitfaden eben konkreter historischer Phänomene, die als einigermaßen exemplarisch gelten dürfen, die nötige Evidenz aufzusuchen ist, die es braucht, um die neue Konzeption einer Wirkungsgeschichte mit ihrer bisherigen Relevanz nur für die Vergangenheit mit einer Relevanz auch für die *Zukunft der Hermeneutik* zu verbinden. Es muß sich also am historisch exemplarischen Phänomen zeigen, ob und wie tatsächlich die Hermeneutik ihre konzeptionellen Grundlagen und damit ihre

Zuständigkeit erweitert, wenn sie nicht nur zur mehr oder weniger schlüssigen Rekonstruktion einer an sich brüchig verlaufenden Modernegeschichte eines Themas taugt, sondern auch noch fähig ist darzustellen, wie sich am Ende einer solchen sinnfreundlichen Rekonstruktion zugleich eine sinnstiftende Aussicht auf eine an sich bereits kohärent verlaufende Fortschreibung derselben Entwicklung, ausgehend von heute, abzeichnet.

Freilich muß man vorsichtig sein, wenn in der Philosophie davon die Rede ist, daß Zukunftsprognosen gegeben werden. Und so soll die vorangegangene Aussicht auch nicht als eine Form von Prophezeiung erscheinen, die im Sinne der Geschichtsmetaphysiken des 19. Jh.s mit irgendeinem bestimmten Ereignis rechnet oder auch nur den Wechsel einer konkreten Einstellung oder einer bestimmten Bewußtseinshaltung vorhersagt. Gemeint ist vielmehr nur soviel, daß die Wirkungsgeschichten, die wir im Sinne der Hermeneutik zu schreiben gewohnt sind, selbst eine absehbar andere Struktur annehmen werden, wenn es nicht mehr die Hauptaufgabe der verstehenden Philosophie sein muß, modernespezifische Brüche in unserem Weltverständnis im nachhinein wieder überschaubar und handhabbar zu machen. Vielmehr gehen wir davon aus, daß uns die Welt bei dieser Besorgung wieder entgegenkommt; soweit zumindest, daß wir nicht mehr vom historischen Bruch als einer Bedrohung abgründigen Mißverstehens ausgehen müssen, sondern von einer Kontinuität, verstanden als das Versprechen, die Mühen der Auslegung würden prinzipiell auch wieder besser belohnt. Und jene hermeneutische Belohnung kann als ein Hauptmerkmal unserer neuen Geschichtsauffassung gelten. Und dabei ist und bleibt freilich auch bei solchen erwartbaren Verbesserungen in der weltseitigen Ausgangslage unserer Wirkungsgeschichtserzählung immer noch genug an gedanklicher Glättung und Durchdringung zu tun. Wenn man so will, ist die hier in Aussicht gestellte Aufhellung der Auslegungssituation in einer zu leistenden Aufklärung der Dialektik vielleicht am bescheidensten formuliert, wenn man sagt, daß nach einem hermeneutischen Trotzdem der Sinnvermutung nun eine Phase des jetzt Erst-Recht folgen dürfte.

An zwei historischen Phänomenen habe ich selbst eine solche Rekonstruktion mit dem methodischen Prospekt einer Wirkungsgeschichte als neuer sinntragender Einheit versucht. Zum einen ist es dabei die Perspektive der Intersubjektivität, die im Zentrum der Rekonstruktion einer Spezialgeschichte moderner Gemeinschaftsbildung verfolgt wurde. In einer *Philosophie des Fußballs*[1] schien es mir jedenfalls gut möglich, ausgehend von dem überschaubaren Untersuchungsfeld einer besonderen spielerischen Interaktion – die angesichts der Popularität des Fußballs auch zweifellos das nötige Identifikationspotential hat, um sie als aussagekräftig für weiterreichende gesellschaftspolitische Annahmen anzusehen –, in den wesentlichen Entwicklungs-Stadien der Fußballgeschichte die wesentlichen Entwicklungs-Stadien der Modernetheorie wiederzuerkennen. Und die eigentliche Pointe in diesem philosophietheoretischen Nachvollzug eines spieltechnischen Gemeinschaftsphänomens – oder zugleich dem spieltechnischen Nachvollzug eines philosophischen Gemeinschaftsphänomens – war angesichts der Tatsachen am Ende hoffentlich plausibel, daß sich auch hier ein neues Stadium der Entwicklung angekündigt hat, in dem die bisherigen Brüche in Taktik, Technik und Geschichte zu einer überschaubaren Geschichte der Technik und der Taktik zusammengebracht werden konnten. Der Fußball, wie er heute auf höchstem Niveau gespielt wird, trägt jedenfalls Züge, die offen vor Augen treten lassen, was es bedeuten kann, wenn technische Virtuosität bis an den Punkt gebracht wird, daß mit ihr erneut eine spielerische Natürlichkeit und Ästhetik möglich wird.

Das zweite historische Phänomen, an dem ich eine solche Rekonstruktion versucht habe, betrifft komplementär zum intersubjektiven Ansatz jenen einer Geschichte der Technik, die sich um die spezifische Form einer Subjekt-Objekt-Vermittlung der Moderne kümmert. Der Titel der Monographie sollte bereits die These enthalten: *Was der Mensch wirklich braucht. Warum wir mit Technik nicht mehr zurechtkommen und wie sich aus unserem Umgang mit Apparaten wieder eine sinnvolle Geschichte ergibt*. Einerseits geht es auch hier um den Rückblick auf eine Technikgeschichte, die von der Kulturkritik zurecht ins Zentrum ihres Visiers genommen wurde, zum anderen wiederum um die hermeneutischen Aussichten, die sich mit einem

1 Philosophie des Fußballs, München/Paderborn 2011.

Entgegenkommen der Technik zu unseren lebensweltlichen Bedürfnissen ergibt, oder zu dem, was der Mensch wirklich braucht. Die entscheidende methodische Voraussetzung, die hierbei gemacht wurde, bestand darin, Geräte als eine Form von Texten zu verstehen, mit denen wir uns die Welt erschließen können, um am Ende dann und umgekehrt unsere abstrakte Zeichensphäre wiederum in die lebensweltlichen Kontexte einbetten zu können.

Je besser es im Fazit gelingt, am Leitfaden eines besonderen Phänomens die Geschichte der Philosophie nachzuvollziehen, um so glaubwürdiger wird es, mit dem Ansatz einer neuen Geschichtsphilosophie zu neuen Maßstäben der Beurteilung unserer aktuellen Lage zu kommen und damit zur *Zukunft der Hermeneutik* einen brauchbaren Beitrag zu leisten. Wo man sich diese Lizenz zu einer hochmodernen Zukunftsaussicht nimmt, ist zugleich die postmoderne Scheu vor den großen Erzählungen nicht mehr am Platz – nicht jedoch, weil sich der Deuter hier zuviel zumutet und der Theorie gegenüber zu eitel erscheint (zu eitel selbst in den Kategorien postmoderner Selbsterfindung) – sondern weil die Umstände es mit Hegel gesprochen von sich aus schon nahelegen, daß ihre Zeit offenbar wieder in solchen Gedanken erfaßt werden will.

Zu 2.) Eine Zukunft der Hermeneutik wird weiter damit verbunden sein, daß es neben einer Ausweitung ihres Horizontes in den Dimensionen einer ‚großen Erzählung' zugleich zu einer Verbreiterung ihrer methodologischen Basis kommt, auf der eine solche Erzählung ihren neuen Umfang auch beherrscht und durchdringt. Man muß dazu von einer Überlegung ausgehen, die im ersten Anlauf womöglich optimistisch klingt und viel gegenseitiges Entgegenkommen der Wissenschaftskulturen voraussetzt – an dieser Stelle sei aber gleich ein zweiter und nüchterner Blick zumindest auf die sich bietenden Chancen geworfen. Die optimistische Annahme stützt sich auf den Umstand, daß die alten Oppositionen zwischen den Ansprüchen einer Geisteswissenschaft und den exakten Wissenschaften so nicht mehr bestehen, und es wurde argumentiert, daß die klassische Hermeneutik noch von einem Selbstverständnis der Naturwissenschaft ausging, das vom Physikalismus des 19. und 20. Jh.s geprägt war, eine Hermeneutik heute jedoch bereits mit einem Paradigmenwechsel in den Naturwissenschaften rechnen darf, die mit einer Zentrierung in der Biologie nun zu den Lebenswissenschaften aufblicken.

Eine wirkliche Veränderung in der bisherigen Abgrenzung einer geisteswissenschaftlichen von einer naturwissenschaftlichen Methodenlehre kommt jedoch erst dann ins Spiel, wenn der Wechsel der Leitwissenschaft von der Physik zur Biologie nicht einfach als eine disziplinäre Verschiebung gewertet wird, die an der ideologischen Gegenüberstellung von Geist und Materie grundsätzlich gar nichts ändern kann. Vielmehr wird eine Veränderung dann absehbar, wenn man erstens einsieht und sich eingesteht, daß zwar die Biologie seit rund 20 Jahren die neue Leitwissenschaft bildet und damit den Mittelpunkt des Selbstverständnisses in die Lebenswissenschaften hinein verlegt, daß mit jener neuen Zentrierung der Aufmerksamkeit auf die Biologie zugleich aber kein neuer disziplinärer Gesamtrahmen für die Naturwissenschaften entstanden ist, noch nicht einmal ein solcher für die näher am Zentrum liegenden Lebenswissenschaften. Es gibt in den Kuhnschen Termini in Wahrheit gar kein neues Paradigma, an dem sich alle Naturwissenschaften neu orientieren und ausrichten können, und erst recht gibt es keine daran angeschlossene Methodologie und schon gar keine gesamtkulturelle Rahmung, wie sie klassischerweise in einer Metaphysik geleistet wird, und mit dem neueren Datum also Metabiologie heißen müßte. Vielmehr hat es sich bislang zumindest erwiesen, daß sich mit der Verleihung des Präfixes ‚Neuro' sehr unterschiedliche Disziplinen auf ihre Alignierung mittels einer methodischen Alliteration einigen lassen, und wie bereits dargestellt, sind es wiederum nicht nur die Lebenswissenschaften, die sich neurologisch neu miteinander ver- und an die Biologie anbinden lassen, sondern ebensosehr ein ganzer Strauß von Geisteswissenschaften. Neurobiologie steht so nicht nur *für* Neurozytologie und Neurophysiologie, sondern ebensosehr *neben* Neuroinformatik und Neurogermanistik, und wiederum auf rein geisteswissenschaftlicher Ebene steht nun eine Neuropsychologie bspw. neben der Neurophänomenologie und der Neurophilosophie – und so weiter und so fort.

Freilich erinnert die bloße Feststellung einer solchen Vermehrung und Vielfalt verbunden mit einem derart weitgehenden ‚cross-over' der Disziplinen sogleich an die lange bekannten postmodernen Maximen, von denen im Anschluß an Feyerabends ‚anything goes' schon die Rede war, insofern sie in der anarchischen Freude an der gegenseitigen Unterwanderung der Methoden und Stile manchem Wissenschaftsphilosophen der 1990er Jahre ein besonderes ästhetisches Plaisir bereiten konnten. Und geht man in der Wissenschaftsgeschichte weiter zurück, findet man auch noch eine seriösere methodologische Gedankenführung mit Linien bis zu den europäischen Akademiegründungen im 17. Jh., an denen entlang bereits versucht wurde, neben der aufklärerischen Grundabsicht eines verbesserten Wissenserwerbs zugleich eine barocke Lust an der Schauseite einer Wissensdemonstration zu verbinden. Jene Schauseite war nicht zuletzt dazu gedacht und geeignet, dem Publikum der Aufklärung bislang unerhörte Aussichten auf Undenkbares zu bieten – und der Streit zwischen Newton und Leibniz um die Erstentdeckung der Infinitesimalrechnung verrät, wieviel erfinderische Eitelkeit damals schon in Zahlen und Symbolen stecken konnte.

Eine solche Erinnerung an barocke und postmoderne Formen der Wissenschaftsvermehrung scheint jedoch angesichts der neuen Begründungslage nicht mehr wirklich passend. Denn die neue Vielfalt und der Erfindungsreichtum der Neurobewegung scheint nicht mehr der Effekt einer Wissenschaft zu sein, die sich auf dem Niveau eines Luxussegmentes unserer Kultur einer luxurierenden Bewirtschaftung ihrer Disziplinen verschrieben hat. Es scheint vielmehr so zu sein, daß sich gegenüber einem postmodernen Hauptinteresse der disziplinären Selbstdarstellung nun wieder ein Sachinteresse in den Vordergrund drängt, das am einfachsten vielleicht mit der besonderen Faszination verbunden werden kann, die von der Aussicht auf eine natur- wie geisteswissenschaftliche Forschung ausgeübt wird, die mit dem Verleih der Vorsilbe ‚neuro' zugleich die Lizenz erhält, mit ihrer Ursachenforschung endlich an der letzten und entscheidenden Ursache aller anderen Ursachen ansetzen zu dürfen (es sei für diese methodologische Überlegung natürlich völlig dahingestellt, wie berechtigt diese Aussicht ist und wie ursächlich das Neuronale im Zuge seiner weiteren Erforschung wirklich sein kann). Und darf man einmal von einem solchen grundsätzlichen Sachinteresse ausgehen, schließt sich an diesen Sachverbundgedanken zugleich eine wissenschaftspolitische und auch geistespolitische Neurausrichtung der beteiligten Disziplinen an.

Seit alters her hatte sich im abendländischen Grundverständnis der Wissenschaften eine Zweiteilung etabliert, die seit Platon nach dem Vorbild eine Ständewirtschaft organisiert ist. An ihrer Basis geht diese Ständeordnung grundsätzlich von Wissenschaften und Künsten aus, die es mit den menschlichen Bedürfnissen und deren technischer Befriedigung auf Grundlage wissenschaftlicher Berechnung zu tun haben, und ihnen übergeordnet sind solche Wissenschaften, die sich über diese bedürfnisorientierten Besorgungen hinaus noch um die geistige Einheit des Wissens und seine ersten Prinzipien oder Ursachen zu kümmern haben. Jene Hierarchie hält sich bis in die Spätantike durch, indem diese akademisch zwischen den freien und den unfreien Künsten unterscheidet (die dann freilich von der Theologie als der einzig echten Wissenschaft dominiert werden), und auch noch die frühe Neuzeit übernimmt das akademische Ur-Schema, indem Francis Bacon in seinem *Novum Organum* die Wissenschaft auf Entlastung des Menschen von seinen Grundbedürfnissen und damit auf die Wiedergewinnung eines paradiesischen Zustandes verpflichtet. Im 19. Jh. schließlich scheint eine wesentliche Wende vollzogen mit der neuen Dominanz des naturwissenschaftlichen Weltbildes – jedoch erweist sich diese Dominanz nicht einer Verabschiedung der bisherigen Hierarchie geschuldet, sondern nur einer Akzentverlagerung innerhalb dieser Hierarchie. Man kann sich das mit der Marxschen Wendung gegen den deutschen Idealismus leicht vergegenwärtigen. Wie bei Marx erfährt nämlich der gesellschaftliche Sektor einer auf Reproduktion ausgerichteten Ökonomie eine Grundlegungsfunktion gegenüber allem politischen und kulturellen ‚Überbau', und jene Grundlegungsfunktion hat im Sinne der Aufklärung damit zu tun, daß sich jene auf Bedürfnisbefriedigung eingestellte Sphäre des Forschens, der Technik und Wirtschaftens mit ausgezeichneten rationalen Standards verstehen läßt, während die Sphäre des Politischen und des Kulturellen nach den erstaunlichen Veränderungen durch die industrielle Revolution an Ansehen und Vertrauen einbüßen mußte. Die überkommene Hierarchie von Geist und Materie, Kultur und Reproduktion bleibt so intakt, jedoch gerät die Kultur und die ihr verbundene Politik ins Hintertreffen, sobald klar ist, daß sie sich methodologisch nicht im Sinne einer betrieblichen Organisation und einer ihr zugehörigen Betriebswissenschaft auch des Wissenschaftsbetriebes organisieren läßt – was freilich auch nur bis zur Jahrhundertwende galt und von da an von der Kulturkritik sogleich auch wiederum moniert werden mußte. Jener Bedeutungsverlust führte zu einer neuen Selbstgenügsamkeit der Geisteswissenschaften, wie sie von Dilthey bis Gadamer in ihrer methodischen Reflexion reicht, und in jener Selbstgenügsamkeit war die Wendung der Geistwissenschaften weg von der Welt und der Gegenwart und hin zu den besseren Zeiten einer sie umschließenden Geschichte das passende hermeneutische Trostmittel.

Wenn es nun tatsächlich gute Evidenzen dafür gibt, daß sich mit dem Paradigmenwechsel in der Naturwissenschaft ein Entgegenkommen der Wissenschaftskulturen anbahnt, dann wäre die entscheidende Voraussetzung für ein solches Entgegenkommen die Aufgabe des alten metaphysischen Hierarchiegedankens und eine Rückkehr einer politischen Gemeinschaftsbildung innerhalb einer wissenschaftlichen Gesamtkultur. Der Wegfall eines paradigmatischen Zentrums der Wissenschaftsbegründung mit dem Wechsel der Leitwissenschaft von der Physik zur Biologie wäre damit als die Chance zu verstehen, nicht mehr *vertikal* von der Gegenüberstellung von Geist und Materie und den ihnen angeschlossenen Wissenschaften auszugehen; sondern vielmehr *horizontal* mit einer geistespolitischen Vernetzung der Disziplinen zu beginnen. Jene Vernetzung hätte der Struktur ihrer Zusammengehörigkeit geschuldet und damit aus einem guten Grunde kein hierarchisch hervorgehobenes Zentrum, sondern würde sich in der grundpolitischen Anlage einer strategisch weitreichenden Kooperation mit einer eigenen ‚volonté générale' aus ihrer damit gegebenen Grundmotivation heraus selbst organisieren und selbst auch so verstehen. Die Grundmotivation wiederum kann in einem Wissenschaftsverbund in nichts Besserem bestehen als der gemeinsamen Ausrichtung auf ein Sachproblem. Und weil freilich die Geschichte voll ist von strategischen Partnerschaften, die nur soweit reichen, wie der Zielverfolg Gemeinsamkeit verspricht, ist zuletzt der Gedanke nur dann stimmig zuende zu führen, wenn über alle endlichen Forschungs- und Beweisziele hinaus heute wieder eine grundlegende Fragestellung und ein letztzuerforschendes Phänomen am Anfang und Ende aller kooperativen Bewegungen steht. Nur dann, wenn man nicht mehr Etappenziele verfolgt, und es vielmehr um das ‚big picture' eines Weltverständnisses geht, ist eine echte wissenschaftstheoretische wie wissenschaftspolitische Wende in Sicht. Und so versteht es sich zuletzt von selbst, daß mit der neuen Vorsilbe ‚Neuro' kein Epitheton gemeint sein soll, das die bestehenden Wissenschaften in den beiden bisher immer unterschiedenen Kulturen und ihren Verzweigungen gleichermaßen schmückt, sondern vielmehr in der Neuro-Zuordnung so etwas wie eine neue Kokarde zu sehen ist, mit der sich die alten Mitglieder einer ‚république des lettres' in einer ‚république des esprits' und damit einer intellektuellen Gesamtkultur als solchen gegenseitig erkennen wollen. Die Geisteswissenschaft trüge so mit den neuen Präfixen nur ihren alten Standestitel mit neuen Ehren und besserem Rechte wieder vor, und die Naturwissenschaften könnten mit ihrem neuen Zentrum für Spitzenforschung zugleich darstellen, daß man sich an der Spitze der Forschung, dort wo es auch in der Naturwissenschaft um das Wesentliche und Letzte geht, im Grunde doch immer schon einig war mit dem älteren Bruder von der Platonischen Akademie. Vielleicht ist es angesichts solcher versöhnlicher Aussichten nicht falsch, an die Husserlsche Formel zu erinnern, daß es über alle Besonderheiten der Einzelwissenschaften hinaus im letzten Ende eben einzig um die „Sache selbst" gehen kann. In diesem sachlichen Lichte jedenfalls müßte sich eine neue *horizontale Grundordnung* der Wissenschaften in ihrer geistespolitisch verstandenen Vernetzung darstellen lassen.

Nun ist klar, daß eine solche politische Neuausrichtung und Republikbildung der Gesamtgemeinde der Wissenschaft eine Aufgabe ist, die sich angesichts der zur Wissenschaftsroutine gewordenen Entfremdung erst nur in Ansätzen nachverfolgen und bislang erst nur an Einzelbeispielen glaubhaft machen läßt. Zu tief gezogen sind die Gräben, die nach dem niemals zuende zitierten Charles Percy Snow die „zwei Kulturen"[2] voneinander trennen, als daß man beflügelt durch eine neue Idee, so faszinierend sie an sich auch sein mag, diese Gräben auf ein Mal und mit aller Konsequenz würde überspringen können.

2 C.P. Snow, The Two Cultures. London 2001 (Original 1959).

Derrida meinte einmal in einem Gespräch, als es darum ging, daß die Philosophie mit Hegel nicht immer nur zu spät, sondern paradoxerweise zugleich auch immer zu früh kommt, das sei eben das Wesen der Philosophie, daß sie wie ein Seismograph auch schon kleine und kleinste Erschütterungen wahrnimmt, noch bevor es zu großen Beben kommt – und diese Erschütterungen freilich auch dann noch wahrnimmt, wenn es danach nicht zum großen Beben kommt. So scheint mir eine nüchterne Einschätzung der methodologischen Lage in der großen und scheinbar unlösbaren Frage der wissenschaftlichen ‚Kirchenspaltung' jene zu sein, daß es parallel zu einer historischen Auflösung des Blockdenkens in den politischen und ökologischen Kulturen wie auch der religiösen Gegnerschaften in den vergangenen 5 bis 10 bis 20 Jahren auch zu einer Aufweichung der Frontstellung zwischen den Wissenschaftskulturen gekommen ist. Und ursächlich dafür scheint mir zu sein – und dieser Eindruck sei bewußt aus der subjektiven Perspektive wiedergegeben –, daß überhaupt wieder ein politisches Moment ins Spiel gekommen ist, nach einer längeren Phase der postmodernen ‚Ausdifferenzierung' des Wissenschaftskosmos, der am Ende dieser Entwicklung freilich kein Kosmos mehr mit der wortwörtlich übersetzten Ordnung und Anmutung aller Dinge gewesen war, sondern dies bestenfalls nur an der bunt gewordenen Oberfläche sein konnte und in Wahrheit vielmehr einem Markt voller Markenprodukte glich. Und jenes politische Moment hat, neben der generellen Öffnung des Sozialen für Gemeinschaftliches, mit einer treibenden Motivation durch das Aufkommen neuer und echter Probleme zu tun, d.h. solchen, die in der Lage sind, die Wissenschaft nachhaltig zu interessieren und auf längere Frist an bestimmte Themen zu binden. Und jene Probleme sind ganz offenbar auch nur noch im Verbund und gemeinschaftlich zu lösen. Wer die Situation vor der Jahrtausendwende noch vor Augen hat, der erinnert sich, wie sehr zumindest in den Geisteswissenschaften der Betrieb auf eine dauernde Expansion und eine scheinbar nie weit genug gehende Diversifizierung ausgerichtet war. Jedes Jahrfünft sah den ‚offspring' neuer Bindestrichwissenschaften vor, und wer noch etwas in der Zunft werden wollte, der sollte auf eine erfinderische Weise innovativ sein und sich am besten seine eigene Disziplin in Form einer Ich-AG gestalten. Die Maxime war jene des

‚brand yourself', und es galt, um wahrgenommen zu werden, sich am besten vollkommen der luxusmarktgängigen Strategien von extraordinärer Stilisierung, schamloser Übertreibung und einem täuschend echten Pionierbewußtsein zu verschreiben, und dieses versehen mit einem nur scheinbar guten akademischen Gewissen – solange, wie wir heute wissen, eben die eher nüchterne Frage nach der Nachhaltigkeit und damit dem, was morgen und übermorgen noch wichtig ist, noch nicht gestellt werden mußte. Es sei so resümierend nur anzitiert, zu ausgefeilt ist in der Zwischenzeit die Kritik an dem, was man im Rückblick heute als eine ‚neoliberale' Kapitalisierung des Bildungsbetriebes längst bedauert. Jeder von uns kennt inzwischen prominente Beispiele, die als Täter oder auch (zugleich) als Opfer jener Kapitalisierung gelten dürfen: angefangen bei der kreativen Anpassung tatsächlicher Forschungsergebnisse an die zuvor einmal in Aussicht gestellten Ergebnisprognosen bis hin zu den zahlreichen aufgedeckten Plagiaten, deren Urheber offenbar in ihrer akademischen Gewinnerwartung zum Opfer einer Übereilung wurden und es damit zuletzt bis in die Regionen öffentlicher Aufmerksamkeit und folgerichtiger öffentlicher Erregung schafften.

Wer dagegen die Situation in den 11 Jahren nach der Jahrtausendwende Revue passieren läßt, bei dem verfestigt sich der Eindruck, daß sich nun die Ausgangslage in einem grundsätzlichen Punkt verändert hat. Er findet sich dort, wo nur noch am sehr späten Abend in den Talkshows von den Teilnehmern populärer geisteswissenschaftlicher Quartette behauptet wird, die Philosophie (wie jede höhere Wissenschaft) sei aus der *Langeweile* entstanden, aus dem Geist einer Kultur, deren wichtigste Funktion die *Entlastung* des Menschen ist, damit er aus der verfügbar werdenden Langeweile heraus sein eigenes Dasein wenigstens durch eine intellektuelle Selbstbelastung – durch Probleme also, die in Wahrheit gar niemand wirklich haben müßte – von neuem wieder sinnvoll im alten Sinne werden kann. Demgegenüber ist es die Lektion der Nuller-Jahre des 21. Jh.s gewesen, daß die Zeit der Luxusprobleme offenbar vorüber ist angesichts der tatsächlichen Probleme, die sich vom postmodernen Geist eher ungebeten und damit von ganz alleine wieder zurückgemeldet haben. Die Nuller-Jahre erscheinen im Rückblick als das Jahrzehnt eines neuen Krisenbewußtseins, und zwar eines Bewußtseins von Krisen, die grundlegend und nachhaltig genug waren, um am Ende auch den ‚Urlaub vom Leben' der Geisteswissenschaften relativ abrupt zu beenden mit einem plötzlichen Rückruf an einen lange verwaisten Arbeitstisch. Im Lichte neuer und drängender Fragen entsteht eine geistespolitische Motivation zuerst dadurch, daß man durch gemeinschaftliche wissenschaftliche Anstrengungen anstehende Probleme lösen muß und eine Kooperation über Fachgrenzen hinweg nicht mehr zur gegenseitigen Stilisierung, Abgrenzung und Überbietung taugt, sondern vielmehr dazu gedacht sein mußte, zu einem gemeinsam erarbeiteten Ergebnis zu kommen. So stünde also die These vom möglichen Entstehen einer gemeinsamen politischen Kultur im Verbund der Wissenschaftskulturen im Zusammenhang mit einer neuen Sachorientierung der Geisteswissenschaften, und das neue, genuin geistespolitische Moment motivierte sich historisch dadurch, daß die Geburt der Wissenschaft nicht mehr aus dem Geiste der *Langeweile*, sondern aus dem Bewußtsein der *Krise* erfolgte.

Jene neuerliche, sachbezogene Politisierung der Geisteswissenschaften hat demnach auch gar nichts mehr zu tun mit der Ideologisierung, wie sie im Gefolge der Zeit nach 1968 im Sinne einer Wissenschaftssoziologie und ihren Mutmaßungen einer Verbindung von *Erkenntnis und Interesse* in Zeiten eines Spätkapitalismus von Jürgen Habermas noch unterstellt wurde[3]. Es geht nicht mehr um die Kolonisierung von Wissenschaft durch Markt. Es geht vielmehr um eine Rückbettung des Wissenschaftlichen in das Politische nach dem Vorbild, wie es Hannah Arendt noch als ein Menschheitsideal im Sinne einer *Vita activa* formuliert hatte[4]. Nur daß es sich eben nicht mehr um eine Exilierung des Politischen in das Geistige handelt, der Campus also die letztverbliebene Agorá sein muß, sondern umgekehrt um eine Öffnung des Geistigen für das Politische und Gemeinschaftliche, und der Campus damit auch wieder der geistige Ort für die Bildung einer größeren Wissenschaftsgemeinde werden kann.

---

3 J. Habermas, Erkenntnis und Interesse, Hamburg 2008 (Original 1968).

4 H. Arendt, Vita activa oder Vom tätigen Leben, München, Zürich 2008 (Original 1960).

Es mag abschließend gesagt sein, daß diese optimistische Sicht einer sich neuformierenden Wissenschaftsgemeinde unter Vernachlässigung der bisherigen Fach-, Schul- und Kulturgrenzen – nicht zuletzt unter dem Druck von krisenhaft auftretenden Sachproblemen –auch den besonderen Eindrücken geschuldet ist, die ich während einer dreijährigen Forschungszeit am Marsilius-Kolleg der Universität Heidelberg sammeln durfte, und mit dieser Bemerkung verbinde ich zugleich einen besonderen Dank gegenüber der Institution, ihren Trägern und Betreibern, ihrer Leitung wie ihren Fellows. Es war aufschlußreich zu beobachten, wie sehr heterogene Probleme wie Klimawandel und ‚climate engineering', Alternsforschung und Menschenwürde, Psychologie und Demenz, Hirnforschung und die ihr zugrundeliegende Philosophie, um nur wenige zu nennen, in neugebildeten Forschungsgremien zu konkreten Projekten geführt haben, ausgehend von einem erst noch und damit neu zu erstellenden Design kooperativer Lösungen. Es war aufschlußreich zu beobachten, weil die Rückbindung der einzelnen Fächer an einen diese Disziplinen gemeinsam in Anspruch nehmenden Forschungsgegenstand viele der zuvor noch so unüberwindlich scheinenden Eigenheiten der Fächer in den Hintergrund treten ließ und damit vieles, was als methodisch ‚inkompatibel' galt, im Lichte einer konkreten Fragestellung, verbunden mit dem Bewußtsein der Brisanz ihrer Folgen, zu einem erstaunlichen Einklang gebracht werden konnte. So wäre schließlich die Hoffnung, die sich an die methodologischen Überlegungen einer *Hermeneutik* als einer neuen *Methodenlehre des 21. Jh.s* anschließt, jene, daß sich eine geistespolitisch zentrierte Hermeneutik, wie sie sich hier ankündigt, nicht als eine Theorie versteht, die die Ökumene zur Vorschrift macht, sondern vielmehr als eine Theorie, die aus dem gelebten Alltag einer bereits veränderten Wissenschaftskultur am Ende nur noch die methodologischen Konsequenzen zieht.

Zu 3.) Schon die historischen Herausforderungen, wie sie sich aus einer notwendigen Aufhebung des postmodernen Verbotes ‚großer Erzählungen' ergeben wie auch die systematischen Ansprüche, die zu einer methodologischen Annäherung der beiden Wissenschaftskulturen führen können, jene Herausforderungen der Philosophiegeschichte und ihrer kulturübergreifenden Methodenansprüche haben nahegelegt, daß die Zukunft der Hermeneutik womöglich und aus meiner Sicht wünschenswert *in einem genuin geistespolitischen Moment ihr gedankliches Zentrum* haben wird.

Jenes geistespolitische Moment hatte sich grundsätzlich daraus ergeben, daß in der historischen Einschätzung nun die Zeit einer Herrschaft der Codes zuende geht und damit überhaupt der Raum dafür geschaffen wird, daß die lange durch Kulturcodes und ihre steuerungstechnische wie entwicklungslogische Eigendynamik verzerrte oder verdrängte Lebenspraxis und ihre genuin politische Selbstverständigung wieder zum konzeptionellen Vorschein kommen kann. Aus dem Ende einer Herrschaft der Codes hatte sich die Möglichkeit einer Rückkehr der Lebenspraxis ergeben, und als die anstehende Aufgabe der Philosophie war es dann einsichtig, zuerst jene Aufeinanderfolge selbst zu bedenken und mit dem Wechsel von einer *Dialektik der Aufklärung* zu einer *Aufklärung der Dialektik* zu benennen. In diesem Wechsel sollte sich zeigen, daß darin selbst noch einmal eine Dialektik zu erkennen ist, insofern die Verzerrungen gemeinschaftlicher Lebenspraxis durch eine kybernetische Kolonialisierung am Ende nur so lange anhalten konnte, wie die Codes rein technisch noch nicht in der Lage waren, mit den Komplexitäten und Flexibilitäten unserer praxisorientierten Lebenswelt mitzuhalten und zurechtzukommen. Eine Dialektik, die jene Fortschreibung von einer *Dialektik der Aufklärung* zu einer *Aufklärung der Dialektik* ernst nimmt, muß demnach nicht selbst einem idealistischen Schema reiner Begriffslogik folgen, sondern kann sich in dem Zusammenhang auf eine realistisch nachvollziehbare Sachentwicklung verlassen.

Im Übergang von einem *historischen* zu einem *systematischen* Aspekt hatte sich aus einem absehbaren Ende der Herrschaft der Codes anschließend folgern lassen, daß sich nicht nur die kulturellen Phänomene hin zum Lebenspraktischen geöffnet haben müssen, sondern auch die Art und Weise, wie diese ebenfalls kultur- oder besser geisteswissenschaftlich neu bedacht werden sollten. So war in der systematischen Frage nach der Methodologie, um die es der Hermeneutik auch in Zukunft wieder gehen muß, ausgehend von einer neuerlichen gemeinsamen Sachorientierung auch eine daran anschließende neuerliche Gemeinschaftsbildung innerhalb der Disziplinen und Kulturen von vormals getrennt agierenden Wissenschaften denkbar geworden.

Schließlich ist das geistespolitische Moment, das *inhaltlich* in die erneuerte Konzeption einer Philosophie der Geschichte eingeht und *formal* in eine erneuerte Methodologie der Geisteswissenschaften, auch noch in einer *medialen* Hinsicht der Bestimmung eines neuen Apriori der hermeneutischen Verständigung zu komplettieren.

Dabei gilt es ausgehend von der Philosophie der Geschichte (und damit inhaltlich) den *Zeit-* und *Geschichtscharakter* zu berücksichtigen, der aller hermeneutischen Verständigung (und nicht zuletzt Selbstverständigung) zugrunde liegt. Methodologisch muß es um eine Verbindung der bislang getrennten Sphären des Geistes- oder Kulturwissenschaftlichen und des Naturwissenschaftlichen gehen und um die Bestimmung eines ihr zugeordneten Apriori. Und schließlich gilt es ausgehend von den medialen Überlegung, die zu Beginn des Essays als ein Ausgangspunkt aller weiteren Debatten angestellt wurden, jene beiden Momente zusammenzuführen, die bislang noch in einer (historischen wie systematischen) Konkurrenz den subjektiven Aspekt eines alles verstehenden Mediums gegen den objektiven Aspekt eines solchen auseinanderhalten: also jenes Moment, das sich mit der Ausbildung kommunikativer Netzstrukturen für unsere externe Weltverständigung als unüberschreitbar erweist, und jenes, das mit der Introspektion hinsichtlich unserer Hirnaktivitäten die interne Weltverständigung als unhintergehbar darstellt.

‚Netz und Hirn' müssen demnach in einer medialen Verbindung gedacht werden, die als eine genuine und damit immer schon vorhandene Form der Vermittlung das Objektive im Subjektiven und das Subjektive im Objektiven der Verständigung begründet. Eine mediale Verbindung von ‚Netz und Hirn' müßte zugleich eine methodologische Anbindung an die unterschiedlichen Wissenschaftskulturen möglich machen, die sich einerseits auf das Geistige und Innere, andererseits auf das Materielle und Äußere konzentriert haben. Und eine mediale Verbindung von ‚Netz und Hirn' müßte schließlich auch den historischen Rahmen dafür abgeben können, wie sich das Zeitliche als solches in einer neuen Form präsentieren kann und damit zugleich eine historische Form der Verständigung anbietet, in der am Ende einsichtig wird, wie sich Wissenschaften und ihre unterschiedlichen Kulturen so lange und so nachhaltig mißverstehen konnten.

Jene mediale Verbindung von ‚Netz und Hirn' darf meines Erachtens in einer Neufassung des Konzeptes eines *kollektiven Gedächtnisses* gesehen werden, und um gleich zu Beginn die These im Rahmen einer Hermeneutik festzustellen, so muß das kollektive Gedächtnis als eine legitime Nachfolgerin des bisherigen hermeneutischen Aprioris einer *Wirkungsgeschichte* gelten dürfen.

Eine mögliche Eignung des Konzeptes ergibt sich folgerichtig auch hier zuerst aus einer Herkunft, die sich selbst bereits jenen Kontroversen verdankt, die es in einem neuen Lichte nun zu einem neuen Ende zu bringen gilt. So taucht das Konzept prominent und auch als ein solches benannt Mitte der 1920er Jahre auf und erweist sich dabei bereits als der geisteswissenschaftliche Versuch, die durch die Einführung naturwissenschaftlicher Betrachtungsweise in die Gesellschaftsanalyse der Soziologie entstandenen Verluste zu kompensieren. Maurice Halbwachs ist als der Namensgeber und Pate der Disziplin in dieser Funktion angesprochen, insofern er einerseits von der Umwandlung der Soziologie in eine soziale Physik ausgeht, die er als ein Schüler Durkheims und inspiriert durch Gabriel de Tarde übernimmt, andererseits jedoch auch noch als ein Zeitgenosse Bergsons und Prousts sich auch auf die Suche nach einer Zeiterfahrung macht, die im Lichte der reinen soziologischen Fakten und Herleitungen als verloren galt. So kann man bei Halbwachs selbst eine Entwicklung nachverfolgen, die in seinen *Cadres sociaux de la mémoire* noch von der Durkheimschen Grundfeststellung ausgeht[5], daß das kollektive Gedächtnis wie die Religion und andere Traditionen nur ein technisches Mittel zur sozialen Einheitsstiftung ist, an sich also und über diese formale Funktion der Einheitsstiftung hinaus gar keine tiefere Bedeutung für die Frage der Identifikation eines Kollektives und dessen Gemeinschaftsbildung hat[6]. Das Gedächtnis bildet so einen sozialen Rahmen aus, in dem sich wiederfindet, wer in diesem Sinne erinnerungsmäßig vorkodiert ist. Zugehörigkeit entsteht

5 Vgl. E. Durkheim, Die elementaren Formen religiösen Lebens, Frankfurt am Main 1994, S. 17ff.

6 M. Halbwachs, Les cadres sociaux de la mémoire, Paris 1994 (Original 1925) ; deutsch: Das kollektive Gedächtnis, Frankfurt am Main 1985.

hier durch eine bloße memorierungstechnische Aggregation, d.h. durch das kausale Zusammenfügen sozialer Elemente mittels einer zentralen und auf Merkzeichen aufbauender Steuerung.

Als Halbwachs nach 1925 daran geht, über *La mémoire collective* zu schreiben[7], nimmt er dagegen affirmativ zur Kenntnis, was Henri Bergson in seiner berühmten Unterscheidung von „*temps et durée*"[8] als einen Unterschied objektiv ablaufender und meßbarer Zeit und einer subjektiv erfahrenen Zeit festhält. Und für Halbwachs gilt es dann, jenes Konzept der Zeiterfahrung, das dem Leben und nicht der Physik entnommen ist, von Bergsons Bindung an eine introspektive Analyse subjektiver Zeitwahrnehmung zu lösen und auf eine Analyse kollektiver Zeiterfahrung zu übertragen. Und innerhalb dieser kollektiven Zeiterfahrung wiederum gilt es dann, die *Cadres sociaux de la mémoire* mit Leben zu füllen – einem Leben, das sich nicht mehr nur soziologisch kollektiv konditionieren, sondern auch noch im Sinne einer lebendigen Geschichte aufs Ganze gesehen sinnvoll erzählen läßt. *La mémoire collective* macht somit nicht zuletzt den Versuch, das Apriori des geisteswissenschaftlichen 19. Jh.s, das im Begriff des Lebens ein diffuses aber mächtiges Zentrum hatte, mit dem naturwissenschaftlichen Apriori des 19. Jh.s, das in der logischen bzw. kausalen Ableitung aller Phänomene aus Ursachen bestand, in Einklang zu bringen. Historisch gesehen nicht umsonst führen beide Stränge bei Halbwachs zusammen in einer Zwischenkriegszeit, die unter dem Vorzeichen des Existentialismus einen ersten Versuch unternimmt, die aus dem 19. Jh. überkommenen klassischen Differenzen der Moderne erneut auf eine lebenspraktische Grundlage zu stellen.

Im Sinne einer hermeneutischen Anpassung muß heute angesetzt werden an dem Punkt, wo sich das Konzept eines kollektiven Gedächtnisses erneut mit einer wissenschaftlichen Formalisierung sozialer Bezüge und Identifikationen auseinandersetzt und sich dazu schließlich als eine komplementäre Form der Verlebendigung entwerfen läßt. Die Formalisierung tritt ein, sobald sich in den spä-

7 Ders., La mémoire collective, Paris 1997 (Original 1950).

8 H. Bergson, Essai sur les données immédiates de la conscience, Paris 1970, S. 38ff.

ten 1960er Jahren das Gedächtniskonzept als prekär erweist, weil es offenbar strategisch einsetzbar ist: auf der einen Seite und bei jenen, die Geschichtstatsachen erfolgreich verdrängen, um das Selbstbewußtsein ihrer Gemeinschaft intakt zu halten, wie auch auf der anderen Seite bei jenen, deren Selbstbewußtsein in Zugehörigkeits- und Schicksalsfragen gerade an der Memorierung dessen hängt, was die andere Gemeinschaft gerne verdrängen würde. Jene Feststellung geschieht selbstverständlich im Lichte der Aufarbeitung von Ereignissen des Zweiten Weltkrieges, wird aber mit Eric Hobsbawms und Terence Rangers These der „invention of tradition"[9] und Benedict Andersons Wendung von den „imagined communities"[10] auf die Zeit der Nationenbildung bis ins 19. Jh. ausgedehnt und bis dorthin zurückverfolgt, später von Jan Assmann noch weiter zurück bis in eine Wiege der abendländischen Zivilisation, und das heißt für den Ägyptologen, bis zu der biblischen Geschichte des Auszugs des Volkes Israel aus Ägypten[11]. Die These ist eine gekonnte Unterstellung, daß die Bildung einer modernen Gemeinschaft, und dabei besonders die Herausbildung von Nationen, sich der resoluten Erfindung einer Vergangenheit verdankt und somit im letzten Grunde nur in der Vorstellung existiert, durch langes und erfolgreiches Festhalten an den einmal erdachten Gründungsmythen jedoch irgendwann zur geschichtlichen Realität wird. Entscheidend für den vorliegenden Zusammenhang ist es, daß für eine solche Erfindung und präposteriose Vorstellung von Gemeinschaft die Implementierung eines kollektiven Gedächtnisses das geeignete Mittel darstellt. Wenn dazuhin noch jene Implementierung als eine Form erfolgreicher Umcodierung bestehender Inhalte erscheint und jene Umcodierung, wie es die Literaturwissenschaftlerin Aleida Assmann als Zusatzthese annimmt, in Form mythologischer Texte bis hin zu stimmungsma-

9 E.J. Hobsbawm/T.O. Ranger (Hg.), The invention of tradition, Cambridge 1983.

10 B. Anderson, Imagined Communities. Reflections on the Origin and Spread of Nationalism, 2. Auflage London 1991.

11 J. Assmann, Moses The Egyptian: The Memory of Egypt in Western Monotheism, Cambridge 1997; deutsch: Assmann, Jan: Moses der Ägypter. Entzifferung einer Gedächtnisspur, München/Wien, 1998.

chender Trivialliteratur geschieht[12], dann folgt aus dieser medialen Zuspitzung des Konzeptes schließlich seine Universalisierung und damit die Ausdehnung seiner Reichweite bis in die literarische Frühgeschichte.

Je nachdem, wie man eine solche universal ausgerichtete Formalisierung des Gedächtnisses und ihren radikalen Konstruktivismus in Anspruch nehmen will, ergeben sich verschiedene Formen der kulturellen Einbindung. Die 1970er Jahre hatten den Akzent noch auf eine Ideologiekritik gelegt, die im letzten Ende die Kriegsverpflichtungen im Namen von nun geisterhaft erscheinenden Nationen (eben als das Produkt einer Erfindung und bloßen Vorstellung) im Visier hatten. Dies geschah im Zuge einer Soziologisierung des Gedächtniskonzeptes, in das auch alle anderen Formen des sozialen und administrativen Zwangs eingelesen wurden, wie er exemplarisch bei Foucault in *Überwachen und Strafen* thematisiert erscheint[13]. Die 1980er Jahre dagegen hatten mit demselben Gedächtniskonstruktvismus die Wende vom Blick zurück zum Blick nach vorn vollzogen, indem sie die Chancen auf Bewirtschaftung des Konzeptes verstanden. So wurde mit dem kollektiven Gedächtnis zugleich eine Chance auf Emanzipation verbunden, die in der Medientheorie und den ‚gender studies', der Anthropologie und den ‚urban studies', der neu aufkommenden Kulturtheorie und dem ‚literary criticism' die Aussicht auf neue Formen kollektiver Selbstbehauptung eröffneten. Assmanns Formel einer „mnemohistory", die sich „concerned not with the past as such, but only with the past as it is remembered"[14] zeigt, öffnet das Tor zu einer Form von kollektiver Identitätsbildung, die sich von nun an mnemotechnisch ausbilden und zum entschlossenen Selbstdesign nutzen läßt.

12 A. Assmann, „Text, Traces, Trash: The changing Media of Cultural Memory", in: Representations 56, 1996, S. 123–134.

13 M. Foucault, Überwachen und Strafen. Die Geburt des Gefängnisses, Frankfurt am Main 2009, in Original: Surveiller et punir, Naissance de la prison, Paris 1975.

14 J. Assmann, Moses The Egyptian: The Memory of Egypt in Western Monotheism, a.a.O., S. 9.

Auf jene Formalisierung und zuletzt auch innovative Bewirtschaftung des Gedächtnisses im Bewußtsein eines wohlverstandenen Eigeninteresses folgt wiederum in den Nuller-Jahren des 21. Jh.s eine Gegenbewegung, die auf eine neuerliche Erdung des Konzeptes zielt und somit den Konstruktivismus und seine Zukunftslastigkeit zurück auf die Belange einer Gegenwart und ihrer lebenspraktisch anstehenden Bedürfnisse zurückbindet. Der Grundgedanke, wie es die Herausgeber eines Bandes der bisher umfassendsten Sammlung einschlägiger Texte und Theorien zum *Collective Memory* schreiben, besteht dabei in einer Wiederaufnahme des biographischen Lebenskonzeptes der vorigen Jahrhundertwende, an der James Joyce das einzelne wie das kollektive Gedächtnis als eine „form of forms" bestimmt hatte. Jenes Apriori der Formgebung wird nicht mehr nur der physikalischen Formalisierung und zugleich literarischen Konstruktion überantwortet, sondern mit dem Gedanken einer „entelechy"[15] verbunden. Das Entelechie-Konzept hat seine Wurzeln in der Aristotelischen Ethik und dort in der Selbstbezüglichkeit des menschlichen (guten) Lebens und seiner immer neu zu justierenden Ziel- und Verlaufsstrukturen hat (en-telecheia). Mit seiner Rückkehr sehen die Herausgeber zugleich und zurecht der Konzeption des kollektiven Gedächtnisses eine neue, nun zentrale Orientierungsfunktion innerhalb der gegenwärtigen Kulturtheorie zukommen: „The new insight of memory studies is thus not merely that memory is omnipresent but that it is at once situated in social frameworks (e.g., family and nation), enabled by changing media technologies (e.g., the Internet and digital recording), confronted with cultural institutions (e.g., memorials and museums), and shaped by political circumstances (e.g., wars and catastrophes). Social frameworks and historical circumstances change over time and, with them, the aforementioned alignments of past, present and future (e.g., the discourse of progress in modernity). Studying (and theorizing) memory allows us to shift our focus from time to temporalities, and thus to understand what categories people, groups, and cultures employ to make

15 Zitiert aus: J.K. Olick/V. Vinitzky-Seroussi/D. Levy, The Collective Memory Reader, Oxford 2011, S. 37.

sense of their lives, their social, cultural, and political attachments, and the concomitant ideals that are validated – in short, the political, cultural, and social theories that command normative attention“[16].

Entscheidend für die neue, zentrale Rolle des Gedächtniskonzeptes ist demnach ein Übergang von „time to temporalities“, also von unserer bloßen Zeiterfahrung, die mit den kollektiven Gedächtnisinhalten zu tun hat, zur Erfahrung von Zeit, die es mit der formalen Organisation von Zeit zu tun hat, ihrer Gewichtung von Vergangenheit, Gegenwart und Zukunft. Und entscheidend dafür, daß jener Übergang von „time to temporalities“ gelingt, ist in dem Zusammenhang die Suche nach einem medialen Apriori, das einer angemessenen Selbstreflexion offensteht. Jenes Apriori findet sich einerseits in der Ausbildung äußerer Netze im Rahmen der neuen Medien und andererseits in dem neurologischen Nachvollzug der inneren Netzstrukturen des individuellen Gedächtnisses. Der kritische Faktor einer Fähigkeit zur Selbstreflexion wird noch einmal gestärkt in einer Engführung oder weiteren ‚Vernetzung‘ der inneren Netze mit den äußeren Netzen, also von individuellem Gedächtnis und interaktivem Gedächtnis, wie es sich in der Kommunikation der sozialen Netzwerke seit der Taufe des Web 2.0 als einem solchen artikuliert.

Damit jene letztere und entscheidende Vernetzung zwischen dem individuellen Gedächtnis und dem interaktiven Gedächtnis gelingen kann, braucht es freilich mehr als nur eine Bestandsaufnahme dessen, was bereits technisch und methodologisch vorhanden ist.

So hat die Erforschung und das ihr angeschlossene Verständnis der Strukturen von inneren und äußeren Netzen unserer neuen kulturellen Grundsubstanzen des Neuronalen und des Retinalen bislang noch zu sehr verschiedenen Graden der Vervollkommnung geführt. Zu unterscheiden ist dabei entlang einer *Raumachse* und einer *Zeitachse*, auf der sich eine kollektive Selbstverständigung in ihrer umfassendsten Form kartographieren läßt.

Auf der Raumachse darf der Eintrag durchaus bereits bis an das Ende eines universellen Einbezugs aller jeweils Betroffenen Kommunikationspartner gehen so, daß keine medialen Ausschlußmechanis-

---

16 Ebd.

men mehr zu greifen und damit die Kommunikation zu verzerren vermögen. Das versteht sich innerhalb der neuen interaktiven Netze der Kommunikation insofern von selbst, als sie im Grunde nur den direkten Austausch auf einer politischen und sozialen Agorá ins räumlich bislang Unzugängliche erweitern.

Der Rückbau eines vormaligen Konstruktivismus der Vergangenheit aus dem Geiste einer in die Zukunft projizierten Selbstbehauptung einer Gemeinschaft geschieht hier durch die Betonung der neuen Rolle der Gegenwart. Gegenwart gilt nun in der neuen „temporality“ und deren geläutertem Selbstverständnis als neuer Ort der Sinnerfüllung, weil nicht mehr wie bisher die Vergangenheit aus der Zukunft heraus rekonstruiert wird, sondern weil Vergangenheit und Zukunft beide zusammen in der Gegenwart die entscheidende Weiche ihrer Verbindung haben. Schlüsselt man diese Verbindung bereits in den auch für die Hirnforschung gängigen Termini der Kognition und einer Philosophie des Geistes auf, dann findet sich die Gegenwart als ein neues Zentrum und eine neue Verbindung von Vergangenheit und Zukunft zum einen in einer *emotionalen*, zum anderen in einer *kognitiven* und zuletzt in einer *volitiven* Hinsicht wieder. Auf der emotionalen Ebene müssen es die Netzwerke erlauben, grundsätzlich Empathien zu ermöglichen, die in der rhetorischen Funktion einer Generierung von Dispositionen zu verstehen ist, von Dispositionen, die zur Annahme praktischer und zur Einsicht in theoretische Gegebenheiten oder Notwendigkeiten beitragen können. Auf einer kognitiven Ebene geht es um die Frage eines Einverständnisses, das zustande kommt, indem die Beschränktheit bisheriger Informationslagen aufgehoben wird und damit ein Zugang zu den entscheidenden Fakten und Überlegungen geschaffen wird. Auf der volitiven Ebene hat man es schließlich damit zu tun, daß das Emotionale wie auch das Kognitive noch einmal eingebunden werden kann in eine sie übergreifende Perspektive, dann, wenn ihre Inhalte in einen Zusammenhang der ‚Entelechie‘ einer kollektiver Praxis gebracht werden müssen.

Den Rückbau eines Konstruktivismus der Vergangenheit aus dem Geiste einer in die Zukunft projizierten Selbstbehauptung einer Gemeinschaft muß man sich demnach dreifach motiviert vorstellen. Einmal geschieht er im Lichte einer verbesserten Kognition, insofern die bisherigen Informationsbeschränkungen wegfallen – vor allem dann, wenn diese im Lichte einer von der Kulturkritik monierten technisch-medialen Verzerrung der Kommunikation zustande gekommen sein sollten. Zugleich mit diesen Beschränkungen schwindet die postmoderne Lizenz, eben wegen fehlender (technisch-medialer) Zugänge zu den Fakten jene Fakten einfach selbst zu generieren oder als Zukunftsprojektion auszugeben und so den Menschen zu einem phantastisch anmutenden Selbstbewußtsein zu bringen. Wo nicht mehr prinzipiell und überall Entscheidendes verschwiegen oder Wahrheiten verleugnet werden, darf auch das für das Selbstbewußtsein Entscheidende und Wahrhaftige nicht einfach mehr einem innovativen Zukunftsdesign überschrieben werden. So muß ‚kognitiv' also davon ausgegangen werden, daß es Fakten gibt, daß sie zugänglich sind und verläßlich verstanden werden können und damit nicht mehr einfach in freier Handhabung eines in die Zukunft gestülpten Gedächtnisses vor-entworfen werden dürfen.

Zum anderen geschieht der Rückbau des Gedächtniskonstruktivismus zu einer gegenwartsorientierten Form des Gedenkens auf einer emotionalen Ebene. In postmoderner Auffassung waren die Emotionen als bloße Dispositionen gedacht, als Möglichkeiten einer emotionale Stimmung der Persönlichkeit, von der anzunehmen war, daß sie das Wesen der Persönlichkeit tatsächlich bestimmt, so sie einmal als Disposition aktiviert und damit zugleich wirklich wird. Emotion ist so eine Disposition zu einem zukünftigen Glücklichsein, wobei frei verhandelbar erscheint, was dann zukünftig in Wahrheit einmal bedeuten soll und ebenso, was dann mit Glück gemeint ist. Die aus heutiger Sicht frei zu wählende Stimmung macht dann bereits die ‚Musik', nach der sich dann wiederum die Stimmung als gut verstehen lassen soll. Im Gegenzug zu einem solchen emotionalen Konstruktivismus gilt es jetzt, eine rhetorische Funktion der Emotionen neu zu bestimmen dadurch, daß nun nicht die zukünftige Stimmung die gegenwärtige Sachlage bestimmt, sondern die gegenwärtige Sachelage die zukünftige Stimmung. So wird das Emotionale nicht einfach nur Teil einer Zukunftsprojektion, in der sich das Wünschbare mit dem Erwartbaren logisch untrennbar verbindet; vielmehr wird das Emotionale zum Bestandteil einer Gegenwartseinschätzung – wiederum im rhetorisch besten Falle so gedacht

–, der tiefere Überzeugungen zugrunde liegen, und jene dermaßen als richtig empfundenen Überzeugungen entfalten ihre neue Orientierungsfunktion schließlich mit Blick auf eine als grundlegend zu veranschlagende kollektive Praxis.

Der Rückbau des Gedächtniskonstruktivismus wird schließlich komplettiert, indem der bisherige spekulative Selbstentwurf mitsamt seinem emotionalen Ausblick auf ein disponibel erscheinendes Faktum der Zukunft auf eine neue Form von Zielvorstellung nach der Maßgabe einer ‚Entelechie' verpflichtet wird. Bei einer solchermaßen veränderten Zielvorstellung wird die Wirklichkeit, in der man leben will, nicht einfach als ein zukünftiges Faktum generiert oder aus einem Gedächtnis heraus so konstruiert, daß es seine Verläßlichkeit erst in einem zukünftigen Eintreffen einer Welt nach Wunsch erhält, die Zukunft in ihrem Wesen also nur eine wünschbare Vergangenheit sein kann. Die Wirklichkeit, in der man leben will, ist nicht das Ergebnis einer Spekulation, sondern vielmehr einer Investition in bereits bestehende Weltverhältnisse. Und jene Investition geschieht damit in einem andauernden Wechselverhältnis von Vergangenem als dem, was bereits besteht, mit einer Zukunft, wie sie jedoch nur ausgehend von dem gegenwärtig bereits Bestehenden denkbar, fühlbar und praktisch erreichbar scheint. Investieren kann man demnach nur in etwas, was bereits einen substantiellen Bestand hat, und das heißt durch eine zuvor gleichartig gestaltete Fortschreibung entstanden ist, die selbst wiederum aus substantiellen Lebensverhältnissen schon hervorgegangen ist, und so weiter bis an die Ränder und damit ins Unabsehbare unseres kollektiven Gedächtnisses. Kritik der Fakten mit Blick auf ihren tatsächlichen Bestand, Verdichtung der Emotionen ausgehend von derart kritisch geklärten Fakten, und eine Planung ausgehend von substantiell feststellbaren und bewertbaren Fakten sind somit die Kernpunkte einer neuen Gegenwartszentrierung unserer Gedächtniskonzeption.

Freilich ist zu bedenken, daß die neuen und erweiterten Netzstrukturen unserer Kommunikation zwar eine Kritik des Konstruktivismus schon auf der Grundlage einer neuen Faktenlage gut und jetzt schon einsehbar möglich machen; jedoch jene Kritik sich im Wesentlichen auf eine Verdichtung nur der Raumbezüge stützt, in denen zusammenkommt, was zusammengehört, und eine vergleichbare Verdichtung der Sinnbezüge in den Zeitverhältnissen gerade noch aussteht. Es kann vielleicht sogar in dem Zusammenhang sogleich als eines der wesentlichsten Mankos der neuen Netzkultur gelten, daß sie bei aller Möglichkeit, Kommunikation zu schaffen, in Sachen Gedächtnis eine wesentliche Zugangsbeschränkung aufweist.

Mit einem Wort kann man feststellen: Was das Netz noch nicht kann, ist *vergessen*, und wenn man diese negative Funktion in zwei Worten positiv wiedergeben will, dann kann das Netz zwar memorieren oder erinnern im Sinne von maschinellem Speichern, damit jedoch nicht zugleich auch ein Gedächtnis ausbilden, das jene memorierten Fakten noch einmal einer sinnstiftenden Selektion und Organisation unterwirft. In den Spitzen der Aufmerksamkeit wird dieses Unvermögen immer dann prominent, wenn unliebsame Inhalte nicht irgendwann einmal von einem wohlwollenden Verdrängen begleitet werden. In den Tiefenregionen unseres Bewußtseins erscheint jenes Manko dort am deutlichsten, wo über die Zeit hinweg keine anhaltende Reorganisation des Memorierten einsetzt in der Art, wie das natürliche Erinnern dazu neigt, Dinge nur dann zu behalten und auch wiederzugeben, wenn sie im Sinne einer ‚Entelechie' zu nachvollziehbar geformten Geschichten zusammenfinden und als solche dann auch wieder erzählt werden können. Ricœur hat in *Temps et récit* eine solche andauernde (und dauernd nötige) Restrukturierung der internen Sinnbezüge alles Memorierten in einem dreistufigen Modell exemplarisch herausgearbeitet. Sie geht davon aus, daß unsere erzählwürdigen Geschichten erstens eine Verankerung in der Faktenlage unserer Motive, der von uns verfolgten Zwecke und der Umstände und Folgen unserer Handlungen haben müssen; daß sie weiter eine Grundorientierung in der diese Fakten überwölbenden Handlungsstruktur aufweisen müssen, also immer orientiert bleiben sollten an der Art und Weise, wie wir in der Welt schon sinnvoll agieren und planen; und daß sie schließlich die daran angeschlossene Zeitstruktur unserer lebenspraktischen Planung zu einem Ausgangspunkt nimmt, in dem die drei Dimensionen von Vergangenheit, Gegenwart und Zukunft selbst noch einmal mit Blick auf ein gegenwärtiges Zentrum der Sinnstiftung in eine überschaubare und handhabbare Ordnungsbeziehung gebracht werden[17]. Auf solcherlei Grundüberlegungen gilt es aufzubauen und zu fragen, wie eine *Hermeneutik des Vergessens* Eingang finden könnte in eine Netzkultur, die in Sachen Gedächtnis mehr sein will als nur eine Speicherkultur.

Angesichts eines solchen Mankos der neuen Netzstrukturen der Verständigung ist es sogleich absehbar, daß gerade in der Frage einer Reorganisation der Gedächtnisinhalte die Hirnforschung zum exakt passenden Komplement werden kann, hat sie doch in den vergangenen 10 Jahren mit spektakulären Forschungen gerade zur Gedächtnisbildung auf sich aufmerksam gemacht. Besonders die Strategie eines Rückverfolgs der Enkodierung von Wissen bis hin zu ihren atomaren, das heißt in diesem Zusammenhang neuronalen Wurzeln, hat sich dabei als vielversprechend erwiesen. Konnte doch mit ihrer Hilfe bspw. eben in den vergangenen Jahren erst nachgewiesen werden, daß der postmoderne Konstruktivismus unserer Gedächtnisinhalte von dem physiologischen Nachvollzug der Wiedererinnerung in neuronalen Netzen in keiner Weise bestätigt wird. Vielmehr, wie es Martina Piefke und Hans Markowitsch in einer aktuellen Zusammenfassung referieren[18], erscheint die Erinnerung als ein tatsächlicher Rückgriff auf bereits enkodierte Inhalte, und nicht auf zukünftig erhoffte Projektionen und Phantasien, und ebenso werden jene bereits bestehenden Inhalte ganz offenbar bei einem erinnernden Aufruf auch nur im Lichte des Gegenwärtigen und vor allem des gegenwärtig Gefühlten und Gewollten modifiziert, und nicht im Sog eines auf eine ungewisse Zukunft hin projizierten Wunschdenkens. Überhaupt hat die Neurophysiologie mit ihren Studien zur Plastizität unseres Gehirns und unserer Erinnerung dazu beitragen können, die kulturkritische Unterstellung einer ideologieanfälligen Vorkodierung aller unserer Weltwahrnehmung und unserer

17 Vgl. P. Ricœur, Zeit und Erzählung, Band 1: Zeit und historische Erzählung, Paderborn 1988, S. 99.

18 Vgl. M. Piefke/H. Markowitsch, „Neuroanatomische und neurofunktionale Grundlagen von Gedächtnis", in: Chr. Gudehus/A. Eichenberg/H. Welzer (Hg.), Gedächtnis und Erinnerung. Ein interdisziplinäres Handbuch, Stuttgart/Weimar 2010, S. 11–21; vgl. dazu auch meine Buchbesprechung in: Philosophische Rundschau, Jahrgang 58 (2011), Heft 1, S. 74–77.

Welterinnerung weitgehend zu entkräften. Und zuletzt haben die hirnbiologischen Forschungen zur Genese von Traumatisierungen besonders dazu beigetragen, dem kulturtheoretischen Anspruch auf eine Gesamtprägung des menschlichen Geistes seine biologischen Grenzen aufzuzeigen[19] – schließlich melden sich hier archaische Grundmuster der Angst-Konditionierung von vor der Zeit unserer kulturellen Gefahrenbewältigung für uns schmerzlich und nur sehr schwer überwindbar zurück. Im Rahmen solcher Einsicht in biologische und evolutionäre Mechanismen werden auch spezielle Debatten neu beleuchtet, in denen es bspw. um das Syndrom des ‚falschen Memorierens' geht, also um eine systematische Verfälschung unserer Erinnerung selbst bei der Maxime wahrhaftigster Wiedergabe[20]. Es zeigt sich demnach aufs Ganze gesehen, daß (traumatische) Überreaktionen wie auch (systematische) Verfälschungen im Zusammenhang mit der Memorierung besonderer Inhalte nachweislich nicht generell einer kulturellen Codierung geschuldet sind, sondern auch und in erheblichem Maße sogar auf entwicklungsgeschichtlich bedingte Voreinstellungen unserer Menschennatur zurückgeführt werden können.

So passend von dieser Seite her gesehen die neueren Forschungen zu unseren Hirnstrukturen als Ergänzung zu unseren neuen Verständigungspraktiken innerhalb unserer Netzstrukturen erscheinen können, zeigt sich heute jedoch auch bei der Hirnforschung noch ein wesentliches Manko. Es besteht darin, daß sie, wie die moderne Psychologie beinahe ausnahmslos[21], das Gedächtnis immer noch als eine zutiefst private Angelegenheit betrachtet und die kollektive

---

19 Vgl. dazu Vgl. dazu J. LeDoux, Das Netz der Gefühle. Wie Emotionen entstehen, München 2006; ders., Das Netz der Persönlichkeit. Wie unser Selbst entsteht, München 2006.

20 Vgl. dazu J. Prager, Presenting the Past. Psychoanalysis and the Sociology of Misremembering, Cambridge 2000.

21 Die große Ausnahme bildet selbstverständlich der Vater der modernen Psychologie selbst, wenn Freud von einem *Unbehagen in der Kultur* spricht, das man nicht mehr als ein privat-psychologisches Phänomen annehmen und diagnostizieren kann. Vgl. S. Freud, Das Unbehagen in der Kultur, Wien 1930.

oder soziale oder kulturelle Komponente, je nachdem wie es die Tradition ausbuchstabiert hat, bislang noch sträflich vernachlässigt.

Eine Öffnung der Neurowissenschaften gegenüber Phänomenen gemeinschaftlicher Wahrnehmung ist freilich in Ansätzen bereits vorhanden. Zum einen ist auf die anfangs referierte Forschung zu den Spiegelneuronen zu verweisen, mit deren Hilfe eine vornehmlich emotionale oder auch stimmungsmäßige Kommunikation ermöglicht wird, die ihrerseits die Konzeption gemeinschaftlich geteilter Atmosphären als das Resultat einer kollektiv geteilten Wahrnehmung einer Situation verständlich machen kann. Ergänzend zu einem solchen emotionalen Sensorium, das Individuen an einer kollektiven Wahrnehmung gleichermaßen teilhaben läßt, ist eine kognitive Fähigkeit anzusetzen, mit der wiederum eine Art kollektive Orientierung möglich wird. Jene Fähigkeit hat mit einem Vorentwurf des uns umgebenden Raumes zu tun, in dem wir auch bei geschlossenen Augen entlang der cartesischen Raumachsen unsere eigenen Körper mehr oder weniger sicher positionieren und bewegen können. Es scheint demnach eine Form apriorischer Raumerschließung zu geben, die wir als Individuen alle gemeinschaftlich teilen und ohne die eine Koordination von Bewegungen und Handlungen grundsätzlich scheitern müßte. Studien zur Funktion des entorhinalen Kortex bei Mäusen haben ergeben, daß von den sogenannten „grid cells“[22] eine solche dreidimensionale Grundkodierung eines gemeinsam geteilten Bewegungs- und Handlungsraumes ausgeht. Es scheint parallel dazu auch eine Form apriorischer Zeiterschließung zu geben, die durch eine bestimmte Taktung unseres Gehirnes, deren genaue physiologische Grundlage offenbar noch nicht bekannt ist, ermöglicht wird[23].

Entscheidend für die Anschlußfähigkeit der Neurophysiologie an das Unternehmen der Ausformulierung eines neuen medialen Aprioris ist es jedoch, eine kognitive Komponente in der Zeit nam-

22 Vgl. H. Monyer, Von Menschen und Mäusen – Lernen und plastische Veränderungen im Gehirn, Heidelberg 2008. Heidelberg: Universitätsbibliothek der Universität Heidelberg, 2008

23 Vgl. H.J. Markowitsch, Das Gedächtnis: Entwicklung, Funktionen, Störungen, München 2009.

haft zu machen, in der die Zeit nicht nur eine kollektiv geteilte Form, sondern auch kollektive geteilte Inhalte erhalten kann. Und auch in dieser Frage nach den Inhalten wird noch einmal eine Fülle von Unterscheidung getroffen werden müssen, bis das Phänomen eines kollektiven Gedächtnisses konzeptionell tragbar und vor allem experimentell erforschbar sein wird. Da die hirnphysiologischen Versuche aus guten ethischen und experimental-praktischen Gründen noch eine absehbare Zeit an Mäusen, Ratten und in Ausnahmefällen auch an Affen durchgeführt werden müssen, wird man zuallererst unterscheiden müssen zwischen solchen kollektiven Gedächtnisinhalten, die auf einer kulturellen Basis generiert werden, und solchen, die auf Grund einer Orientierung in der natürlichen Umwelt kollektiv auftretender Kreaturen entstehen. Es ist anzunehmen, daß in die kulturellen Gedächtnisinhalte selbst bereits eine kulturelle Leistung in Form von deren interner Ausgestaltung eingeht, die bei den in der natürlichen Umwelt und den dort nur äußerlich aufgenommen Inhalten so nicht präsent sein kann. Eine mögliche Vergesellschaftung der Memorierenden verdankt sich im einen Fall schon einer vorangegangenen Vergesellschaftung im Memorierten, während im anderen Falle der geteilten Aufmerksamkeit auf Umweltfaktoren die Vergesellschaftung, wenn überhaupt, dann nur durch deren verteilte und organisierte Wahrnehmung erfolgen kann. Aber auch schon in letzterem Falle scheint es beinahe schon ohne experimentellen Nachweis evident, daß sich bei den klassischen Versuchen zur Gedächtnisbildung, die mit Individuen einer Spezies durchgeführt werden, sehr unterschiedliche Aufmerksamkeitsmuster abzeichnen würden, für den Fall, daß der Proband auf sich gestellt ist im Unterschied zu dem Fall, daß er in einem ihm vertrauten Kollektiv agiert. Die Gedächtnisanalysen, die bspw. mit Hilfe von Nagetieren um Durchlauf durch Labyrinthe gewonnen werden, würden das sich selbst überlassene Einzeltier sehr wahrscheinlich sehr viel mehr spezifische Einzelheiten für das Durchkommen durch den Gesamtparcours memorieren lassen als dies der Fall wäre, wenn derselbe Nager zusammen mit seinem vertrauten Clan dieselbe Strecke durchliefe. Ein jeder von uns kennt solche Formen der Entlastung und einer ihr folgenden divagierenden Aufmerksamkeit von sich selbst, spätestens seitdem die portablen Navigationssysteme uns vom konzentrierten Mitvollzug der Wegführung entlasten.

Die entscheidende und daran anschließende Frage würde sein, wie es im Ausgang von dem, was man eine „distributed cognition“[24] in der anzunehmenden Aufgabenverteilung der wegtechnischen Umweltkodierung nennt, schließlich zu einem Konzept von „distributed memory“[25] kommen kann. Hierbei käme also neben der Aufgabenverteilung bei der Wahrnehmung im Kollektiv zugleich eine Aufgabenverteilung in der Memorierung im Kollektiv zum Tragen, die funktional zumindest (also im Gegensatz zu emotionalen oder auch rein kognitiven Rekonstruktionen des Erlebten) darauf ausgerichtet sein muß, die Gesamtorientierung nicht des Einzelnen, sondern der Gruppe in ihrer wiederum kollektiven Identität zu befestigen. Man müßte verstehen, was als ein Komplement zur Annahme einer *Schwarmintelligenz* zugleich als eine Form der *Schwarmerinnerung* fungieren könnte. Entlang solcher Funktionslinien und in aller systematischen Konsequenz hat Maurice Halbwachs seine neue Akzentsetzung mit Blick auf den Vorrang eines kollektiven vor dem individuellen Gedächtnis vorgenommen[26].

Es bleibt abzuwarten, wie offen sich die Neurologie solchen Überlegungen in naher Zukunft zeigt. Jedoch ist aus einer hermeneutischen Sicht klar, daß mit der Erforschung des kollektiven Gedächtnisses und seiner objektiven wie subjektiven Netzstrukturen ein ausgezeichneter Kandidat gefunden wäre, um eine *Kritik des Verstehens* auf einem zeitgemäßen Niveau und ausgehend von der umfassendsten Reichweite aller heute nur denkbaren Welterschließung zu leisten. Wenn es der Hermeneutik als einer Methodenlehre darum zu tun ist, eine solche zeitgemäße *Kritik des Verstehens* noch im Rah-

---

24 Vgl. J. Sutton, „Constructive Memory and Distributed Cognition. Towards an Interdisciplinary Framework“, in: Constructive Memory, hg. v. B. Kokinov/W. Hirst, Sofia 2003, S. 290–303; sowie ders., „Distributed Cognition. Domains and Dimensions“, in: Pragmatics and Cognition 14(2), 2006, S. 296–347.

25 J.K. Olick/V. Vinitzky-Seroussi/D. Levy, The Collective Memory Reader, Oxford 2011, S. 46.

26 Vgl. dazu noch einmal Halbwachs, La mémoire collective, a.a.O., S. 51 ff.

men der Geisteswissenschaften auf eine sichere konzeptionelle Basis zu stellen, dann bleibt die letzte in diesem Buche ausgesprochene Hoffnung, daß die vorangegangen Überlegungen womöglich dazu nützlich gewesen sein mögen.

REGISTER

I. Personen:

Ackeren, M. v. 62, 64
Adorno, Th. W. 118, 195, 199, 202, 205, 206
Agamben, G. 91, 92
Anaximander 84
Anderson, B. 245
Anderson, S. 169
Apel, K.-O. 66, 67
Aquin, Th. v. 148
Arendt, H. 239
Aristoteles 33, 66, 116, 131, 138–143, 145, 205
Arnold, F. 6
Arnold, Th. 6
Assmann, A. 245, 246
Assmann, J. 245, 246
Augustinus 144–147, 157–159, 167
Augustinus von Dakien 157, 158
Bach, J. S. 52
Bacon, F. 234
Barthes, R. 197
Baumgarten, A. G. 149, 153
Benjamin, W. 205, 226
Berger, C. 57
Bergson, H. 243, 244
Beethoven, L. v. 205, 206
Blumenberg, H. 153, 159, 160, 169, 210
Boehm, G. 219, 220
Bohrer, K.-H. 61–65, 68, 69, 73
Bolz, N. 209, 210
Brandom, R. 69
Breithaupt, F. 57
Bruns, K. 192
Bubner, R. 67
Bürdek, B. E. 119
Calderón de la Barca, P. 153
Calvin, J. 162
Camus, A. 63, 85, 195
Cameron, J. 221
Carnap, R. 68, 213
Cassirer, E. 63
Chaplin, Ch. 37
Chladenius 153
Christus, J. 130, 165
Clark, A. 13, 57, 58,
Damasio, A. 12, 50, 51
Dannhauer, J. K. 149–151
Davidson, D. 68
Deleuze, G. 64
Dennett, D. 70
Derrida, J. 30, 31, 64, 71, 91, 179, 237
Descartes, R. 51–54, 57, 58, 149–151, 172, 255
Dewey, J. 69
Diderot, D. 173
Dilthey, W. 167, 168, 178, 212, 235
Döring, S. 51, 52
Duchamps, M. 108
Durkheim, E. 243
Eichenberg, A. 253
Erasmus von Rotterdam 164, 165
Falkenburg, B. 215
Feuerbach, F. 70
Feyerabend, P. 214, 232
Flacius 167
Flasch, K. 208
Frank, G. 167
Frank, M. 178, 179
Freud, S. 87, 195, 196, 198, 208, 254
Fukuyama, F. 99

Gadamer, H.-G. 122, 124, 127, 138, 143, 144, 153, 177, 178, 195, 199, 202–205, 212, 217, 219, 235
Gallagher, Sh. 13, 58
Geertz, C. 222
Gehlen, A. 78, 79, 97
Gerhardt, V. 61, 62, 64
Gessmann, M. 55, 57, 108, 121, 161, 199, 230, 253
Gibson, J. J. 56
Goethe, J. W. v. 9
Grondin, J. 130, 203
Guattari, F. 64
Gudehus, Chr. 253
Gumbrecht, H. U. 6
Foucault, M. 30, 31, 86, 87, 91, 246
Habermas, J. 10, 20, 42, 43, 63, 66–69, 98, 99, 204, 239
Halbwachs, M. 243, 244, 257
Hegel, G. W. F. 14, 29–34, 67, 77, 83, 85, 89–100, 105, 124, 125, 144, 159, 186–196, 199, 202, 200, 206, 212, 225–227, 231, 237, 241
Heidegger, M. 11, 12, 17, 18, 23, 30, 31, 33, 56, 58, 59, 60, 66, 77–79, 84, 85, 87, 97, 106–111, 113, 115–118, 120, 122, 124, 143, 144, 147, 198, 203, 212, 213, 217–220, 223, 226, 227
Henrich, D. 63
Heraklit 84
Hesiod 133
Hildegard von Bingen 160
Hippokrates 149
Hirst, W. 257
Hobsbawm, E. 101, 191, 245
Homer 31, 170
Hölderlin, F. 94
Horkheimer, M. 202, 205
Hösle, V. 67
Hume, D. 52
Huntington, S. P. 9, 100
Husserl, E. 58, 223, 236
Iacoboni, M. 54
Jaeger, H. 167, 168
Jaspers, K. 130
Jobs, S. 10, 11, 16, 21
Joisten, K. 158
Joyce, J. 247
Jung, M. 150, 153
Jüngel, E. 199
Kafka, F. 63
Kant, I. 32, 42, 43, 45, 46, 51, 66–68, 70, 89, 94, 113, 159, 161, 163, 169, 174–177, 196, 204, 206, 210, 225
Kierkegaard, S. 144
Kittler, F. 36
Kittsteiner, H. D. 78
Kleist, H. v. 24, 113, 115
Knop, A. 6
Kobusch, T. 62, 64
Köhler, W. 56
Kokinov, B. 257
Kuhn, Th. 212, 213, 215, 232
Lacoue-Labarthe, Ph. 64
LeDoux, J. 254
Leibniz, G. W. 149, 153, 173, 233
Lévinas, E. 64
Levy, D. 247, 257
Lewin, K. 56
Lötzsch, F. 169
Luhmann, N. 30, 74–76, 80, 82, 85, 90, 216
Luther, M. 124, 125, 154, 157–161, 163–169, 172, 190
Lyotard, J.-F. 64
Malebranche, N. 173
Man, P. De 64
Mannheim, K. 212
Margolis, J. 68–71
Markowitsch, H. 253, 255
Marx, K. 30, 37, 70, 77, 79, 83, 85, 87, 97, 194–196, 198, 200, 206, 212, 225, 226, 234
Maturana, H. 216
McLuhan, M. 36
Mead, G. H. 69

Meier, G. F. 153
Meier-Oeser, St. 167
Meister Eckhart 160
Melanchthon, Ph. 124, 170–172, 190
Merleau-Ponty, M. 223,
Misselhorn, C. 52
Mitchell, W. J. T. 219
Montaigne 63, 161
Monyer, H. 5, 255
Morris, Ch. W. 69
Müller, J. 62, 64
Müller-Jung, J. 47
Münker, S. 20, 24, 39, 40, 42
Musil, R. 63
Napoleon 94, 95
Neuber, S. 52
Newton, I. 45, 174, 233
Nida-Rümelin, J. 51, 52
Nietzsche, F. 30, 63, 66, 70, 77, 79, 83, 85, 87, 97, 101, 110, 117, 195, 196, 198, 209
Noë, A. 13
Olick, J. K. 247, 257
Parmenides 84, 139, 140
Peirce, Ch. S. 69
Philo von Alexandrien 157
Piefke, M. 253
Platon 62, 66, 92, 124, 128, 131, 133–140, 143, 169, 187–189, 234, 236
Popper, K. 213, 214
Prager, J. 254
Proust, M. 243
Putnam, H. 69
Quine, W. v. O. 68, 177
Rabe, H. 134
Ranger, T. 245
Raimundus Sebundus 160, 161
Rattle, Sir. S. 221
Reese-Schäfer, W. 75
Reichert, R. 192
Ricoeur, P. 178, 199, 252, 253
Rinderle, P. 51, 52
Rizzolatti, G. 53, 55
Rorty, R. 68–70
Rosch, E. 13, 57
Rosenkranz, K. 52
Rousseau, J.-J. 92, 94, 226
Rowlands, M. 57
Rupert, R. D. 57, 58
Sartre, J.-P. 63, 206
Schirren, Th. 134
Schlegel, F. 52
Schleiermacher, F. 124, 135–137, 176–184, 186, 187, 189–191, 199, 219
Schlick, M. 213
Schönherr-Mann, H.-M. 77
Schultz, W. 169
Schummer, J. 215
Schütz, A. 92
Seuse, H. 160
Shakespeare, W. 151, 152
Shannon, C. E. 222
Shapiro, L. 13, 57
Sloterdijk, P. 9, 64, 101, 207, 208, 216
Snow, C. P. 236
Spengler, O. 116
Sokrates 128, 133, 135, 136, 139, 140
Steinbrenner, J. 51, 52
Stüber, C. 55
Sutton, J. 257
Terray, E. 169
Theunissen, M. 63, 160
Thompson, E. 13, 57
Tocqueville, A. de 96
Tugendhat, E. 63
Uexküll, J. v. 223
Varela, F. 13, 57, 216
Vinitzky-Seroussi, V. 247, 257
Vogl, J. 209, 211
Voltaire, 173, 196
Weaver, W. 222
Weber, M. 77, 79, 83, 85, 97, 163
Welzer, H. 253
Wertheimer, M. 56

Wieland, W. 138
Winckelmann, J. J. 94
Wittgenstein, L. 31, 84, 191
Wolff, Chr. 153
Zahavi, D. 58
Zizek, S. 64
Zola, E. 197
Zons, R. 6

II. Begriffe

analog 11, 14, 24, 113, 121
Re-Analogisierung 19, 23, 112
Aporie 18, 136, 143
Aufklärung 20, 33, 43, 87, 98, 115, 130, 172, 173, 202, 227
Aufklärung der Dialektik 211, 225, 228, 229, 241
Dialektik der Aufklärung 203, 204, 206, 209, 225, 241
philosophische Aufklärung 135
sophistische Aufklärung 130, 136
unendliches Bewußtsein 115
Auslegung 107, 124, 130, 132, 133, 139, 144, 146, 147, 151, 155, 157, 162, 182, 186, 189, 229
allegorische Auslegung 158, 165
Auslegung von Wissenschaft 186
Auslegungsachse 163
Auslegungsdialog 162, 166
Auslegungsdichte 222
Auslegungsdisziplin 200
Auslegungsfragen 169
Auslegungsgeschichte 185
Auslegungskunst 167, 179, 200
Auslegungsmittel 150
Auslegungsproblem 157
Auslegungsregeln 182
Auslegungsschemata 195
Auslegungssituation 229
Auslegungssphäre 218
Auslegungsseite 159
Auslegungstechnik 157
Auslegungsverhältnisse 137
Bibelauslegung 147, 164
hermeneutische Auslegung 185
psychologische Auslegung 184
Prozeß der Auslegung 182, 184
Textauslegung 124
tropologische Auslegung 165
Schriftauslegung 158
Bewußtsein 58, 60, 114, 186, 198, 252
Bewußtseinsphilosophie 57
falsches Bewußtsein 18
Gegensatze des Bewußtseins 188
Selbstbewußtsein 90, 91, 92, 188, 189, 245, 250
Sendungsbewußtsein 70
Code 19, 43, 65, 75, 76, 92, 122, 124, 127, 192, 241
Code der Herrschaft 94
Codierung 11, 19, 35, 38, 121, 124, 226, 228
Decodierung 39
Dekodierung 24
digitale Codes 121
Durchcodierung 23, 26
Durchkodierung 23
Enkodierung 253
Fremdcodierung 228
Grundkodierung 255
Herrschaft der Codes 61, 64, 73, 85, 86, 93, 110, 124, 125, 126
kulturelle Codierung 99, 254
kybernetische Kodierung 30
Lebensweltkodierung 98
Leitkodierung 102

Macht der Codes 104
mediale Codierung 29
mediale Kodierung 225
Neucodierung 122
Quell-Codes 101
Realismus der Codes 98, 105
Sprachcodierung 22
Steuerungscode 76
technische Kodierung 30
Umcodierung 245
Umweltkodierung 257
Vorherrschaft der Codes 186, 201
Vorkodierung 254
Zeichencodes 91
Design 44, 109, 119, 121
Selbstdesign 246
digital 11, 23, 24, 25, 42
digital devices 11
digital turn 40
das Digitale 25, 42
digitale Codes 121
digitale Revolution 39, 113
das Digitale 24, 25, 42
Digitalisierung 10, 11, 19, 21–25, 40, 41, 46, 112
Dialektik 95, 105, 111, 144, 195, 202
Geschichtsdialektik 196, 225
Diskurs 20, 66, 69
Diskursanalyse 68
Diskursethik 204, 226
Diskurspraxis 20
Diskursregeln 20, 67
Herrschaftsdiskurs 65
Entfremdung 27, 32
Entlastung 23, 27, 79, 82, 174, 234, 238, 256
Existentialismus 17, 84, 85, 106, 109, 110, 111, 118, 212, 244
Gedächtnis: 13, 245, 246, 248, 250–254, 256, 257
Gedächtniskonstruktivismus 246, 250, 251
individuelles Gedächtnis 248, 257
interaktives Gedächtnis 248
kollektives Gedächtnis 201, 243–245, 247, 251, 256, 257
kulturelles Gedächtnis 256
Geist 90, 92, 194, 232, 235, 254
endlicher Geist 149, 188, 190
geistespolitisch 200–202, 241, 242
Geisteswissenschaften 87, 128, 202, 203, 212, 231, 232, 235–237, 239, 242
das Geistige 239, 242
Weltgeist 95, 97, 194
Gerät 16, 17, 19, 108, 112, 121, 231
Geschichte 28, 32, 80, 84, 244
Ende der Geschichte (Posthistorie) 28, 96, 99
Fußballgeschichte 230
Geistesgeschichte 30
Geschichte der Hermeneutik 157, 179
Geschichte der Philosophie 133, 201, 227, 231, 240
Heilsgeschichte 165, 190, 194
Menschheitsgeschichte 33, 91
Metapherngeschichte 169
Geschichtsphilosophie 34, 201, 231, 242
Kulturgeschichte 44
Technikgeschichte 230
Weltgeschichte 32, 83, 99
Wirkungsgeschichte 124, 144, 195, 228, 229, 243
Hermeneutik 5, 124, 200, 240
generalisierte Hermeneutik 186
heilige Hermeneutik 149, 151
Hermeneutik des Scheins 150
Hermeneutik des Verdachts 199, 200
Hermeneutik des Vergessens 253

Hermeneutik des Vertrauens 199, 200
Hermenuetik der Wahrheit 150
juristische Hermeneutik 167
philosophische Hermeneutik 122
Zukunft der Hermeneutik 34, 123, 228, 231, 241
Hirn/Gehirn 12, 22, 35, 46, 47, 48, 53, 58, 253, 255
Hirnforschung 26, 45, 47, 49, 50, 53, 59, 113, 249, 253, 254
Hirnphysiologie 13, 53
Netz und Hirn 242, 243
Humanismus 164, 165, 205
Re-Humanisierung 19
Idealismus 31, 52, 63, 98, 105
deutscher Idealismus 32, 62, 63, 66, 69, 125, 212, 234
Kapitalismus 83, 163,
Spätkapitalismus 207, 209, 239
Konstruktion 155, 156, 170, 186, 197
Dekonstruktion 64, 65, 71, 195, 197, 198, 199, 201, 207, 216
Rekonstruktion 133–135, 150, 155, 156, 170, 181, 186, 229
Konstruktivismus 246, 247, 249, 250, 253
Kulturkritik 23, 25, 30, 31, 34, 36, 66, 73–76, 78, 80, 89, 95, 106, 111, 121, 123, 191, 194, 225, 226, 230, 235, 250
Kulturtheorie 24, 28, 30, 37, 63, 128, 246, 247
Netzkultur 39, 252, 253
Kunst 40, 44, 76, 108, 110, 118–120, 128, 209
Auslegungskunst 124, 179, 189, 200
Bildkunst 221
Deutungskunst 183
Gesamtkunstwerk 193
Kunst der Hermeneutik 128–130, 133, 140, 142–144, 154, 156, 187
Kunstgeschichte 215, 220
Kunstwerk 52, 101, 108, 110, 118, 208, 226
moderne Kunst 52
Kybernetik 54, 86, 215,
kybernetische Subjekt 86,
kybernetisch 22, 37, 59, 67, 76, 85, 180, 241
Leben 66, 94, 209, 216, 244
Lebenspraxis 66, 109, 113, 121, 122, 241
Lebenswelt: 11, 13, 22, 23, 27, 32, 58, 98, 107, 111, 120, 126, 119, 121, 127
Lebenswissenschaft 12, 26, 232
Liberalismus 67, 207
Medien/Medium 15, 16, 19, 20 , 21, 24, 36, 40, 76, 226
Leitmedium 102
0-Medium (Medium aller Medien) 25–27, 41, 45, 48, 49, 60, 222, 223
Massenmedien 20
mediales Apriori/Medien-Apriori 25, 27, 201, 216, 217, 223,
Medientheorie 26, 27, 223, 246
Medienwechsel 221
Metaphysik 77, 139, 161, 162, 174, 216, 232
Geschichtsmetaphysik 200, 229
klassische Metaphysik 118, 174
Künstlermetaphysik 83
Methode 93 138, 149, 233
Methodologie 201, 212, 217, 232, 241, 242
Methodenlehre 128, 240, 257
Moderne 17, 26, 29, 32, 66, 74, 84, 86–89, 92, 97, 107, 110, 111, 115, 116, 120, 127, 128, 206, 207 210, 225–230, 244
Hypermoderne 110
Modernekritik 78, 85, 199
modern 18, 37, 42, 51, 52, 73,

77–79, 82–86, 113, 115–117, 124, 133, 151, 169, 192, 194, 196, 198, 227, 230
Modernetheorie 34, 83, 123, 230, 245, 254
Modernisierung 96, 115
Postmoderne 15, 26, 86, 101, 129, 208–211, 214
postmodern 34, 44, 66, 119, 206, 208–210, 216, 231–233, 237, 240, 250, 253
Vormoderne 107, 110, 227
Natur 190, 193, 194
Naturzustand 106, 109, 113, 116
Neue Sachlichkeit 77, 97, 108, 119
Netz(-) 15, 16, 19–21, 26, 39, 43–45, 102, 113, 201, 216, 242, 248, 249, 251–254, 257
Netzstruktur 22, 201, 216, 242, 253, 254, 257
Netz und Hirn 242, 243
Vernetzung 15, 41, 49, 56, 78, 248
Neuro 215, 232, 233, 236
Neurobiologie 5, 232
neurobiologisch 57
Neurologie 257
neurologisch 57, 232, 248
Neuron 54
Neurophilosophie 232
Neurophysiologie 232, 253, 255
Neurowissenschaft 22, 35, 255
Spiegelneuronen 55–57, 59, 255
Phänomenologie 53, 56–58, 106, 232
Philosophie 6, 14, 18, 29, 30, 31, 33–35, 44, 46, 53, 61–64, 66, 69, 70, 73, 77, 79, 84, 85, 90–94, 98, 113, 115, 131, 133, 135, 136, 139, 142, 144, 153, 156, 159, 173, 174, 186, 187, 191, 200–202, 208, 210, 211, 225, 228–229, 237, 238, 240, 241
Analytische Philosophie 52, 55
Bewußtseinsphilosophie 57
Gegenwartsphilosophie 34
Geschichtsphilosophie 34, 201, 231, 242
hermeneutische Philosophie 125
Musikphilosophie 51, 52
Naturphilosophie 160
Neurophilosophie 232
Philosophiebetrieb 62
Philosophie des Fußballs 230
Philosophie des Geistes 215, 249
politische Philosophie 43, 44
Systemphilosophie 68
systemtheoretische Philosophie 80
Politik 14, 33, 65, 76, 97, 201, 226, 234
apolitisch/unpolitisch 203, 207
das Politische 9, 33, 96, 131, 234, 239
geistespolitisch 200–202, 233, 236, 239–242
politisch 15, 43, 234–237, 239, 241, 249
Rückkehr/Wiederkehr des Politischen 9, 14, 33
Pragmatismus 68–71
Praxis 16, 17, 21, 23, 28, 33, 38, 59, 106, 107, 124, 218, 249
Diskurspraxis 20
kollektive Praxis 249, 251
Lebenspraxis 66, 92, 105, 106, 109, 111–113, 121, 241
menschliche Praxis 37, 49, 223
Rückkehr der Praxis 10, 14, 43
Realismus 53, 98, 105, 196, 198
Realisierung 19
reverse engineering 16, 129, 131, 135, 139
Revolution: 225
arabische Revolution 9, 19
digitale Revolution 39, 113
facebook-Revolution 14, 43

französische Revolution 90, 91, 95, 99, 104
industrielle Revolution 40, 234
nachholende Revolution 10, 103
Weltrevolution 83, 194
Rhetorik 124, 130, 132–135, 138–144, 148, 154–156, 166- 168, 171, 181, 183
Romantik 37, 38, 77, 179, 206
Schein 150–152
Scholastik 153, 164, 168
Software: 11, 36, 42, 81, 82
Sophistik 130, 131, 137, 142, 143, 148, 150
Sprache 22, 31, 65, 146, 179–181, 183–185
12-Ton-Sprache 205
Beschreibungssprache 17
Produktsprache 17, 19
Programmiersprache 11, 23, 38
Sprache der Philosophie 18
Spracherkennung 21
Sprachmedium 30
Strukturalismus 22, 31, 65, 68, 73, 122, 222
Herrschaft der Strukturen 182
Netzstruktur 22, 201, 216, 242, 253, 254, 257
Superstruktur 78
Poststrukturalismus 22, 65, 73, 222
Technik 13, 16, 17, 23, 24 32, 65, 66, 77, 78, 80, 81, 85, 96, 106–109, 111–113, 116–119, 121, 151, 226, 230, 231, 234
3D-Technik 13
Alltagstechnik 120
Apparatetechnik 80
Atomtechnik 11
Auslegungstechnik 157
Brückentechnologie 11
Digitaltechnik 25
Entgegenkommen der Technik 17, 23, 33, 231
Gentechnik 45, 215
Kameratechnik 36
Maschinentechnik 12, 37, 49
Netz-Technik 39, 102
Redetechnik 137
Steuerungstechnik 75
Supertechniker 139
Technikabstinenz 117
Technik-Ausstattung 120
Techniker 136
Technikgeschichte 230
Technikkritik 17, 18, 31, 116
Technikeuphorie/Technikbegeisterung 28, 66
Technikphilosophie 44
Technikphobie 28
Technisierung 19
Universaltechnik 40
Terror 90, 100, 101, 208
Theologie 129, 148, 159, 168, 169, 234
turn 27
digital turn 27
iconic turn 22
linguistic turn 22, 186, 187
neurplogical turn 27
Utopie 28, 31, 33, 192
Schwarze Utopie 15, 47
Verstehen 34, 49, 60, 150, 163, 169, 176, 180, 181, 186, 187, 212, 217, 227
Kritik des Verstehens 212, 257
Mißverstehen 150, 185, 229
Prä des Verstehens 122
Sinnverstehen 156, 168,
Textverstehen 178, 189
Verstehensbedingungen 156, 179
Verstehensbewegung 219
Verstehensdynamik 217
Verstehenslehre 199, 212
Verstehensmoment 212, 213
Verstehensprozeß 156
Verstehensrahmen 217, 220

Verstehensräume 217
Weltverstehen 45, 60
Zeitlichkeit des Verstehens 133
Zirkel des Verstehens 219
Virtualisierung 19
Wahrheit 67, 92, 93, 134, 135, 137, 138, 142–144, 147, 149, 152, 154, 155, 171, 172, 175, 182, 184, 188, 199, 213, 214 , 217
auktoriale Wahrheit 130
existentielle Wahrheit 117
Heilswahrheit 160, 167
objektive Wahrheit 134
technische Wahrheit 117
Textwahrheit 134, 139
Wahrheitsanspruch 150, 213
Wahrheitserscheinung 217
Wahrheitsfindung 212, 213
Wahrheitssicherung 213
Wahrheitssuche 179
Wahrheitsvermutung 148, 203
Wahrheitsverpflichtung 20, 203
Wahrheitswille 136
Wahrscheinliche 134, 135, 142, 143
Web 2.0 20, 35, 39, 43, 44, 248
Web 3.0 35
Welt 14–16, 53, 58–60, 91–95, 109, 110, 161–163, 174, 191, 194, 218, 219, 226, 229, 252
Außenwelt 52
In-der-Welt-sein 58–60
Netzwelt 45, 113
Vertextung der Welt 187
Weltanschauung 32, 215
Weltbezüge 27, 36, 45, 71, 106, 113, 204, 221
Weltbild 14, 45, 48, 152, 213, 234
Weltgeist 94, 95, 97, 194
Weltkontakt 152, 153, 172
weltlich 68, 71, 156, 158, 159, 173, 194
Weltverlust 18
Weltverständigung/ Weltverständnis 22, 60, 122, 219, 229, 236, 193, 242
Weltvertrauen 113, 151
Umwelt 12, 19, 28, 223, 256, 257
Wissenschaft 46, 76–79, 83, 124, 128, 135, 138, 141, 147, 148, 156, 186–188, 192, 201, 212, 213, 215, 220, 231, 233, 234, 236–239, 242
Bildwissenschaft 22
Bindestrichwissenschaften 237
Einheitswissenschaft 214, 216
Einzelwissenschaft 236
fachwissenschaftlich 62
Geisteswissenschaften 87, 128, 202, 203, 212, 231, 232, 235–237, 239, 242
Hilfswissenschaft 154, 156, 185
Kulturwissenschaft 242
Lebenswissenschaft 26, 27, 232
Leitwissenschaft 214, 216, 232, 235
Literaturwissenschaft 215, 245
Musikwissenschaft 215
Naturwissenschaft 51, 74, 201, 212, 214, 231, 232, 234–236, 242, 243
Neurowissenschaft 22, 35, 255
Normalwissenschaft 212
Vollwissenschaft 156
Wissenschaftler 47
wissenschaftlich 29, 40, 47, 57, 67, 77, 174, 187, 213, 234, 235, 237, 239, 244
wissenschaftlich-technische Einstellung/Weltverhältnis 11, 12, 14, 17, 19, 22, 23, 25, 33
Wissenschaftsbegründung 235
Wissenschaftsbetrieb 78, 79, 235
Wissenschaftsentwürfe 68
Wissenschaftsgemeinde 212, 239, 240
Wissenschaftsgeschichte 233
Wissenschaftsideal 68

Wissenschaftskosmos 237
Wissenschaftskultur 45, 67, 231, 235, 237, 239, 240
Wissenschaftskreise 35
Wissenschaftsphilosophie 233
wissenschaftspolitisch 233, 236
Wissenschaftspraxis 212
Wissenschaftsroutine 236
Wissenschaftssoziologie 212, 239
Wissenschaftstheorie 136, 212–216
Wissenschaftsverhältnisse 203
Wissenschaftsvermehrung 233
Wende 27, 54, 178, 222
transzendentale Wende 113, 156, 161, 172, 174, 175, 176
Zeichen 6, 65, 73, 92, 124, 156, 177
Geschichtszeichen 19, 89,
Herrschaft der Zeichen 73, 191
Zeichenabhängigkeit 66, 73
Zeichencodes 91
Zeichenebene 217
Zeichensphäre 231
Zeichensysteme 91
Zeichentheorie 68
Zeichenverbände 125